순례자의 길

The Way of Piligrim
&
The Pilgrim Continues on His Way

무명의 러시아 순례자
번역: 제1부 엄성옥
제2부 강태용

순례자의 길

The Way of a Pilgrim and The Pilgrim Continues on His Way

제3판 발행:2021년 9월 25일
지은이: 익명의 러시아 순례자
옮긴이: 엄성옥 / 강태용
ⓒ1999년, 2021년 은성출판사
발행처: 은성출판사
등록: 1974년 12월 9일 제9-66호
주소: 서울 강동구 성내로3길 16(은성빌딩 3층)
전화: (031) 774-2102
팩스: (02) 6007-1154
http://eunsungpub.co.kr
e-mail: esp4404@hotmail.com.

출판 및 판매에 관한 모든 권한은 본 출판사가 소유하고 있습니다. 출판사의 사전 서면 허락 없이 번역, 재제작, 인용, 촬영 등을 할 수 없음을 알려드립니다.

ISBN 89-7236-238-7 33230
printed in Korea

목차

한글역본

제1부: 순례자의 길(엄성옥 역)

제2부; 계속되는 순례(강태용 역)

인물 소개

한글 역본 서언

예수기도와 하나님의 아라 구현에 관하여

"신앙고백의 목적은 무엇인가?"

4세기의 이집트 사막의 영성은 이 질문에서 시작된다고 해도 과언은 아닐 것이다. 이 질문은 서방에서 이집트 사막 수도원으로 온 요한 카시아누스와 그의 동료 게르마노스(Germanos)에게 질문했던 사부 모세가 던진 질문이다.

"신앙고백의 목적은 하나님의 나라 구현입니다."

이 구현은 다음에 들어가는 궁극적인 하나님의 나라라는 것은 분명하지만. 이 세상에서 육신을 쓰고 신앙인으로 사는 동안 하나님의 나라를 구현하는 것이 우리의 신앙고백의 목적이다.

사부 모세는 이 질문에 이어서 이 목적을 달성하기 위해서 당면한 목표에 대해서 가르친다: "하나님의 나라 구현을 위해서 가장 우선적으로 해야 할 일은 '깨끗한 마음'입니다."[1)]

---

1) "우리의 신앙고백 역시 나름의 직접적인 목표와 궁극적인 목적이 있으며, 우리는 그것을 위해서 기꺼이 모든 수고와 고난을 참고 견딥니다. 이 때문에 우리는 금식하면서 낙심하지 않고, 철야하면서 즐거워하며, 기꺼이 성경을 읽고

우리나라 말로 목적과 목표를 구분해서 사용하지 않지만, 헬라 언어로는 *telos*(목적)과 scopos(목표)라는 단어로 명확히 구분한다.

"우리의 신앙의 궁극 목적(*telos*)은 하나님 나라이지만, 우리의 목표(*scopos*)는 마음의 청결입니다. 그것이 없으면 누구도 그 목적을 이룰 수 없습니다."(『담화집』, 34쪽).

목적과 목표를 망각한 채 신앙생활을 할 때, 개인이나 공동체에 혼돈과 괴로움이 닥칠 것이다. 이 혼돈은 창세 전에 있던 세상의 혼돈이다. 이 혼돈은 하나님의 말씀이 임하면서 우주의 질서가 창조되며 에덴의 원조 평화가 임한다. 그러므로 이 평화(shalom)는 하나님의 나라의 특성이다. 이 평화는 하나님의 말씀, 곧 로고스가 임할 때 얻어진다. 그러므로 말씀이 육신이 되신 예수 그리스도의 현존할 때, 이 몸에 하나님의 나라가 구현된다.

2천 년 전에 성자 예수 그리스도는 동정녀 마리아(Virgin Mary)의 태에서 태어나셨다. 역사적 예수의 탄생이다. 그런데 여기 지금 우리의 영혼의 동정성(virginity) 안에 태어나신다. 보편적 탄생이다.

영혼의 동정성, 바로 "깨끗한 마음"(마 5:8)이다: "행복하여라, 마음이 깨끗한 사람들! 그들은 하나님을 볼 것이다."

이때 다볼산의 변화가 일어난다(마 17:1 이하 참조). 예수 그리스도가

공부합니다. 그리고 육체적인 노동, 순종, 세상적인 모든 것을 포기하는 것, 사막에서의 생활 등을 즐거운 마음으로 행합니다."(『필로칼리아』 제1권, 148쪽, 요한 카시아누스의 『담화집』, 32쪽 참조).

내면에 탄생할 때, 형상(image)뿐만 아니라 모습(likeness)도 함께 변화(transformation)를 받는다. "정신육체적"(physcosomatic)인 변화가 이루어진다.

주님이 바람을 향해 꾸짖으실 때, 흉흉한 갈릴리 바다가 잠잠하셨다(막 4:39). 주님은 전쟁에 능한 여호와시다(시 24:8). 마음이 사악한 생각들로 인해 거칠어지고 흉흉할 때, 주님이 생각들을 향해 "고요하라, 잠잠하라"고 꾸짖으실 때, 비로소 우리에게 평화가 임한다.

동방기독교 교부들은 이러한 정신의 고요한 상태를 "헤시키아"(hesychia)라고 부른다. 평온(stillness), 또는 샬롬이라고 부른다. 흉흉한 세파와 바람에 나부끼는 깃발과 같은 우리의 정신, 사악한 정념이라는 바람에 정신이 나부낄 때를 시험이라고 한다. 흔들리는 수면은 옹근 달을 비추지 못한다.

다시 정리하자면, 주님이 고요한 정신, 깨끗한 마음에 주님이 임하실 때 하나님의 나라라 구현되며, 이때 존재의 근본적 변화가 일어난다. 주 예수 그리스도 하나님의 아들이 깨끗한 마음에 좌정하실 때, 하나님의 나라고 구현된다. 다시 말해서 신앙고백의 목적인 하나님의 나라가 구현되려면 먼저 주 예수 그리스도 하나님의 아들로 인해 깨끗한 마음이 조성되어야 한다.

그러므로 동방교회 교부들은 예수기도를 실천한다: "주 예수 그리스도 하나님의 아들이시여, 제게 자비를 베푸소서."

이것이 동방기독교의 수덕적 영성의 핵심이다.

주님이 "깨끗한 마음"이라고 하실 때, 그 반대로 "깨끗하지 못한 마음"이 있다는 것도 동시에 암시하신다. 깨끗한 마음은 반도체 공장의 청정실 안에 먼지 하나도 없는 상태와 같다고 생각하면 된다. 이를 두고 순진무구한 정신이라고 한다. 그러면 마음에 먼지에 해당하는 것의 정체는 무엇인가?

동방의 교부들은 이를 두고 "가라지"(마 13:24~40 참조)로 해석하기도 한다. 우리의 정신이 태만에 빠져 잠잘 때, 원수인 마귀가 뿌리고 간 가라지이다. 그러므로 "깨어 있어" 원수의 침입을 지켜야 한다. 여기 지금 주님은 우리에게도 이렇게 말씀하신다: "너희가 나와 함께 한 시간도 이렇게 깨어 있을 수 없더냐 시험에 들지 않게 깨어 기도하라 마음에는 원이로되 육신이 약하도다"(마 26: 41-42).

필로칼리아의 교부들을 "깨어 있는 교부들"이라고 한다. 원수 마귀가 가라지를 들고 정신을 훼파(毁破)하려 하지만, 깨어 있는 예수기도를 바치는 교부들의 음성을 들을 때 원수들은 물러갈 것이다. 다시 말해서 예수의 이름을 채찍으로 삼아 원수들을 물리친다.

그러므로 "쉬지 않고" 예수 이름으로 기도를 바쳐야 한다(살전 5:17).

쉬지 않는 기도를 어떻게 하는가? 이것이 이 책의 무명의 주인공의 고민이었다. 그의 여정은 이 질문에 답을 얻기 위한 것이었다. 이 주인공이 기대하는 답은 추상적인 해답도(첫 번째 만났던 경건한 지도자), 이론적이며 개념적인 해답도 아니었다(두 번째 만났던 세속의 수도사). 세 번째 만난 실천적인 은둔 수도사 스타레츠가 가르쳐준 해답이었다.

이 영적 스승은 실천적인 삶을 살았던 필로칼리아의 영적 스승의 가르침에 토대를 두고 가르쳤다.

필로칼리아는 개념이나 인간 이성(διάνοια: reason)을 통해 탐구함으로써 하나님을 아는 긍정의 길(kataphatic way)이 아니라, 깨끗한 마음을 통해 지성(νοῦς: intellect)이 하나님을 직관하는 부정의 길(apophatic way)을 실천한 스승들이 기록한 책이다.

이 길에서 제일 먼저 부정해야 할 것은 인간의 감정이다.

피조 만물은 김관을 통해 내면에 들어와서, 어떤 개념을 조성하여 마음에 저장해 둔다. 이를 선험(先驗)이라고 한다. 또 다른 언어로 "마음의 생각", 또는 "상을 짓는다"라고도 한다. 이 선험이나 마음의 생각은 감정에 따라 선하거나, 사악하게, 또는 왜곡되게 작용한다. 그러나 보통 인간의 원죄로 인해서 사악하게 작동하기가 일쑤이다.

헬라철학 용어로 감각의 자극으로 인해 인간 이성을 마비시키고 왜곡하게 해석하는 감정을 정념(pathos)이라고 부른다. 그래서 동방의 교부들은 바른 지성의 눈으로 하나님을 보려고 정념을 부인한다. 그러니까 "(정념에 물든) 자기를 부인하고, (그러한 자기를 죽이기 위한 형틀인) 십자가를 지고 주님을 따라야 한다"라는 신념이다.

이것을 무정념이라고 한다. 기독교의 무정념(apatheia)은 "깨끗한 마음"(purituy of the heart)이다.

깨끗한 마음은 "주 예수 그리스도 하나님의 아들" 없이는 불가능하다고 여긴다. 그리고 마음에 이미 형성된 선험이나 마음의 사악한 생각을 주 예수 그리스도의 긍휼하심으로써만 제거할 수 있으며, 세상을 향하고 있던 마음을 돌이켜서 하나님의 나라를 지향하게 할 수 있다.

이것이 예수기도의 핵심이다.

그러므로 예수기도를 쉬지 않고 바칠 때, 그의 긍휼하심으로 깨끗한 마음을 얻게 되며, 신앙고백의 목적인 하나님의 나라가 구현되는 복을 얻는다.

이 책의 간단한 설명

이 책의 러시아어 제목을 직역하면, "어느 순례자가 영적 아버지에게 털어놓은 숨김 없는 이야기"이다. 영어 번역본의 제목은 그 자체가 설명이 될 것인데, 두 가지 관심을 포함하고 있다. 이 책은 러시아와 시베리아를 두루 다닌 순례자의 경험을 다룬 이야기이다. 이야기에 등장하는 사람들에 대한 분명한 묘사와 서술 방식을 지닌 이 여행담은 아주 매력적이다.

그것은 순례자의 배움과 실천, 그리고 사람들에게 기도 방법을 가르쳐준 데에 대한 이야기이기도 하다. 기도 방법에 대하여서는, 헤시카스트(hesychast) 방법을 많이 이야기하는데, 모든 사람들이 그것에 공감하지는 않겠지만 그의 확신의 진지함을 높이 평가할 것이며, 그의 경험의 사실성을 의심하는 사람은 별로 없을 것이다. 그 방법은 평범한 영국인의 헌신 방법과는 크게 대조되지만, 다른 유형의 신자들이 볼 때 그것은 "사는 것은 그리스도이시다"라는 진리 실현의 생생한 표현이 될 수 있다.

헤시카스트적인 기도 방법 및 그 방법과 위대한 비잔틴 신비가인 신신학자 시므온(949-1022)과의 연관성에 대해서 더 알기를 원하는 사람에게는 *Orientalia Christiana*, vol. IX, No. 36 (June and July, 1927)을 추천하고 싶다.

이 책에 기록된 사건들은 러시아에서, 1861년에 발생한 농노 해방 이전에 있었던 일들이다. 네 번째 이야기에서 크리미아 전쟁(Cremean War)이 언급된 것을 보면, 이 책에 수록된 사건들이 발생한 마지막 시기는 1853년이라고 생각할 수 있다. 이 기간에 순례자는 이루크츠크(Irkutsk)에 도착하여 영적 스승을 발견한다. 그는 후반부에서 부분적으로 자신이 사부의 구두 가르침을 통해서, 그리고 사부의 사후에는 『필로칼리아』를 공부함으로써 예수기도를 배우게 된 과정을 이야기하는데, 사부의 죽음은 첫 번째 이야기와 두 번째 이야기가 나누어지는 분기점이라 할 수 있다.

세번째 이야기는 매우 짧다. 그것은 영적 스승의 질문에 대한 대답으로서, 순례자의 젊은 시절의 삶 이야기, 그리고 무엇이 그를 완전히 헌신된 순례자로 만들었는지에 관한 내용이다.

그는 이르쿠츠크를 떠나 예루살렘으로 가려 했고, 실제로 이르쿠츠크를 출발했었다. 그러나 우연한 만남 때문에 출발이 며칠 지연되었는데, 그동안에 그는 자신의 순례생활의 경험을 더 이야기한다. 그것이 네 번째 이야기이다.

이 책에 나오는 순례자에 대해서는 아무것도 알려진 바가 없다. 어떤 경로로 순례자가 필사한 것, 또는 복사본을 아토스산의 어느 수도사가 입수했는데, 이것을 카잔(kazan)에 있는 성 미카엘 수도원의 수도원장이 발견했다고 한다. 수도원장은 그 사본을 복사하였고, 1884년에 카잔에서 책으로 인쇄되었다. 최근에(1930년 4월까지) 이 사본을 구하기가 매우 어렵게 되었다. 러시아 외부 지역에는 3~4권이 있을 뿐이다. 이 귀한 책을 번역하여 출판하게 됨을 감사드린다.

이 책 제2권을 번역하신 강태용 신부가 2014년에 소천하셨다는 소식을 듣고 한동안 허전했다. 삼척에 있는 그의 소박한 성당에서 밤새도록 나에게 정교회 영성에 관해 설명해 주셨다. 그의 뜨거운 가슴의 열기가 내게 전달되었다.

한겨울 추운 날에 가의 번역 원고를 들고 출판사 사무실을 찾아왔을 때, 은성출판사에서 이미 이 책의 제1부가 출간되었을 때였다. 그의 제안은 제1부에 그의 원고 "계속되는 순례"를 붙이면 완벽할 것이라고 했다. 그의 제안에 따라서 제1부에 이어서 제2부를 한데 묶어서 출판하게 되었다.

결어

이 책은 서방기독교의 존 번연이 쓴 풍유 소설 『천로역정』과 달리 실제로 하나님의 나라 구현을 체험한 러시아의 한 청년의 이야기다. 그리고 이 책은 필로칼리아에서 설명하는바 깨끗한 마음을 얻어 신화(defication)에 이르는 교부들의 체험을 헬라 철학적인 언어와 개념을 차용해서 설명했던 것을 실제 사실로 증명한 책이다. 이 책으로 인해 그동안 지루하게 싸워왔던 헤시키즘에 관한 논쟁이 종식되었다.

마치 예수님의 신성을 부인하던 아리우스파와 일생을 싸웠던 알렉산드리아의 주교 아타나시우스가 실제 인물 성 안토니를 만났고, 그의 일생을 기록한 『성 안토니의 생애』를 집필해서 세상에 내놓음으로써 아리우스파와의 논쟁이 끝났던 것과 같다.

신학적인 이론과 개념에는 항상 논쟁이 따른다. 그러나 실제의 증거

(martyrs)를 내놓을 때 그 논쟁이 종식된다. 이 증인을 우리는 순교자라고 부른다.

이 시대는 증인, 곧 순교자가 나오지 않는 시대이다. 2~3세기 초에 피를 흘리면서 증인이 된 붉은 순교자들, 4세기에 깨끗한 마음을 얻기 위해 세상을 등지고 사막으로 나아갔던 하얀 순교자들, 14세기에 푸른 망토를 걸치고 고아와 과부와 가난하고 병든자를 돌보았던 푸른 순교자들, 이들에 이어서 21세기를 사는 오늘 우리는 어떤 순교자가 되어야 하는가?

우리는 성인을 기다리고 있다. 그의 전인적인 삶으로써 예수 그리스도가 누구이신지를 증언하는 신화를 이룬 성인을 기다린다. 21세기 대망의 시기를 살고 있다.

마라나타!

2021년 중추절에
최대형

제1부

순례자의 길

The Way of Piligrim

엄성옥 역

1

나는 하나님의 은혜로는 그리스도인이요, 행위로는 죄인이며, 집도 없이 정처 없이 여기저기 떠돌아다니는 비천한 출생의 방랑자입니다. 세상에서 나의 재산은 마른 빵 몇 조각이 들어 있는 배낭과 앞주머니에 들어 있는 성경책 한 권뿐입니다.

오순절 후 스물 네 번째 되는 주일에, 나는 예배에 참석하여 기도하기 위해 교회에 갔습니다. 데살로니가전서를 봉독하고 있었는데 "쉬지 말고 기도하라"는 말씀이 내 마음을 사로잡았습니다. 사람이 먹고 살려면 기도 외에 다른 일도 해야 하는데, 어떻게 쉬지 않고 기도할 수 있을까 하는 생각이 들었습니다.[2]

나는 성경을 살펴보았고 직접 내가 들은 말씀 즉 언제 어디서나 손을 들고 기도해야 한다는 말씀을 두 눈으로 직접 확인하였습니다. 곰곰이 생각해 보았으나 어떻게 이해해야 할지 알 수 없었습니다. '어떻게 해야 하나? 그것을 설명해 줄 사람을 어디 가서 찾아야 하나? 유명한 설교자들의 설교를 들을 수 있는 교회로 가야겠다. 그곳에 가면 아마 이

---

[2] 무명의 러시아 저자의 갈망은 "쉬지 않는 기도의 실천"이었다. 이 무명의 저자은 데살로니가전서 5장 17절의 말씀을 문자적으로 이해하고 실천하려는 갈망으로 인해 그의 여정은 시작된다.

것을 밝히 해명해 주는 말을 들을 수 있을 거야'라고 생각하고 실행에 옮겼습니다. 기도에 관한 훌륭한 설교를 많이 들었지만, 모두가 기도란 무엇이며 얼마나 기도가 필요하며 그 열매가 무엇인지에 관한 것들일 뿐, 어떻게 하면 쉬지 않고 기도할 수 있는지에 대해서는 말해 주지 못했습니다. 영적인 기도와 끊임없는 기도에 관한 설교를 들었지만, 어떻게 그렇게 할 수 있는가에 관해서는 언급이 없었습니다.

이처럼 설교를 들어도 원하는 것을 얻지 못했고 충분히 들었어도 이해할 수 없었기에 대중 설교를 듣는 일을 그만 두었습니다. 그래서 다른 계획을 세웠습니다. 그것은 하나님의 도우심을 받아 대화를 통해서 내 마음을 사로잡는 끊임없는 기도에 관한 가르침을 줄 경험이 많고 노련한 사람을 찾는 것이었습니다.

나는 오랫동안 여러 곳을 떠돌아 다녔습니다. 성경을 항상 읽었고 가는 곳마다 혹시 그 주변에 영적인 스승 곧, 경건하고 경험이 많은 지도자가 있는지 알아보았습니다.

어느 날 한 마을에 오랜 세월 동안 자기 영혼의 구원을 추구해 온 분이 있다는 말을 들었습니다. 그는 자기 집에서 예배를 드렸으며, 거처를 떠나지 않았고, 기도하는 일과 신앙 서적을 읽는 데 시간을 보냈습니다. 나는 뛰다시피 하여 그 마을에 가서 그 분을 만났습니다.

그분은 "무엇을 원하는가?"라고 물었습니다.

나는 "당신은 경건하고 현명한 분이라는 말을 들었습니다. '쉬지 말고 기도하라'는 사도 바울의 말씀의 의미를 설명해 주십시오. 어떻게 쉬지 않고 기도할 수 있습니까? 무척 알고 싶지만 도무지 이해할 수가 없습니다"라고 말했습니다.

그분은 잠시 말없이 나를 빤히 살펴보더니 이렇게 말했습니다. "쉬지 않는 내면의 기도는 하나님을 향한 인간 영혼의 지속적인 갈망입니다. 이 위안을 주는 수련을 계속하기 위해서는 하나님께 쉬지 않고 기도하는 법을 가르쳐 달라고 더 자주 기도해야만 합니다. 더 많이, 더 열심히 기도하십시오. 쉬지 않고 기도하는 방법은 기도 자체만이 가르쳐 줄 수 있습니다. 하지만 시간이 좀 걸릴 것입니다."[3)]

그렇게 말하고 나서 먹을 것과 여비를 주면서 나를 배웅해 주었습니다.

그분은 쉬지 않고 기도하는 방법에 대해서는 설명해 주지 않았습니다.

나는 다시 길을 떠났습니다. 생각에 생각을 거듭하고 읽고 또 읽었으며, 그분의 말을 몇 번이고 곰곰이 생각해 보았지만 그 진의를 알 수 없었습니다. 기도에 대해서 알고 싶은 갈망이 너무나도 커서 밤에 잠을 잘 수 없었습니다.

125마일 정도를 걸어서 도청 소재지인 큰 마을에 도착했는데, 그곳에는 수도원이 있었습니다. 내가 묵은 여관에서 그 수도원의 원장이 굉장히 친절하고 경건하며 손님 대접하기를 좋아하는 사람이라는 말을 듣고 원장을 만나러 갔습니다. 그분은 친절하게 나를 맞이해 주고 자리에 앉으라고 하면서 먹을 것을 주었습니다.

---

3) 첫번째 만난 "쉬지 않는 기도의 실천"에 관해 조언자는 추상적인 이론가였다.

"아버지여! 나는 먹을 것이 아니라 영적인 가르침을 구하러 왔습니다. 어떻게 하면 제 영혼을 구원할 수 있습니까?"

"무슨 말입니까? 영혼이 구원받고 싶습니까? 계명대로 살고 기도하십시오. 그러면 구원을 얻을 것입니다."

"저는 쉬지 말고 기도해야 한다는 말을 들었는데, 그 방법을 알지 못합니다. 그 기도가 무엇을 의미하는지도 이해할 수 없습니다. 아버지여! 설명해 주십시오."

"사랑하는 형제여! 나도 어떻게 설명해야 할지 모르겠군요. 잠시 기다려 보시오. 내게 책 한 권이 있는데, 거기 설명되어 있을 것입니다."

그분은 "자, 여기를 읽어 보십시오."라고 말하면서 『속사람에 대한 영적 교육』(*The Spiritual Education of the Inner Man*)이라는 드미트리(Dmitri)의 책을 건네주었습니다. 거기에는 이런 내용이 있었습니다.

> "'쉬지 말고 기도하라'는 사도 바울의 말씀은 창조적인 이해의 기도를 일컫는 것입니다. 우리는 이해를 통해서 하나님께 가까이 다가갈 수 있으며 쉬지 않고 기도할 수 있습니다."

"그러나 무슨 수로 우리의 이해가 아무런 방해를 받지 않고 하나님만 향하고 또 쉬지 않고 기도할 수 있습니까?"

수도원장은 "하나님으로부터 그러한 은사를 받은 사람이라도 어려운 일이지요"라고 대답했습니다. 그 이상은 아무런 설명도 해 주지 않았습니다.

그 날 밤을 수도원장 집에서 보내고, 다음날 아침에 그의 환대에 대해 감사하고는 정처없이 길을 떠났습니다. 깨닫지 못한 것이 슬펐기에 마음을 달래려고 성경을 읽으면서 큰길을 따라 닷새 동안 걸었습니다.

  닷새째 되는 날 저녁 무렵, 성직자처럼 보이는 한 노인을 만났습니다. 그분은 자신이 큰길에서 약 6마일 정도 떨어진 곳에 있는 수도원의 수도사라고 말했습니다. 그는 "우리 수도원에 순례자들이 경건한 사람들과 함께 쉴 수 있는 방이 있어요"라고 하면서 함께 가자고 권했습니다. 나는 함께 가고 싶지 않았기 때문에, 내 마음의 평화는 결코 쉴 곳을 발견하는 데 있는 것이 아니라 영적인 가르침을 발견하는 데 있다고 대답하였습니다. 또 내 배낭에는 마른 빵이 넉넉히 들어 있었기 때문에 먹을 것은 필요도 없다고 말했습니다.

  "어떤 종류의 영적인 가르침을 얻고자 합니까? 당신을 괴롭히는 문제가 무엇인가요? 형제여, 우리 집으로 갑시다. 우리에게는 하나님의 말씀과 교부들의 가르침에 비추어 당신의 영혼을 진리의 길로 인도해 줄 경험 많은 사부(*startsi*)[4]가 계십니다."

  "말씀드리자면, 다음과 같습니다. 저는 약 1년 전에 예배 시간에 '쉬지 말고 기도하라'는 말씀을 들었습니다. 이해가 되지 않아 성경을 읽기 시작했는데, 여러 곳에서 언제 어디서나 기도해야 한다는 계명을 발견했습니다. 일할 때나 깨어 있을 때는 물론이요 잠잘 때에도 기도해야 한다는 것입니다. '나는 잘지라도 내 마음은 깨어 있도다'라는 말

---

  4) 사부; 스타레츠(starets, 복수는 *startsi*): 경건함과 오랜 영성생활 및 다른 사람들을 지도하는 능력을 부여받은 수도사를 의미한다. 일반인들은 영적인 문제에 관하여 사부에게 상담을 요청했다. 수도원 안에서 공동체의 새 회원에게는 그를 가르치고 훈련시키는 사부가 있었다.

씀에 저는 무척 놀랐으며, 어떻게 그런 기도가 가능하며 어떤 방법으로 할 수 있는지 몰라 당혹스러웠습니다. 마음속에서 이를 알고자 하는 갈망이 솟아올랐습니다. 그 문제는 밤낮으로 내 머리에서 떠나지 않았습니다. 설교를 들으러 여러 교회를 찾아다녔지만 쉬지 않고 기도하는 방법에 관해 가르쳐 주는 설교는 없었습니다. 기도를 위한 준비나 기도의 열매에 관한 것 등은 언급하였지만 어떻게 쉬지 않고 기도하는지, 또 그러한 기도가 무엇을 의미하는지는 가르쳐 주지 않았습니다. 나는 종종 성경을 읽으면서 제가 들은 말씀을 확인하곤 했습니다. 그러나 나는 갈망하고 있는 깨달음을 얻지 못했고, 지금까지도 여전히 불안하고 궁금합니다."

노인은 성호를 긋고 나서 다음과 같이 말했습니다.

"사랑하는 형제여, 쉬지 않고 드리는 내면의 기도에 대해 달랠 수 없는 갈망을 주신 하나님께 감사하십시오. 그 안에서 하나님의 부르심을 깨닫고 안심하십시오. 지금까지 당신에게서 이루어진 일들은 하나님의 음성과 당신의 뜻의 조화를 시험하는 것이었다고 믿으십시오. 쉬지 않고 드리는 내면의 기도의 거룩한 빛은 이 세상의 지혜로 획득할 수 없으며, 외면적인 지식욕에 의해서 획득되는 것도 아니라 가난한 마음속에서, 그리고 단순한 마음속에서 이루어지는 적극적인 경험 속에서 획득됩니다. 그러므로, 당신이 지금까지 기도의 본질적인 역할에 대해서 아무 말도 듣지 못한 것, 그리고 쉬지 않고 드리는 기도에 대한 지식을 획득하지 못한 것은 결코 놀랄 일이 아닙니다. 물론 사람들은 기도에 대한 설교를 많이 해왔고, 여러 저자들의 글 속에는 기도에 대한 교훈이 무척 많습니다. 그러나 그들의 추론은 대체로 적극적인 경험에 토대를 둔 것이 아니라 사색이나 본성적인 지혜의 작용에 기초를 두고 있으므로 그들은 기도 자체의 본질에 대해서보다는 기도의 특성에 대한 설교를 해왔습니다. 어떤 사람은 기도의 필요성에 대해서, 어떤 사람은 기도의 능력과 그에 따른 축복에 대해서, 또 어떤 사람은 완전한 기도로 인도해 주는 것들 즉, 열심·정신집중·따뜻한 마음·깨끗한 설교·원수들과의 화해·겸손·통회 등의 절대적인 필요성에 대해서 말합니다. 그러나 '기도란 무엇인가? 우리는 어떻게 기도하는 법을 배우게 되는가?' 등의 질문은 기본적이고 본질적이긴 하지만, 그러한 질문에 대해서 오늘날 설교자들로부터 정확한 가르침을 받기는 거의 불가능합니다. 왜냐하면 이러한 질문은 방금 내가 언급한 그들의 논의보다 더 이해하기 어렵고 학교에서 배우는 단순한 지식이 아니라 신비로운 지식이 필요하기 때문입니다. 가장 안타까운 것은 그들이 세상의 헛된 지혜로 말미암아 거룩한 것에 인간의 기준을 적용하게 된다는 점입니다. 많은 사람은 먼저 선행과 온갖 종류의 예비 조건이 구비되어야 기도할 수 있다는 잘못된 생각을 합니다. 하지만 사실은 그 반대입니다. 기도가 선행과 모든 덕이라는 열매를 맺습니다. 그렇게 생각하는 사람들은 기도의 열매와 결과를 기도를 수행하기 위한 수단으로 오해하고 있으며, 이렇게 함으로써 기도의 능력을 경시합니다. 이것은 성경과 정반대되는 것입니다. 사도 바울은 '그러므로 내가 첫째로 권하노니 모든 사람을 위하여 간구와 기도와 도고와 감사를 하되'(딤전 2:1)라고 말했습니다. 바울은 먼저 "내가 첫째로 권하노니"라고 말했습니다. 기독교인은 선행을 많이 해야 하지만 무엇보다 먼저 해야 할 일은 기도입니다. 기도하지 않으면 다른 선행을 성취할 수 없기 때문입니다. 기도 없이는 주님께 가는 길을 발견할 수 없고, 진리를 알 수 없으며, 정욕과 욕심을 가진 육신을 십자가에 못 박을 수도 없고, 그리스도의 빛으로 마음이 밝아질 수도 없으며, 하나님과 합일되지도 못합니다. 끊임없는 기도가 선행하지 않으면 이러한 것들은 결코 성취될 수 없습니다. 여기서 '끊임없는'이라고 말했는데, 이는 사도 바울이 '우리가 마땅히 빌 바를 알지 못하나'(롬 8:26)라고 말한 것처럼 기도를 완전하게 하는 것은 우리의 능력에서 기인하는 것이 아니기 때문입니다. 결국 모든 신령한 축복의 근원이 되는 순수한 기도를 획득하는 수단으로서 우리가 행할 수 있는 것은 단지 자주 기도하는 것, 항상 기도하는 것입니다. 시리아인 성 이삭(St. Isaac the Syrian)은 '어미를 잡아라. 그러면 그 새끼들도 얻게 되리라'라고 말씀하셨습니다. 먼저 기도의 능력을 얻으면 다른 덕목들은 쉽게 실천할 수 있을 것입니다. 그러나 실제의 경험과 교부들의 심오한 가르침으로부터 이러한 것을 깨닫지 못하는 사람은 그것에 관한 분명한 지식이 없으므로 그것에 대해 거의 언급하지 않습니다."

이야기하다 보니 어느덧 수도원에 거의 도착하게 되었습니다. 이 지혜로운 노인과 헤어지기 전에 내가 원하는 것을 얻으려고, 나는 말을 서둘렀습니다.

"존경하는 아버지여, 쉬지 않고 드리는 기도가 무엇을 뜻하며 어떻게 하면 배울 수 있는지 알려 주십시오. 당신은 이 모든 것을 아시지 않습니까?"

그분은 제 청을 받아들여 나를 자기 수실로 초대했습니다.

"들어오세요. 하나님의 도우심으로 기도에 관해 분명하고 자세하게 배울 수 있는 교부들의 책 한 권을 드리겠습니다."

우리는 그의 수실에서 다음과 같은 이야기를 하였습니다.

"쉬지 않고 마음으로 드리는 '예수기도'란 아무런 방해도 받지 않고 계속해서 입술로, 영으로, 마음으로 거룩한 예수의 이름을 부르는 것입니다. 그렇게 하면서 마음으로는 예수님의 끊임없는 임재와 은혜를 구하는 것입니다. 무슨 일을 하거나 어디서나 항상, 심지어 잠잘 때에도 그렇게 해야 합니다. 이 기도는 다음과 같이 합니다: '주 예수 그리스도시여, 저를 불쌍히 여기소서.' 이 기도가 몸에 밴 사람은 깊은 위로와 항상 기도해야 할 필요성을 경험하기 때문에 기도 없이는 살 수 없게 되고, 저절로 기도가 마음으로부터 흘러나오게 됩니다. 이제 끊임없는 기도가 어떤 것인지 알겠습니까?"

"예. 그런 습관을 얻으려면 어떻게 해야 하는지 가르쳐 주십시오."

"이 책을 읽어 보십시오. 이 책의 제목은 『필로칼리아』5)인데, 스물다

---

5) 『필로칼리아』(*Philokalia*; 러시아어로: *Dobrotolyubie*). "영적인 아름다움에 대한 사랑"이라는 의미이다. 1,100년 이상에 걸쳐 동방 정교회의 교부들에 의해 저술된 신비적이면서 금욕적인 글을 집대성한 책이다. 한글 역본으로 은성출판사에서 5권 시리즈로 출판되어 있다.

『필로칼리아』 원 텍스트는 두 개의 라틴어 본문을 제외하고 다른 것은 헬라어로 기록되었다. 그러나 원래 라틴어로 기록된 두 본문은 나중에 비잔틴 시대에 헬라어로 번역되었다.

그러나 헬라어로 된 이 책은 헬라어 권역뿐만 아니라 슬라브어 영역에도 지대한 영향을 끼쳤다. 러시아의 수도사 파이시 벨리치코프스키(Paisii Velichkovskii, 1722 -1794)는 아토스 성산(Mount Athos)을 방문한 후 몰디

섯 분의 교부들이 쉬지 않고 드리는 내적 기도에 대해 제공한 완전하고 상세한 내용이 들어 있습니다. 이 책은 탁월한 지혜의 책이며, 사용하기에 유익해서 관상적인 영적 생활의 탁월한 지침서로 생각되지요. 존경하는 니케포루스(Nicephorus)께서는 '이 책은 땀과 수고 없이도 구원에 이르게 해 준다'고 말씀하셨지요."

"그러면 이 책이 성경보다도 뛰어나고 더 거룩하다는 말입니까?"

"그렇지는 않아요. 하지만 이 책에는 성경에 담긴 신비한 내용이나 우리의 근시안적인 안목으로는 쉽게 깨닫지 못하는 것들에 대한 분명한 설명이 담겨 있지요. 예를 들어 봅시다. 태양은 천체의 발광체 중에 가장 크고 찬란하고 아름답지만, 우리는 눈에 보호 장치를 하지 않고서는 그것을 똑바로 바라보거나 조사할 수 없습니다. 우리는 태양보다 수백만 배나 더 작고 검은 유리를 사용해야 해요. 이처럼 작은 유리 조각을 사용하면 장엄한 별들의 왕을 조사할 수 있고 즐길 수 있으며, 그

비아에 정착하면서 이 책의 본문 일부를 슬라브어로 번역하여 1793년에 모스크바에서 *Dobrotolubiye*라는 제목으로 초판했고 1822년에 모스크바에서 재판했다. 이 책이 바로 무명의 순례자가 가지고 다녔던 책이다.

그러니까 한글 역본 필로칼리아의 순서가 다르며, 슬라브어가 자진 특유한 언어로 인해 한글로 번역할 때, 다소 다른 단어를 사용해서 번역하기도 했다.

한글 역본 중 제5권은 제1~4권에 있는 "마음의 기도", 즉 "예수 기도"에 관한 내용을 1~4권에 있는 모은 책을 러시아인 E. Kadloubovsky와 영국의 정교회 영성 작가 G. E. H. Palmer가 영역한 것으로서, 이 책에서 언급되고 있는 필로칼리아의 어법이 매우 가깝게 느껴진다. 예를 들어 망상(πλάνη; illusion)이 러시아어 prelest로 번역했다.

뜨거운 광선을 견딜 수 있지요. 성경은 눈 부신 태양과 같고 이 책, 곧 『필로칼리아』는 태양의 장엄한 광채를 바로 볼 수 있게 하는 유리 조각과 같습니다.[6] 들어 보세요. 내가 끊임없는 내면의 기도에 관한 교훈을 읽어 드리겠습니다."

그분은 책을 펴서 신 신학자 시므온(St. Simeon the New Theologian)[7]의 교훈을 찾아 읽기 시작했습니다:

---

[6] 여기서 직관, 즉 직접 대상을 눈으로 보는 것에 관해서 설명하고 있다. 일반적으로 우리는 비슷한 것으로 아는 풍유법이거나, 생각이나 이성을 사용해서 탐구함으로써 대상을 아는 방법(길)을 택한다. 이러한 보편적인 방법을 긍정의 길(kataphatic way)라고 한다. 이 긍정의 길은 개념이나 언어, 또는 지식의 체계를 사용한다.

그러나 여기서 직접 태양을 보는 방법(길, 예를 들면 검은색의 안경)을 말한다. 필로칼리아는 검은색의 안경에 해당하는데, 필로칼리아의 교부들은 개념이나 이성(διάνοια; reason)을 통해서 대상을 알아가는 것이 아니라, 직접 그 대상을 보는 지성(νοῦς Intellect)을 통해서 직관하는 길을 택한다. 개념적인 지식을 버리고 직관하는 길을 부정의 길(Apophatic way)이라고 부른다.

[7] 서방과는 달리 동방 정교회에서 말하는 "신학자"(Theologian)란 "하나님을 아는 지식을 소유한 자"를 말한다. 개념이나 이성(διάνοια)을 통해서 하나님에 "대해서" 아는 것과 달리, 하나님"을 아는 지식은 지성, 즉 깨끗한 마음의 눈으로 "하나님을 아는 지식"을 말한다. 이러한 하나님을 친지하는 지식을 얻은 자를 신학자라고 부른다.

정교회 영성 작품에 그냥 "신학자"라고 할 때 "사도 요한"을 지칭한다. 그 후로는 "신학자" 앞에 "신"(The New)를 붙인다. 그러므로 시므온은 신 신학자이다.

"혼자 고요히 앉아서 고개를 숙이고 눈을 감아라. 부드럽게 숨을 내쉬면서 마음을 들여다본다고 상상하라. 정신 즉, 생각을 머리로부터 마음으로 옮겨가라. 숨을 내 쉬면서 '주 예수 그리스도시여, 저를 불쌍히 여기소서'라고 말하라.[8] 입술을 가만히 움직이면서 말하든지, 아니면 생각으로 말하라. 다른 생각은 모조리 제쳐 두라. 평안하고 침착하라. 되도록 자주 그 과정을 반복하라."

그분은 이 모든 것을 설명해 주고 그 의미를 예를 들어 설명해 주었습니다. 우리는 계속해서 『필로칼리아』에서 시나이의 성 그레고리(St. Gregory of Sinai)와 성 칼리스투스(St. Callistus), 성 이그나티우스(St. Igantius)의 글을 읽었고, 그분은 읽은 부분을 설명해 주셨습니다. 나는 기뻐하면서 경청하면서 되도록 모든 내용을 기억하려고 노력했습니다. 이런 식으로 밤을 꼬박 새고 나서, 우리는 아침기도에 나갔습니다.

---

[8] 한글 역본 『필로칼리아』(제4, 5권)에서는 이 부분에 상응하는 문장을 찾지 못했다. 보통 호흡에 예수 기도를 실을 때, 들숨에 첫 기도말인 "주 예수 그리스도 하나님의 아들이시여"를, 날숨에 "제게 자비를 베푸소서"를 싣는다. 이는 들숨과 함께 예수 그리스도가 내면으로 들어가고, 날숨과 함께 내면에 도사리고 있던 죄악을 내뿜는다는 생각으로 그렇게 하는 것 같다. 그러나 필로칼리아 교부들은 예수기도를 호흡과 연결해서 기도하라고 가르친다: "예수기도를 호흡과 결합하십시오. 그렇게 하면 며칠 후에 실제로 그것을 보게 될 것입니다."(『필로칼리아』 제5권, 예루살렘의 히세키우스, "맑은 정신과 기도, 그리고 영혼에 관하여. 182". 414쪽). 그렇지만, 호흡으로 예수기도를 실천할 때 영적 지도자 아래 엄격한 지도를 받아야 하며, 잘못하면 폐만 상하게 된다고 경고하는 교부도 있다.

사부님은 나를 배웅하면서 예수기도를 배우는 동안에는 항상 자기에게 와서 솔직하게 고백하고 보고하여 모든 것을 알려 달라고 말했습니다. 내면의 과정은 스승의 안내 없이는 올바로 진행될 수 없고, 성공할 수 없기 때문이라고 했습니다.

교회에서 나는 쉬지 않고 드리는 내면의 기도를 배우기 위해서는 어떠한 고통도 감수하겠다는 뜨거운 소원을 느꼈기에 하나님께 도와 달라고 기도했습니다. 수도원 객실에 사흘 이상 머무는 사람에게는 외출이 허락되지 않았고, 가까이에 인가가 없었기 때문에 나는 어떻게 하면 사부님을 다시 만나 상담하고 고백할 수 있을지를 생각하기 시작했습니다.

나는 수도원에서 2~3마일 떨어진 곳에 마을이 있다는 것을 알고, 그 마을로 가서 머물 곳을 찾아보았는데 하나님께서 제게 필요한 곳을 보여 주셨습니다. 어느 농부가 나를 고용하여 여름내 채소 밭을 돌보게 했으며, 작은 초가집을 혼자서 사용하게 해 주었습니다. 하나님을 찬양합니다! 나는 조용한 장소를 찾은 것입니다. 거처를 정한 나는 사부님이 가르쳐 주신 방법으로 내면의 기도를 터득하기 시작했으며, 종종 사부님을 뵈러 갔습니다.

나는 일주일 동안 밭에서 사부님이 설명해 준 대로 쉬지 않고 기도하는 법을 배우려고 꾸준히 애를 썼습니다. 처음에는 모든 것이 잘 되는 듯했습니다. 그러나 그것은 매우 지루한 일이었습니다. 게을러지고 따분했으며 졸음이 몰려 왔습니다. 게다가 수많은 생각이 구름처럼 나를 둘러쌌습니다. 나는 괴로워서 사부님을 찾아가 나의 상태를 이야기했습니다.

사부님은 친절히 맞아 주면서 말씀하셨습니다. "형제여, 그것은 어둠의 세상의 공격입니다. 그 세상의 입장에서 보면, 우리가 마음으로 드리는 기도보다 더 나쁜 것은 없지요. 그러므로 온갖 수단을 동원해서 그대를 방해하고 그 기도를 배우지 못하게 하려 하지요. 하지만 원수는 하나님께서 합당하다고 여겨 허락하시는 만큼만, 그리고 우리에게 필요한 만큼만 방해할 뿐입니다. 자기의 겸손을 좀 더 시험해야 보아야 할 필요가 있고, 지나친 열심으로는 마음에 들어가는 가장 높은 입구에 도달하기에 아직 때가 이른 것 같습니다. 자칫하면 영적인 탐심에 빠질 수도 있습니다. 그런 경우에 관한 교훈을 『필로칼리아』에서 읽어 드리겠습니다."

사부님은 니케포루스의 가르침을 찾아 읽었습니다.

"몇 번의 시도에도 불구하고 당신이 배운 방법대로 마음의 영역에 도달하지 못한다면, 내가 이제 말하는 대로 하라. 그러면 하나님의 도우심으로 구하는 것을 발견하게 될 것이다. 단어를 발음하는 기능은 성대에 있다. 모든 생각을 거부하라(하려는 의지만 있으면 그렇게 할 수 있다). 그리고 '주 예수 그리스도시여, 나를 불쌍히 여기소서'라는 말을 쉬지 말고 되풀이하시오. 항상 실천하시오. 얼마 동안 그렇게 실천하면 마음이 기도에 대해 열릴 것입니다. 우리는 경험을 통해서 그것을 알고 있습니다."[9]

---

9) 같은 저자의 내용이지만 표현이 조금 다른 부분을 한글 역본 『필로칼리아』 제4권(332쪽)에서 볼 수 있다. " 그러나 노력했음에도 불구하고 내가 말한 식으로 마음의 세계에 들어갈 수 없다면 하나님의 도우심을 받아 지금 내가 말

사부님은 "이 책에서 그런 경우에 대한 교부들의 가르침을 얻을 수 있습니다. 그러니 오늘부터는 확신을 가지고 내가 지시한 대로 하며, 되도록 자주 예수기도를 하십시오. 이 매듭[10]을 가져가십시오. 처음에는 하루에 3천 번 예수기도를 하십시오. 서 있든지 앉아 있든지, 걷든지 누워 있든지 '주 예수 그리스도시여, 저를 불쌍히 여기소서.'를 반복하십시오. 서두르지 말고 조용하게, 고의로 횟수를 늘리거나 줄이지도 말고 정확하게 하루에 3천 번 기도하십시오. 하나님께서 그대를 도우실 것입니다. 이런 방법을 통해서 쉬지 않고 마음으로 드리는 기도에 이르게 될 것입니다"라고 말하였습니다.[11]

나는 사부님의 가르침을 받아들였고, 집에 돌아가서 사부님께서 명

하는 것을 행하십시오. 그러면 구하는 것을 발견할 것입니다. 사람의 추론적인 능력의 중심이 마음에 있다는 것을 알고 있습니다. 그러므로 우리의 입이 잠잠할 때 마음속에서 기도와 시편을 명확하게 말하고 숙고합니다. 그러므로 이 능력에서 생각들을 모두 추방하고, 그 자리에 '주 예수 그리스도, 하나님의 아들이시여, 나를 불쌍히 여기소서'라는 기도를 두고, 쉬지 않고 그 기도를 되풀이하게 하십시오. 얼마 동안 이것을 계속하면, 위에서 설명한 방식으로 마음에 들어갈 수 있게 될 것입니다."

10) 양털실로 짠 매듭묵주, 또는 러시아어로 "쵸뜨끼"라고 부른다. 이 책 제2부 주석 20번을 참조하라.

11) 예수기도를 한 번 하는 데 18초 걸린다면, 100개 매듭을 돌릴 때 30분이 걸린다. 이 속도로 3천 번을 기한다면, 하루에 15시간 걸린다. 이 경우에는 기도말을 익히는 과정이며, 3천 번이 너무 느슨해서 사부의 명령을 어기고 더 하고 싶은 충동을 억제하는 "순종의 과정"으로서 영적 영성에 있어서 초보자(εισαγογικος)의 과정이다.

하신 대로 충실하고도 정확하게 실천하기 시작했습니다. 처음에는 다소 어려웠지만, 이틀이 지나면서 매우 쉽고 마음에 들어서 예수기도를 멈추면 즉시 계속 하고픈 욕구를 느꼈으며 전처럼 억지로 하는 것이 아니라 자유롭고 즐거운 마음으로 하게 되었습니다.

나는 이 사실을 사부님께 보고했는데 그분은 "침착하시오. 되도록 충실하게 정해진 횟수만큼 기도하는 데만 힘쓰시오. 하나님께서 은혜를 베푸실 것입니다"라고 말씀하셨습니다.

나는 외딴 오두막에서 한 주일 동안 하루에 6천 번씩 예수기도를 했습니다. 나는 아무런 근심도 느낄 수 없었습니다.[12] 아무리 다른 생각이 엄습해 와도 알아차리지 못한 채 오직 한 가지 목표 즉, 사부님이 명하신 대로 정확히 수행하는 것을 목표로 삼았습니다. 저에게 무슨 일이 일어났겠습니까? 나는 기도에 너무도 익숙해져서 잠시라도 멈추면 무언가 빠진 것 같기도 하고 무언가 잃어버린 것 같기도 했습니다. 기도를 다시 시작하면 너무나 쉽고 즐겁게 기도가 흘러나왔습니다. 내가 바라는 것은 오직 혼자서 기도하는 것이었습니다. 한 주간에 그처럼 익숙해진 것입니다.

사부님은 열흘 동안 날 만나 주지 않았습니다. 열 하루째 되는 날 그분은 직접 나를 찾아오셨고, 나는 상황이 어떻게 진행되는지를 말씀드

---

12) 중급자($\mu\epsilon\sigma o\varsigma$) 수준으로서, 예수기도 1회에 9초 걸릴 때, 100개 매듭을 한 번 돌릴 때 15분이 걸리는데. 이렇게 6천 번 기도하려면 하루에 15시간 기도해야 한다. 점차 기도가 몸의 습관으로 들기 시작하면서, 생각들이 물러나기 시작한다.

렸습니다. 그분은 내 말을 듣고 나서 다음과 같이 말했습니다. "이제 예수기도에 익숙해졌으니, 그 습관을 유지하고 강화하십시오. 오늘부터는 시간을 낭비하지 말고 하나님의 도우심을 받아 하루에 일만 이천 번씩 예수기도를 하기로 작정하십시오. 혼자 고독하게 지내면서 일찍 일어나고 늦게 잠자리에 들며, 보름마다 나에게 와서 지도를 받으시오."

나는 사부님이 명하신 대로 했습니다. 첫날은 밤늦게까지 해서야 겨우 12,000번을 기도했습니다. 둘째 날에는 쉽고 만족스럽게 기도했습니다. 쉬지 않고 기도를 계속 하니 약간 피곤하고 혀는 무감각해지고 턱은 뻐근했습니다. 처음에는 즐거운 느낌이 들었지만 나중에는 입천장이 아팠고, 매듭을 세는 왼쪽 엄지손가락도 아팠습니다. 왼손 손목 전체, 심지어 팔꿈치까지 통증이 느껴졌지만 불쾌한 것은 아니었습니다. 그런데 이러한 일들은 마치 나를 자극하여 더욱 기도를 자주 만드는 것 같았습니다. 닷새 동안 매일 12,000번씩 기도를 했는데, 그것이 습관이 되면서 기쁨과 만족을 느꼈습니다.[13]

---

13) 예수기도를 1회 하는 데 6초가 걸릴 때, 하루에 12,000번 기도하려면, 20시간을 꼬박해야 한다. 다시 말해서 12,000번 예수기도를 하는 동안에는 하루에 잠자고 식사하고, 잠시 쉬는 시간은 총 4시간뿐이다. 그럴 때 예수기도 외에 다른 생각이 들어올 여유가 없으며, 며칠을 계속한다면 자동으로 이 기도를 바치게 될 것이다. 다시 말해서 예수 이름을 부르면서 기도하는 동안에는 "사악한 생각들"이 내면으로 들어올 여유가 없게 된다.

어느 날 아침 일찍 여느 때와 마찬가지로 기도가 나를 깨웠습니다.[14] 일상적인 아침기도를 드리려 했지만 혀가 말을 듣지 않아 쉽고 정확하게 기도할 수 없었습니다. 내가 바라는 것은 오직 한 가지는 예수기도를 하는 것이었습니다. 그 기도를 하자마자 내 마음은 기쁨과 위안으로 가득 찼습니다. 내가 재촉하지 않아도 입술과 혀가 스스로 말하는 듯했습니다. 그 날 종일 다른 모든 것들로부터 단절된 것처럼 느끼면서 아주 만족한 상태로 지냈습니다. 마치 다른 세계에 사는 것 같았습니다. 그 날 초저녁까지 쉽게 12,000번의 기도를 마쳤습니다. 기도를 계속 하고 싶었지만 사부님이 정해 주신 기도 횟수를 넘어서지 않았습니다. 나는 매일 아주 쉽고 기쁜 마음으로 예수 그리스도의 이름을 계속 불렀습니다. 그리고 나서 사부님을 찾아 가서 모든 것을 솔직하고 자세하게 말씀드렸습니다.

---

14) 이때 주객이 전도된다. 이러한 상황이 완전한 상태(τελειος)라고 표현한다.

처음에는 "내가" 기도를 했지만, 기도가 내면에 자리를 잡고 주인이 되어서 잠자는 나를 깨웠다.

이것을 "영접"이라고 부른다. 마르다와 마리아가 사는 자매의 집에 주님이 객으로 방문하셨다. 마리아는 주님을 주인의 자리에 앉히신 다음에 발을 씻어 드리고, 그의 발치에 앉아서 그의 말을 경청하였다. 마리에게 주인은 주님이셨다. 그러나 손님을 환대하기 위해 바쁘게 움직이는 마르다에게 주님은 객일 뿐이었다.

주객이 전도되는 상황이 "진정한 영접"이다. 예수 그리스도를 부를 때 우리의 "객"이 아니고 "'주' 예수 그리스도라고 하지 않는가!"

사부님은 이야기를 끝까지 듣고 나서 이렇게 말씀하셨습니다.

"당신에게 예수기도를 하려는 갈망이 나타난 것과 그처럼 능숙하게 하게 된 것에 대해 하나님께 감사하십시오. 그것은 꾸준한 노력과 영적 성취에 따르는 자연스러운 결과입니다. 바퀴를 굴리면 얼마 동안은 저절로 움직이지만 좀 더 오랫동안 작동하게 하려면 기름을 치고 다시 굴려 주어야 합니다.[15] 지금 육적인 본성을 지닌 인간에게 인간을 향한 하나님의 사랑의 놀라운 선물이 주어진 것을 알게 되었습니다. 당신 스스로 경험한 것처럼 은혜의 상태 밖에 있어 정욕이 억제되지 못한 죄악된 영혼 안에서 어떤 감정이 만들어지는지 당신은 알고 있습니다. 하나님께서 기꺼이 자동으로 작용하는 영적인 기도의 은사를 주시고 영혼에게서 모든 육욕을 씻어 주시는 것은 얼마나 놀랍고 기쁘고 위로가 되는 일인지 모릅니다. 그것은 말로 표현할 수 없는 상태입니다. 이와 같은 기도의 신비를 발견하는 것은 세상에서 하늘나라의 축복을 미리 맛보는 것입니다. 그러한 행복은 단순히 사랑하는 마음으로 하나님을 찾는 사람들을 위해 예비된 것입니다. 이제부터는 하고 싶은 대로, 능력이 닿는 대로 자주 그 기도를 드려도 좋습니다. 깨어 있는 모든 순간 기도를 드리며 횟수를 세지 말고 예수 그리스도의 이름을 부르며 겸손히 하나님의 뜻에 복종하며 그 분의 도움을 구하십시오. 하나님은 당신을 버리지 않으시고 옳은 길로 인도해 주실 것입니다."

---

15) 한번 완전한 상태(τελεος)에 이르렀다고 하더라도 여전히 불완전하여 자칫 처음 상태로 되돌아갈 수 있다. 그러므로 항상 경성해 있어야 한다.

여름 내내 이렇게 사부님의 지도를 받으면서 입으로 예수 그리스도께 끊임없이 기도를 드리면서 나의 영혼은 완전한 평화를 느꼈습니다. 종종 잠자는 동안에도 기도하는 꿈을 꾸었습니다. 혹시 낮에 사람들을 만나면 그들이 모두 가족처럼 친근하게 느껴졌습니다. 하지만 그들과 어울리지는 않았습니다. 나의 모든 생각들은 저절로 고요해졌습니다.[16]

나는 오로지 기도만 생각했으며, 내 정신은 기도에 귀를 기울였으며 때때로 내 마음은 저절로 따뜻함과 즐거움을 느끼기 시작했습니다. 수도원 내의 교회에서 드리는 긴 예배가 짧게 느껴졌으며 전처럼 싫증나지도 않았습니다. 내가 혼자 사는 오두막은 마치 화려한 궁전 같았습니다. 나 같은 죄인에게 훌륭한 스승을 보내 주신 하나님께 얼마나 감사해야 할지 모를 지경이었습니다.[17]

---

16) 생각들의 고요한 상태를 헤시키아라고 부른다. 여전히 그도 인간인지라 생각을 멈출 수는 없지만, 생각의 대상이 오직 하나, "주 예수 그리스도 하나님의 아들"이었다. 그러므로 생각들이 밀려오더라도 그것에 자극받지 않고 명경지수와 같이 평온한 상태를 말한다. 어떤 마음의 대상에 쾌고를 느끼는 감정에 일어나면서 마음이 흔들린다. 이것을 "생각들"이라고 하는데, 이러한 감각적 자극을 정념이라고 부른다. 이 청년은 평온한 상태, 헤시키아 상태, 무정념의 상태를 처음 맛본 것이다.

17) 동방기독교 영성 작품에서 "무정념"이라는 단어를 사용하지만, 그 내용은 헬라철학에서 말하는 것과 다르다. 헬라철학에서 의미하는 무정념은 "정념이 없음", "무념무상", 또는 "무감각"을 말하지만, 기독교가 이 단어를 차용해서 표현하지만, 그 의미는 전혀 다르다. 기독교의 무정념은 "오직 한 가지 생각",

그런데 얼마 후 나는 거룩한 지혜로 가득 찬 사부님의 가르침을 더 이상 받을 수 없게 되었습니다. 여름이 끝날 무렵에 그분은 돌아가셨기 때문입니다. 사부님이 임종하시기 전에 나는 눈물을 흘리면서 마지막 인사를 드리면서 완악한 인간에게 아버지와 같은 가르침을 주신 것에 감사드렸습니다. 그리고 유품으로 기도하실 때 쓰시던 매듭을 달라고 부탁하였습니다.

그리하여 나는 혼자가 되었습니다. 여름이 지나고 채소 농사도 끝났기 때문에 거처할 곳이 없어졌습니다. 떠나는 나에게 농부는 품삯으로 2루블을 주면서 여행하면서 먹을 마른 빵을 배낭에 가득 채워 주었습니다. 나는 다시 방랑생활을 시작하였지만 전처럼 근심이 가득하지는 않았습니다. 예수 그리스도의 이름을 부르는 것이 마냥 즐거웠습니다. 모든 사람이 친절했습니다. 마치 모든 사람들이 나를 사랑하는 것 같았습니다.

나는 채소밭에서 일하고 받은 돈을 어떻게 할 것인지 궁리하기 시작하였습니다. 어떻게 하면 좋을까? 이제는 사부님이 곁에 계시지 않기 때문에 나를 가르쳐줄 사람이 없었습니다. 『필로칼리아』를 사서 내면의 기도에 대해서 구체적으로 배워 보는 것은 어떨까?

나는 길을 가면서 기도를 계속하였습니다. 이윽고 큰 마을에 도착한 나는 『필로칼리아』를 사려고 그 지역에 있는 모든 서점을 돌아다녔습

"하나의 마음의 대상에 집중하는 마음", "일체의 다른 생각이 없는 100% 순전한 마음", "깨끗한 마음"(마 5:8), "성한 눈"(마 6:22)을 말한다. 이때 마음에 희락과 화평을 느끼게 되며, 거기에 안착(stabilitas)한다.

니다. 마침내 그 책을 발견했는데 주인은 3루블을 요구했습니다. 나에게는 2루블밖에 없었기에 한참 동안 흥정을 했지만 주인은 한 푼도 깎아 주려 하지 않았습니다. 마침내 주인은 이렇게 말했습니다. "근처에 있는 교회에 가서 사제를 보좌하는 사람에게 말해 보세요. 그 사람도 이것과 같은 책을 가지고 있습니다. 그 책은 너무 낡았기 때문에 아마 2루블에 팔지도 모르지요." 나는 그의 말대로 하여 낡고 오래된 『필로칼리아』를 2루블에 샀습니다. 나는 그 책을 정성껏 손질하여 포장한 후에 성경책과 함께 앞주머니에 넣었습니다.

  나는 이제 어디를 가든지 이 세상 그 무엇보다 소중하고 감미로운 예수기도를 항상 반복합니다. 어떤 때는 하루에 70km나 되는 먼 길을 걸어가면서도 걷고 있는 것을 느끼지 못할 정도입니다. 나는 그저 예수기도를 드리고 있다는 것만을 의식합니다. 날씨가 몹시 추울 때는 더 열심히 기도하면 몸이 따뜻해집니다. 배가 고플 때 예수의 이름을 자주 부르면 배고픔을 잊을 수 있습니다. 병이 들거나 허리와 다리가 아플 때에도 기도에 집중하면 고통을 느끼지 못합니다. 누가 나를 괴롭혀도 "예수기도는 얼마나 달콤한가!"라고 생각하면 모든 것을 잊고 분노는 사라집니다. 나는 반쯤 얼이 빠진 사람처럼 되었습니다. 나는 이 세상의 어떤 일에도 관심을 갖지 않고 아무것도 염려하지 않습니다. 시끄러운 세상일에는 눈길도 주지 않습니다. 내가 바라는 것은 오직 홀로 있으면서 쉬지 않고 기도하는 것뿐입니다. 그렇게 하면 나는 기쁨이 충만합니다. 이 기쁨은 하나님만이 아십니다! 물론 이 모든 것이 돌아가신 사부님께서 말씀하신 것처럼 기계적으로 자연히 이어지는 인위적인 상태이거나 감각적인 것일 수도 있습니다. 그러나 나는 부족하고 우둔하기 때문에 감히 이보다 더 나아가거나 마음 깊은 곳에서 영적인 기도를 배워 내 것으로 삼으려 하지 않습니다. 하나님의 때를 기다릴 뿐입니다. 한편 나는 돌아가신 사부님의 기도에 소망을 두고 있습니다. 나는 비록 마음속에서 스스로 작동하는 끊임없는 기도의 경지에 도달하지는 못하였지만 "쉬지 말고 기도하라"는 말씀의 의미를 이해한 것만으로도 하나님께 감사드립니다.[18]

---

18) 예수기도를 정신기도(mental prayer)라고 부른다. 예수기도를 통해서 무정념의 상태에 이르게 되면 그것이 육신과 연결된다. 즉, 마음의 평화가 육신의 평강으로 이어진다. 다시 말해서 정신과 함께 육체의 온전함을 얻게 된다. 예수님은 의사이시며, 그의 이름은 우리의 영육을 온전케 하는 치료제이다. 이것이 현대 정신과에서 말하는바 정신신체적 기법(psychosomatic method)이다. 그러니까 예수기도는 정신신체적 기법의 원조인 셈이다.

2

　나는 오랫동안 예수기도를 여행의 동반자로 삼고서 여러 지방을 떠돌아 다녔습니다. 그 기도는 여행할 때나 사람들을 만날 때, 혹은 무슨 일이 생길 때 나를 위로해 주고 용기를 주었습니다.

　그런데 나는 한 곳에 정착하여 홀로 지내면서 『필로칼리아』를 연구하는 편이 낫겠다는 생각을 하게 되었습니다. 나는 낮에 쉴 때나 밤에 어느 곳에 머물 때마다 그 책을 읽었지만, 그 책을 보다 깊이 알고 싶었고, 그 책으로부터 내 영혼의 구원에 필요한 진리에 대한 가르침을 배우기 위해 진심으로 믿고 기도했습니다.

　그렇지만 나는 어렸을 때 한 쪽 팔을 다쳤기 때문에 할 수 있는 일이 어디에도 없었습니다. 불구자이기 때문에 정착하여 지낼 곳을 얻을 수 없다는 것을 깨달은 나는 시베리아에 있는 성 이르쿠츠크의 이노센트(Innocent of Irkutsk)의 무덤에 가기로 결심하였습니다. 시베리아의 초원 지대와 산림 속을 보다 고요한 가운데 여행하면 더 많이 기도하고 책을 읽을 수 있을 것이라고 생각했습니다. 나는 쉬지 않고 입으로 예수기도를 드리면서 시베리아를 향해 여행했습니다.

　얼마 되지 않아서, 나는 예수기도가 저절로 움직여 입에서 마음(심장)으로 이동하는 것을 느꼈습니다.[19] 마치 내 심장이 고동에 맞추어 예수기도의 단어를 말하기 시작한 것 같았습니다. 예를 들면 심장이 한 번 뛸 때는 "주", 두 번째 뛸 때는 "예수", 세 번째는 "그리스도" 하면서 계속 되었습니다. 나는 이제 입으로 기도하지 않고 내 심장이 말하는 것을 경청했습니다. 마치 내가 눈으로 심장을 들여다보는 것 같았습니다.

　돌아가신 사부님께서 이 기쁨에 대해 하신 말씀을 곰곰이 생각해 보았습니다. 그 때 나는 심장에 가벼운 아픔 같은 것을 느꼈고, 내 생각에는 예수 그리스도에 대한 사랑이 가득 찼습니다. 만일 내가 그 분을 볼 수만 있다면 그의 발 앞에 엎드려 두 발을 붙잡고 부드럽게 입을 맞추며, 무가치하고 죄악된 나에게 예수의 이름 안에서 큰 위로를 발견하게 해주신 그 분의 사랑과 은혜를 소유하게 된 데 대해 눈물을 흘리면서 감사드리는 모습을 상상했습니다. 게다가 은혜로운 뜨거움이 내 마음속에 들어와서 가슴 전체로 퍼져 나갔습니다.

---

　19) 처음에는 호흡에 예수기도를 싣다가, 이제 후로는 심장의 박동에 싣게 된다. "호흡"은 생명이다. 그래서 살아있다는 표현을 "목숨이 붙어 있다"라고 한다. 폐의 호흡은 피와 연관된다. 폐의 호흡으로 깨끗하진 피를 심장이 온몸 구석구석에 날라준다. 그러므로 살아있는 존재에게 호흡과 피는 불가분의 관계이다. 호흡이 끊어지면 육신이 죽듯이, 영혼에 성령이 떠나면 죽는다. 그러므로 쉬지 않고 예수의 이름으로 호흡하여 피를 맑게 해야 한다.
　살아 있는 동안 우리는 숨을 쉬고, 심장이 뛰어야 하듯이, 멈추지 않고 예수 이름으로 호흡해야 한다. 심장의 박동에 예수 이름으로 바치는 기도를 실을 때, 쉬지 않는 기도가 성취된다.

나는 자신의 감정을 시험해 보기 위해서, 그리고 마음으로 드리는 은밀한 기도에 대해 보다 철저히 연구하기 위해서 한층 더 자세히 『필로칼리아』를 읽었습니다. 그러한 감정의 매력에 빠지거나, 자연적인 결과를 은혜의 결과로 착각하거나, 또는 빨리 그 기도를 습득하였다는 교만에 빠질까 두려웠기 때문입니다.

돌아가신 사부님도 이러한 위험에 대해 경고해 주신 적이 있었습니다. 이런 까닭에 나는 밤에는 걷고, 낮에는 숲 속 나무 밑에 앉아 『필로칼리아』를 읽기로 했습니다.

이렇게 책을 읽으면서 전에 알지 못했던 지혜를 깨닫게 되었습니다. 그 책에 몰두하면서 나는 전에는 상상도 하지 못했던 기쁨을 느꼈습니다. 나의 아둔한 정신으로는 아직도 많은 부분을 이해할 수 없었지만 마음의 기도는 내가 이해할 수 없었던 많은 부분을 알 수 있게 해 주었습니다. 혹 가다 꿈속에서 돌아가신 사부님을 보았는데, 그분은 많은 것을 일깨워 주셨고, 이 무지한 영혼을 더욱 겸손하게 해주셨습니다.

이렇게 행복한 상태에서 여름의 두 달 이상을 보냈습니다. 나는 대체로 숲 속을 질러가거나 샛길로 다녔습니다. 마을에 도착하여 마른 빵 한 자루와 약간의 소금을 요청하였고, 물통에 물을 채운 후 다시 60마일 정도를 걸어갔습니다.

여름이 끝날 무렵에 유혹이 엄습하기 시작하였습니다. 그것은 나의 악한 죄의 결과이거나, 영성생활에 필요한 것이거나, 아니면 나에게 교훈과 경험을 주기 위한 최선의 방법이었을 것입니다. 적당한 예를 들어 보면 다음과 같습니다.

어느 날 해질 무렵에 큰길가에 나왔는데, 군인처럼 머리를 짧게 자른

두 사람에 나에게 다가와서 돈을 요구하였습니다. 나는 한 푼도 없다고 말했지만 그들은 내 말을 믿지 않고 건방지게 "거짓말하고 있어. 순례자들은 항상 많은 돈을 받는단 말이야"라고 소리쳤습니다. 그 중 한 사람이 "말로 해서는 소용이 없을 것 같군!"라고 말하면서 곤봉으로 내 머리를 때렸습니다. 나는 의식을 잃었습니다.

얼마나 오랫동안 의식을 잃고 있었는지 모르지만 정신을 차려 보니 나는 숲속 길옆에 쓰러져 있었습니다. 내 배낭은 없어지고 끈만 남아 있었습니다. 다행히도 나는 여권을 보여달라고 하면 빨리 보여 주려고 털모자 속에 넣어 둔 여권은 그대로 있었습니다. 나는 머리가 아파서가 아니라 배낭 안에 있던 성경과 『필로칼리아』를 잃어버린 것 때문에 온종일 울고 탄식했습니다. 젊었을 때부터 항상 가지고 다니면서 읽던 내 성경책은 어디에 있을까? 많은 교훈과 위로를 주던 『필로칼리아』는 어디에 있을까? 내 생애의 처음이요 마지막인 보물을 제대로 누리지 못하고 잃어버리다니 너무 안타까웠습니다. 이 영적인 양식 없이 살 바에는 차라리 죽는 것이 더 나을 것 같았습니다.

이틀 동안은 비탄에 잠겨 몸을 끌듯이 걸어갔는데, 사흘째 되는 날에는 기진맥진해서 나무 그늘 밑에서 깊은 잠에 빠졌습니다.

나는 꿈을 꾸었습니다. 나는 수도원에 있는 사부님의 수실에 앉아서 물건을 잃어버린 일로 인해 슬퍼하고 있었습니다. 사부님은 나를 위로해 주시면서 "이것을 하늘나라를 향해 더욱 전진하게 하기 위해서 세상의 물건에 대한 애착을 끊게 하려고 주는 교훈으로 삼으시오. 영적인 것들의 즐거움에 빠지는 것을 막기 위해서 이런 일이 일어난 것입니다. 하나님께서는 신자들이 모든 욕망과 기쁨과 집착을 철저히 부인하고 하나님의 거룩하신 뜻에 완전히 복종할 것을 원하십니다. 하나님께서는 인간을 돕고 구원하기 위해서 모든 일을 섭리하십니다. 하나님께서는 시험당할 즈음에 또한 피할 길을 내신다는 것(고전 10:13)을 믿고 용기를 내시오. 지금 당하는 슬픔보다 더 큰 기쁨을 누리게 될 것입니다"라고 말씀하셨습니다.

꿈에서 깨어난 나는 힘이 다시 솟아나고 영혼에 빛과 평안이 가득 차는 것을 느꼈습니다. 나는 "하나님의 뜻이 이루어지이다"고 말하고 일어나 여행을 계속했습니다. 전처럼 다시 심장 속에서 기도가 활동하기 시작했습니다. 나는 평안한 마음으로 걸어갔습니다.

사흘째 되는 날 죄수들을 호송하는 군인들을 만났습니다. 가까이 다가가 보니 죄수 중에 얼마 전에 내 물건을 훔친 두 사람이 있었습니다. 그들이 바깥 줄에 있었기에 나는 그들의 발 앞에 꿇어앉아 내 책을 어떻게 했는지 가르쳐 달라고 간청하였습니다. 그들은 처음에는 내 말에 전혀 관심을 두지 않았지만, 나중에 한 명이 "1 루블을 주면 그 책이 어디 있는지를 말해 주겠다"라고 말했습니다. 나는 그들에게 구걸해서라도 돈을 주겠다고 맹세하였고 담보로 내 여권을 주었습니다. 그들은 내 책이 훔친 물건을 싣고 죄수의 뒤를 따라오는 마차에 있다고 말해 주었습니다.

"어떻게 해야 그 책을 돌려받을 수 있을까요?"

"우리를 호송하는 장교에게 가서 말해 보시오."

나는 서둘러 장교에게 가서 자초지종을 이야기하였습니다.

장교는 "정말로 성경을 읽을 줄 아십니까?"라고 물었습니다.

"예, 저는 읽을 수 있고 쓸 줄도 압니다. 성경책에 제 서명이 있습니다. 그리고 여기에 같은 이름이 적힌 제 여권이 있습니다."

그는 내 책을 훔친 사람들은 탈영병인데 숲속 오두막에 살면서 강도질을 하곤 했는데, 어제 한 영리한 마부의 썰매를 훔치려다가 잡혔다고 말해 주었습니다.

"만일 그 책이 마차 안에 있으면 돌려주겠소. 그러려면 오늘 밤 우리가 묵는 곳까지 함께 가야 합니다. 앞으로 2마일 정도 가면 됩니다. 당신 때문에 호위대와 마차들을 세울 수는 없지 않겠습니까." 나는 그의 제안에 동의했고 말을 타고 가는 그의 곁을 따라 걸어가면서 함께 이야기했습니다.

그는 어느 정도 나이가 든 친절하고 정직한 사람이었습니다. 그는 내가 누구이며, 어디서 와서 어디로 가느냐고 물었습니다. 나는 숨김없이 이야기했습니다. 이윽고 우리는 그날 밤을 지낼 집에 도착하였습니다. 그는 내 책을 찾아 주면서 "밤이 깊었는데 다른 데로 가지 말고 제 옆방에서 자시오"라고 말했습니다. 그리하여 나는 그곳에 머물게 되었습니다.

책을 다시 찾은 나는 너무나 기뻐서 어떻게 하나님께 감사해야 할지를 모를 지경이었습니다. 책을 오랫동안 움켜쥐고 있어서 손이 감각을 잃을 정도였습니다. 기뻐서 눈물이 흘러나왔고 마음은 기쁨으로 뛰었습니다. 이 모습을 본 장교는 "당신은 성경을 읽는 것을 정말로 좋아하는군요"라고 말했습니다. 나는 너무 기뻐서 대답하지 못하고 울기만 하였습니다. 장교는 "형제여, 나도 매일 성경을 읽습니다"라고 말했습니다. 그리고는 키예프에서 발행된 은으로 장식된 조그마한 성경책을 꺼내더니 "앉으십시오. 내가 어떻게 매일 성경을 읽게 되었는지 이야기하겠습니다"라고 말하였습니다.

그는 "거기 아무도 없나. 먹을 것을 가져다주게" 하고 소리쳤습니다. 우리는 식탁에 앉았고, 그는 이야기를 시작하였습니다.

"나는 젊었을 때부터 수비대가 아니라 야전군이었습니다. 나는 이것을 천직으로 생각했고 상관들은 성실한 부관인 나를 좋아하였습니다. 그런데 젊었을 때 나에게는 친구들이 많았는데 불행하게도 그들과 어울려 술을 마시게 되었으며 주벽이 생겼습니다. 나는 술을 마시지 않으면 훌륭한 장교였지만 한 번 술에 취하면 6주 동안 아무 일도 할 수 없었습니다. 사람들은 이런 나를 오랫동안 참아 주었습니다. 그러나 결국 나는 술에 취해서 상관에게 무례하게 행동하여 사병으로 강등되어 3년 동안 수비대에 복무하게 되었습니다. 나는 술을 끊지 않으면 더 심한 처벌을 받게 될 것이라는 위협도 받았습니다. 그렇지만 나는 이런 불행의 상태에서도 아무리 노력해도 자신을 통제하고 치유할 수는 없었습니다. 술을 마시고픈 욕구를 떨쳐버릴 수 없었던 나는 결국 감옥에 가게 되었습니다. 그 소식을 들으니 눈앞이 캄캄하였습니다. 나는 불행한 생각에 사로잡혀 막사 안에 있었는데 마침 교회를 위해서 헌금을 모으러 다니는 수도사가 그곳에 도착했습니다. 우리들은 힘에 닿는 한도 내에서 헌금을 하였습니다.

"그 수도사는 나에게 다가와서 왜 그렇게 불행해 보이냐고 물었고, 나는 제 고민을 털어 놓았습니다. 그는 나를 동정하면서 이렇게 말했습니다. '똑같은 일이 제 형에게도 있었어요. 그런데 무엇이 그에게 도움이 되었다고 생각합니까? 형의 영적인 아버지는 술 생각이 날 때마다 지체 없이 복음서를 한 장 읽으라는 명령과 함께 복음서를 주셨습니다. 그 욕망이 계속되면 다시 한 장을 읽고, 그래도 계속되면 또 한 장을 읽으라고 했습니다. 형은 명령대로 했는데 얼마 후에 주벽을 고치게 되었습니다. 형이 술을 끊은 지 15년째가 됩니다. 당신도 같은 방법으로 하면 도움이 될 것입니다. 제게 복음서 한 권이 있는데 원하신다면 드리겠습니다.'

"나는 '나는 무척 노력해 보았고 의학적인 치료를 했지만 술을 끊지 못하였는데, 어떻게 복음서가 도움이 되겠습니까?'라고 말했습니다. 복음서를 읽는 습관을 들이지 않았기 때문에, 그렇게 말한 것이었습니다. '그런 식으로 말하지 마십시오. 나는 그것이 당신에게 도움이 되리라고 확신합니다'라고 수도사는 대답했습니다. 실제로 그는 다음 날 복음서를 가져다 주었습니다. 나는 복음서를 펼쳐서 힐끗 본 뒤에 '이것을 받을 수 없습니다. 나는 교회에서 쓰는 슬라브어에 익숙하지도 않고, 그것을 이해하지도 못합니다'고 말했습니다. 그러나 수도사는 복음서에는 하나님이 친히 말씀하신 말이 쓰여졌기 때문에 은혜의 능력이 있다고 계속해서 확신을 시켰습니다. '처음에는 이해하지 못해도 상관없습니다. 꾸준히 계속해서 읽으세요. 어느 수도사는 "그대가 하나님의 말씀을 이해하지 못해도 마귀들은 그대가 읽는 것을 이해하고 두려워합니다"라고 말했습니다. 당신의 주벽은 분명히 마귀들의 소행입니다. 당신에게 또 다른 이야기를 해드리겠습니다. 성 요한 크리소스톰(St. John Chrysostom)은 복음서가 놓인 방은 어두움의 영들을 궁지에 몰아넣으며, 그들의 농간에 타협하지 않는 장소로 변한다고 말하였습니다.'

"내가 수도사에게 복음서의 대가로 무엇을 주었는지 지금은 기억나지 않습니다. 어쨌든 나는 그에게서 복음서를 사서 다른 물건과 함께 트렁크에 넣어 두고 그 책에 대해서는 완전히 잊고 지냈습니다. 얼마 후에 주벽이 나를 괴롭히기 시작하였습니다. 너무나 술을 마시고 싶었기 때문에 나는 술집에 가려고 돈을 꺼내려고 트렁크를 열었습니다. 그러나 트렁크 속에서 먼저 눈에 띈 것은 복음서였고, 이 때 수도사의 말이 생생하게 마음속에 들려왔습니다. 나는 책을 펼쳐 마태복음의 첫 장을 읽었습니다. 아무것도 이해하지 못한 채 1장을 다 읽었습니다. 그러나 '이해하지 못해도 꾸준히 읽으십시오'라고 한 말을 기억했습니다. 나는 '이제 2장도 읽어야 한다'고 말하고는 계속 읽었는데, 조금씩 이해를 하게 되었습니다. 나는 계속해서 3장을 읽기 시작했습니다. 그때 취침 종이 울렸습니다. 군인들은 모두 잠을 자야 하는데 이 시간 후에는 아무도 밖으로 나가는 것이 허락되지 않았기 때문에 술을 마시러 나가지 못했습니다. 아침에 일어나서 술을 마시러 나가려는데 갑자기 '다음 장을 읽으면, 어떻게 될까?'라는 생각이 들었습니다. 그래서 나는 술집으로 가지 않고, 다음 장을 읽었습니다. 나는 많은 위로를 받았습니다. 그것은 나에게 용기를 주었습니다. 그 때부터 나는 술 생각이 날 때마다 복음서를 읽었습니다. 시간이 흐르면서 나의 주벽은 점차 개선되었고, 4복음서를 다 읽을 즈음에 나는 완전히 술을 끊었고 오히려 그것에 대해 혐오감을 느꼈습니다. 내가 술을 끊은 지 벌써 20년이 되었습니다.

"사람들은 나의 변화를 보고 놀랐습니다. 3년 후에 나는 장교로 복직되었고 승진하여 이 직책에까지 이르게 되었습니다. 나는 착한 아내와 결혼하였으며 하나님께 감사하면서 살고 있습니다. 우리는 할 수 있는 대로 가난한 사람들을 돕고 순례자들을 환대하면서 생활합니다. 내 아들도 장교입니다. 그리고 술을 끊은 이후로 나는 평생 동안 매일 복음서 중 한 권을 읽기로 한 맹세를 지키면서 살고 있습니다. 어떠한 방해도 허락하지 않고 이를 지켜 왔습니다. 일이 과중하거나 몹시 피곤할 때는 나는 누워 있고 아내나 아들이 복음서 한 권 전체를 읽어줍니다. 나는 하나님께 영광을 돌리고 감사하기 위해서 순은으로 복음서를 씌워 항상 앞주머니에 넣고 다닙니다."

나는 기쁜 마음으로 그의 말을 듣고 "저도 비슷한 경우를 알고 있습니다"라고 말하였습니다. "우리 마을 공장에 착하고 친절한 기술자가 한 명 있었습니다. 그런데 안타깝게도 그는 술을 자주 마셨습니다. 어느 하나님을 경외하는 사람이 그가 술을 마시고 싶을 때마다 삼위일체 하나님께 영광을 돌리고, 예수 그리스도의 33년 동안의 지상 생활을 기억하면서 예수기도를 33번 반복하라고 충고해 주었습니다. 그 충고대로 행한 그는 곧 술을 끊었고, 삼 년 후에는 수도원으로 들어갔습니다."

그는 "예수기도와 복음서 중에 어느 것이 더 좋습니까?"라고 물었습니다.

"동일합니다. 복음서에 있는 것은 예수기도에도 있습니다. 왜냐하면 예수 그리스도의 거룩한 이름 자체가 완전한 복음의 진리를 지니고 있기 때문입니다. 거룩한 교부들께서는 예수기도는 복음서의 요약이라고 말합니다"라고 나는 대답했습니다.

우리는 대화를 마친 후 함께 기도했고, 장교는 마가복음을 처음부터 읽기 시작하였습니다. 나는 그가 읽는 것을 들으면서 마음속으로 기도를 하였습니다. 그는 새벽 2시까지 복음서를 읽었고 그 후에 우리는 잠자리에 들었습니다.

나는 평소 습관대로 아침에 일찍 일어났습니다. 사람들은 아직 자고 있었습니다. 나는 눈을 뜨자마자 소중한 『필로칼리아』를 손에 잡았습니다. 그 책을 펼쳤을 때의 기쁨은 형언할 수가 없었습니다! 마치 먼 곳에 가셨던 아버지가 돌아오시는 것과 같은 기쁨, 또는 죽었던 친구가 다시 살아난 것 같은 기쁨이었습니다. 나는 그 책에 입을 맞추고, 그 책을 찾을 수 있게 해주신 하나님께 감사하였습니다. 그러고 나서 그 책의 두 번째 부분에 있는 필라델피아의 테올레프트(Theolept of Philadelphia)의 글을 읽기 시작했습니다.[20] 한 사람이 동시에 세 가지 행동을 해야 한다고 주장하는 그의 가르침은 나를 놀라게 하였습니다. "식탁에 앉아서 음식을 먹으면서 귀로는 복음서 낭독을 들으며, 마음으로는 기도를 해야 한다"는 것이었습니다.[21] 어제 저녁의 행복한 경

---

20) 한글역 『필로칼리아』 제4권 및 제5권에 기록되어 있다.

21) 필라델피아의 테올레프트의 글은 한글역 『필로칼리아』(은성출판사, 엄성옥 역) 제5권, 529쪽에 같은 내용이 있다: "27. 식당에서 형제들의 그릇을 쳐다보지 말고, 주위를 살피고 감시함으로써 영혼을 해치지 마십시오. 당신 앞에 놓인 것만 쳐다보며 그 외의 것을 만지지 마십시오. 몸으로는 음식을 먹고, 귀로는 낭독되는 말씀을 듣고, 영혼으로는 기도하십시오. 그리하면 몸과 영혼의 양식을 취하면서 당신의 소원을 충족시켜 주시는 분을 찬양할 수 있을 것입니다."

험에 비추어 이 사상의 의미를 알 수 있었습니다. 여기에서도 정신과 마음이 하나가 아니라는 비밀이 나에게 계시되었습니다.

  장교가 잠에서 깨어난 후 나는 그의 친절에 감사를 표하고 작별 인사를 하러 갔습니다. 장교는 떠나는 나에게 차 한 잔을 대접하고 1루블을 주었습니다. 나는 기쁜 마음으로 길을 떠났습니다. 반 마일쯤 가다가 문득 도둑들에게 1 루블을 주기로 약속한 일이 생각이 났습니다. 지금 내가 가지고 있는 1 루블은 예기치 않게 얻은 것이었습니다. 이것을 그들에게 주어야 하는가, 주지 말아야 하는가? 처음에는 '그들이 너를 때리고 네 책을 빼앗았고, 더욱이 그들은 구금되어 있으니 그 돈은 그들에게 필요가 없다'라고 생각했습니다. 그러나 얼마 뒤에 다른 생각이 들었습니다. 나는 예수께서 친히 말씀하신 "네 원수가 주리거든 먹이고"(롬 12:20), "네 원수를 사랑하라"(마 5 ㅣ 44), "속옷을 가지고자 하는 자에게 겉옷까지도 가지게 하며"(마 5:40)라는 말씀을 기억했습니다. 결국 그 말씀대로 나는 발걸음을 돌려 그 집으로 돌아갔는데, 마침 죄수들은 다음 행선지로 떠나려는 참이었습니다. 나는 급히 두 죄수에게 다가가서 1 루블을 건네주고는 "회개하고 기도하십시오! 예수 그리스도께서 인간을 사랑하십니다. 그러므로 당신들을 버리시지 않을 것입니다"라고 말했습니다. 그러고 나서 나는 길을 떠났습니다.

그다음에 수실에 돌아가서 침묵하면서 꿀벌처럼 당신의 일을 다시 시작하십시오. 만일 형제들과 함께 일한다면, 입은 침묵하고 정신으로 하나님을 기억하면서 손으로 일하십시오. 혹시 어떤 사람이 헛된 이야기를 시작하면, 그것을 저지하기 위해서 자리에서 일어나서 절하십시오."

나는 큰길로 30마일 정도 가다가 혼자 조용히 책을 읽으려면 숲속의 샛길로 가야겠다고 생각하였습니다. 오랫동안 숲 속으로 걸어갔지만 마을은 보이지 않았습니다. 나는 온 종일 나무 밑에 앉아서 『필로칼리아』를 정독하면서 놀라운 지식을 얻었습니다.

나의 마음은 내면의 기도를 통해서 하나님과 합일하려는 갈망으로 가득하였고, 그 책의 지도 아래 내면의 기도를 배우기를 간절히 원했습니다. 그러나 한편으로는 전적으로 독서에 몰입할 수 있는 거처가 없다는 것 때문에 슬펐습니다.

나는 성경을 읽으면서 종종 의문으로 남았던 많은 부분을 더욱 분명하게 이해할 수 있었습니다. 『필로칼리아』는 성경의 신비를 여는 열쇠라는 교부들의 말은 사실이었습니다. 그것의 도움으로 나는 하나님의 말씀의 숨겨진 의미를 상당히 이해할 수 있었습니다.

예를 들면 다음과 같은 말씀의 의미를 알게 되었습니다: "마음에 숨은 속사람", "신령과 진정으로 예배하라", "하나님 나라는 너희 안에 있느니라", "성령이 말할 수 없는 탄식으로 간구하시느니라", "내 안에 거하라", "네 마음을 내게 주며", "예수 그리스도로 옷 입고", "성령과 우리 심령과의 혼인", 마음의 깊은 곳으로부터 솟구쳐 나오는 "아바 아버지" 등입니다.

이런 생각을 가지고서 마음을 다해 기도하니 주위의 모든 것이 유쾌하고 경이롭게 느껴졌습니다. 풀과 나무, 새, 땅과 하늘, 빛이 사람을 위해 존재하며, 사람에게 하나님의 사랑을 증거하고, 만물이 하나님께 기도하고, 하나님을 찬양하는 것 같았습니다.

이렇게 나는 『필로칼리아』에서 말하는 "모든 피조물이 이야기하는 것에 관한 지식"이란 말의 뜻을 이해하게 되었습니다. 또 하나님의 피조물과 대화하는 방법도 알게 되었습니다.

이런 식으로 오랫동안 방황하다가 어느 한적한 곳에 도착했는데 사흘 동안 마을을 찾아볼 수 없었습니다. 가지고 있던 빵도 바닥이 났습니다. 굶어 죽을지도 모른다고 생각하니 낙심이 되었습니다. 나는 마음속 깊은 곳에서 필사적으로 기도하기 시작했습니다. 그러자 두려움이 사라졌고, 나는 자신을 하나님의 뜻에 완전히 맡겼습니다. 마음의 평화가 다시 찾아왔고, 나는 다시 생기를 얻었습니다.

큰 숲 가장자리로 난 길을 따라서 조금 가는데, 숲속에서 개 한 마리가 뛰어나와 내 앞으로 지나갔습니다. 그 개를 불렀더니, 내게 다가왔습니다. 나는 기뻐하면서 '이것도 하나님의 선하신 섭리이구나!'라고 생각하였습니다. 숲 속에 방목하는 양떼가 있는데 이 개는 양치기의 소유이거나, 그렇지 않으면 누군가가 근처에서 사냥하고 있을지도 모른다고 생각했습니다. 어느 경우든 간에, 꼬박 하루 동안 아무것도 먹지 못한 나는 빵 한 조각을 구걸할 수 있을 것입니다. 그렇지 않으면 적어도 가까운 곳에서 마을을 발견할 수 있을 것 같았습니다.

그 개는 잠시 동안 제 주변을 돌아다니다가는 내가 아무것도 주지 않을 것을 알았던지 처음에 나왔던 좁은 길을 따라서 다시 숲으로 들어갔습니다. 나는 그 개를 따라 갔습니다. 몇 백 미터 정도를 가다가 나무 사이로 그 개가 구멍 속으로 들어가는 것을 보았습니다. 개는 구멍 속에서 밖을 내다보면서 짖어대기 시작했습니다. 그 때 큰 나무 뒤에서 홀쭉하고 얼굴이 창백한 중년 남자가 모습을 나타냈습니다. 그 사람은 나에게 어디서 왔느냐고 물었고, 나는 그가 어떻게 그곳에 있게 되었는지 알고 싶었습니다. 그래서 우리는 다정하게 이야기를 하기 시작하였습니다.

그는 초라한 오두막으로 나를 데리고 갔습니다. 그리고 자기는 산림지기인데 벌목하기 위해 이미 판매된 이 숲을 지키고 있다고 말하였습니다. 그는 내 앞에 빵과 소금을 가져다주었고, 우리는 이야기를 시작하였습니다.

"정말 당신이 부럽습니다. 나와 달리 이렇게 조용한 곳에서 혼자가 살 수 있으니 말입니다. 나는 이곳저곳을 떠돌며 온갖 종류의 사람들을 만나면서 지내고 있습니다"라고 나는 말을 꺼냈습니다.

그 사람은 이렇게 말했습니다. "원하신다면 여기에 있어도 좋습니다. 가까운 곳에 산림지기의 오두막이 있습니다. 그 집은 꽤 낡았지만 여름을 보내기에는 괜찮은 장소입니다. 여권은 가지고 계시지요? 한 주일에 한 번씩 마을에서 빵을 가져다주기 때문에 빵은 넉넉합니다. 그리고 이 숲의 샘물은 결코 마르지 않습니다. 형제여, 나는 지난 10년 동안 빵과 물만 먹고 살았습니다. 가을이 되어 농부들이 농사를 마치면 200명의 일꾼들이 벌목하러 올 것입니다. 그렇게 되면 나는 더 이상 이곳에서 할 일이 없게 될 것이며, 당신도 이곳에 머물 수 없을 거예요."

나는 이 말을 듣고 너무나 기뻐서 그의 발아래 꿇어 엎드렸습니다. 그리고 선하신 하나님께 얼마나 감사했는지 모릅니다. 뜻하지 않게 나의 큰 소망이 이루어진 것입니다. 가을이 되려면 아직 네 달이나 남아 있었습니다. 그 동안 고요하고 평안하게 『필로칼리아』를 정독하면서 마음으로 쉬지 않고 드리는 기도를 배우고 공부할 있게 된 것입니다.

나는 그 사람이 알려준 오두막에서 지냈습니다.

나는 나에게 거처를 마련해 준 이 순박한 형제와 많은 이야기를 했는데, 그는 자기의 인생과 생각에 대해서 말했습니다.

"나는 마을에서 염색 공장을 운영하면서 괜찮게 살았습니다. 비록 죄가 없진 않았지만 편안하게 살았습니다. 나는 사업을 하면서 자주 부정을 저질렀고 거짓 맹세자가 되었습니다. 또 욕을 잘 하였으며 술을 마시고 말다툼을 자주 했습니다. 그런데 우리 마을에는 최후의 심판에 관한 오래 된 책을 가지고 있던 나이 많은 사제(*dyachok*)[22]가 살고 있었습니다. 그 사람은 이집 저집을 방문하면서 그 책을 읽어 주고 그 대가를 받았습니다. 그가 나에게도 찾아왔어요. 나는 그와 흥정하여 3펜스와 포도주 한 병을 주고, 새벽닭이 울 때까지 밤새 그 책을 읽게 하였습니다. 그 사람은 우리를 기다리는 지옥의 고통에 대해 읽었고, 나는 일을 하면서 그것을 들었습니다. 나는 어떻게 산 자들이 변화되고 죽은 자들이 부활하는지, 그리고 어떻게 하나님이 세상을 심판하실 것이며, 어떻게 천사들이 나팔을 부는지에 대하여 들었습니다. 또 죄인들을 삼킬 불과 상태, 그리고 고통에 관해서도 들었습니다. 어느 날 나는 그 사람이 낭독하는 것을 듣다가 공포에 사로잡혀 "만일 이러한 고통이 나에게 다가온다면 어떻게 하지! 이제부터는 내 영혼을 구원하는 일을 해야겠다"라고 혼잣말을 했습니다. 기도에 의해서만 내 죄의 결

---

22) 사제(Dyachok). 러시아 정교회의 예배 때 시편과 서신서를 영창하는 역할을 하는 성직자를 말한다.

과를 피할 수 있을 것 같았습니다. 오랫동안 이 일에 대해 생각한 끝에, 나는 하던 일을 포기하고, 집도 팔고, 이 세상에서 나그네 되어 이 숲에 산림지기로 정착했습니다. 내가 소속된 농가 공동체인 미르(mir)[23] 에게 요구하는 것은 빵과 옷, 그리고 기도할 때 사용할 양초 몇 자루뿐입니다. 이런 식으로 10년이 넘도록 살아왔습니다. 나는 하루에 한 끼만 빵과 물만 먹습니다. 나는 닭이 울 때 일어나서 거룩한 성상 앞에서 일곱 개의 양초에 불을 붙이고 기도합니다. 낮에는 숲속을 순찰하는데, 그 때에는 무게나 6 파운드 되는 쇠사슬을 옷 속에 걸치고 다닙니다. 나는 절대로 불평하지 않으며, 포도주나 맥주를 입에 대지 않고, 사람들과 말다툼을 하지 않으며, 평생 동안 여자들과 관계를 가진 적도 없습니다. 처음에는 이러한 생활이 기뻤습니다. 그러나 최근에 다른 생각에 사로잡히게 되었습니다. 이런 식으로 기도하여 내 죄를 멀리할 수 있을지는 하나님만이 아십니다. 그것은 고달픈 삶입니다. 그리고 그 책의 내용이 사실일까요? 어떻게 죽은 사람이 다시 살아날 수 있습니까? 백 년 전에 죽어 뼈도 남지 않은 사람은 어떻게 될까요? 실제로 지옥이 있는지 없는지 과연 누가 압니까? 죽어서 부패한 사람들은 어떻게 될까요? 아마도 이 책은 우리를 공포에 질린 바보로 만들고 잠잠하게 하려고 사제나 통치자들이 저술한 것 같습니다. 우리가 까닭 없

---

23) 미르(mir). 마을 안에서 소작농들로 구성된 조합체를 나타내는 말로써, 지주는 제외되고 소작농들이 투표권을 가지는 오래된 제도를 두고 있었다. mir는 자치 형태였고, 몇몇 mir를 포함하고 있는 volost라는 보다 큰 소작농 조합체에 대표자를 선출하였다. starosta는 mir로부터 선출된 장(長)이었다.

이 스스로를 괴롭히고 헛된 즐거움을 포기한다고 해서 어떻게 되겠습니까? 만일 내세가 없다면, 그 다음은 어떻게 됩니까? 지상의 삶을 즐기고, 쉽게 그리고 행복하게 사는 것이 더 낫지 않을까요? 종종 이러한 생각이 나를 괴롭히기 때문에, 과거의 일을 다시 하지 않을 것이라는 것 외에 다른 것은 알 수 없습니다."

나는 측은한 마음으로 그의 말을 들었습니다. 일반적으로 유식하고 똑똑한 사람들은 제멋대로 생각하며 아무것도 믿지 않는다고 합니다. 그런데 지금 내 곁에 불신의 먹이가 된 순진한 농부가 있습니다. 어둠의 나라는 모든 사람들에게 문을 열어 놓고 있으며, 단순한 마음을 가진 사람들을 아주 쉽게 공격하는 듯합니다. 그래서 지혜를 배워야 하고, 가능한 한 영혼의 원수에 맞서 하나님의 말씀으로 자신을 강하게 해야 합니다.

나는 이 형제를 도와 그의 믿음을 튼튼하게 해주기 위해서 배낭에서 『필로칼리아』를 꺼내어 이시키(Isikhi)의 109장을 펼쳐서 읽어 주었습니다. 나는 단지 지옥의 고통에 대한 두려움 때문에 죄를 피하려는 일이 무익하고 헛된 일이라는 것을 증명하기 시작하였습니다. 나는 영혼은 마음을 깨끗이 하고 정신을 지킬 때만 악한 생각에서 자유할 수 있는데, 그것은 내면의 기도에 의해서 가능하다고 말했습니다. 덧붙여서 거룩한 교부들의 말에 의하면 단순히 지옥에 대한 두려움 때문에 구원의 일을 행하는 사람은 속박의 길을 따르는 사람이고, 하늘나라의 상급을 얻기 위해서 구원의 일을 행하는 사람은 하나님과 거래하는 길을 따르는 것이라고 말하였습니다. 전자는 노예요, 후자는 보상을 얻기 위해 일하는 고용인입니다. 그러나 하나님은 아들이 아버지에게로 나아가듯이, 우리가 그분께 나아오기를 원하시며, 그를 향한 사랑과 섬기려는 열정에서 우러나서 행동하기를 원하십니다. 또 우리가 정신과 마음이 하나 된 상태로 하나님과 연합함으로써 행복을 발견하기를 원하십니다.

나는 이렇게 말했습니다.

"당신이 아무리 몸을 고되게 다루어도, 마음에 하나님을 소유하고 있지 않거나 마음속으로 예수기도를 행하지 않는다면, 결코 마음의 평화를 얻을 수 없으며, 아주 하찮은 이유 때문에 다시 죄에 빠질 것입니다. 형제여, 쉬지 말고 예수기도를 드리십시오. 이 고독한 장소에는 그 기도를 드릴 좋은 기회가 있습니다. 얼마 후면 당신은 그 기도의 유익을 알게 될 것입니다. 그렇게 되면 경건치 못한 생각이 당신을 공격하지 못할 것이며, 예수 그리스도를 향한 참 믿음과 사랑이 당신에게 나타날 것입니다. 그 때 당신은 어떻게 죽은 자들이 부활하는지 알게 될 것이고, 참된 빛 가운데서 최후의 심판을 바라보게 될 것입니다. 그 기도는 당신으로 하여금 마음속에서 명랑함과 행복을 느끼게 하기 때문에 당신은 놀랄 것이며, 당신의 인생은 결코 지루하거나 걱정스럽지 않을 것입니다."

그런 후에 나는 어떻게 예수기도를 시작하여 계속 진행할 수 있는지, 그리고 하나님의 말씀과 거룩한 교부들의 저서에서는 예수기도에 관하여 어떻게 언급하는지를 설명하였습니다. 그는 내 말에 동의하였고, 더욱 평온해지는 것 같았습니다.

그러고 나서 나는 그가 알려 준 오두막에 틀어박혀 지냈습니다. 고독한 은신처 또는 무덤의 문턱을 넘어설 때 얼마나 기쁘고 행복했는지 모릅니다. 그곳은 마치 위로와 기쁨이 가득 찬 웅장한 궁전 같았습니다. 나는 기쁨의 눈물을 흘리면서 하나님께 감사드렸습니다. 그리고 이 평화와 고요함 속에서 진지하게 나의 일을 하며, 하나님께 빛을 주시기를 구하겠다고 생각하였습니다. 그래서 나는 매우 주의 깊게 『필로칼리아』를 읽기 시작하여 얼마 후 그 책을 다 읽었습니다. 나는 이 책에 얼마나 많은 지혜와 거룩함과 심오한 통찰력이 있는지를 알게 되었습니다. 그러나 그 책은 무척 많은 내용을 다루고 있고, 거룩한 교부들의 교훈이 많이 담겨 있기 때문에 나는 그 책을 완전하게 이해할 수 없었습니다. 게다가 그 책에서는 내면의 기도에 대한 것을 통틀어서 다루고 있었습니다. 그것이야말로 내가 어떻게 마음으로 자동적으로 드리는 끊임없는 기도를 실천하는 방법을 배우기 위해서 우선적으로 알고 싶었던 것입니다.

사도 바울이 말한 바 "가장 좋은 은사를 열망하라," "성령을 소멸치 말라"는 거룩한 명령을 따르는 것이 나의 커다란 소원이었습니다. 나는 오랫동안 그 문제를 생각하였습니다. 무슨 일을 행해야 할까? 나의 마음과 나의 이해로서는 그 일을 감당할 수가 없었고 설명해 줄 사람도 없었습니다. 나는 기도로써 이 문제를 하나님께 탄원하기로 결정하였습니다. 하나님이 어떻게 해서든지 나를 이해시켜 주실 것을 바라면서 온종일 아무것도 먹지 않고, 쉬지 않고 기도하였습니다. 마침내 나의 생각들²⁴⁾은 잠잠해지고 잠이 들었습니다. 나는 돌아가신 사부님의 방에서 사부님으로부터 『필로칼리아』에 대한 설명을 듣는 꿈을 꾸었습니다. 사부님은 "이 거룩한 책에는 심오한 지혜가 가득하다"고 말씀하셨습니다.

"그 책은 하나님의 숨겨진 심판의 의미가 들어있는 비밀스런 보물이다. 그것은 어디에나 있는 것이 아니고 모든 사람이 그것에 가까이 갈 수 있는 것도 아니다. 그러나 그것은 각 사람에게 필요한 지도를 제공해 준다. 현명한 사람에게는 현명한 지도를, 마음이 단순한 사람에게는 단순한 지도를 제공하여 준다. 그러므로 무식한 사람은 책에 배열되어 있는 순서대로 읽어서는 안 된다. 그 책은 신학 교육을 받은 사람에게 알맞게 배열되어 있다. 교육을 받지 않았지만 이 책에서 내면의 기도를 배우려는 사람은 다음과 같은 순서로 읽어야 한다: (1) 우선 은자 니케포루스(Nicephorus)의 글(제2부)을 읽어야 한다; (2) 짤막한 몇 개의 장을 제외하고, 시나이의 그레고리(Gregory of Sinai)의 글을 모두

---

24) 동방 정교회의 영적 문헌에 "생각들"(thoughts)이란 현대적 의미와는 달리 분심, 또는 정념에 물든 사악한 생각들의 지칭할 때 사용한다. "생각들"이란 "하나의 생각", 또는 단순한 생각에 상반되는 뜻으로서, 분심이라고도 한다. 생각은 마음의 대상을 만날 때 일어난다. 마음은 영혼의 눈이다. 마음이 오직 하나의 대상, 하나님께만 집중하는 상태를 "성한 눈"(마 6:22, 눅 11:34), "깨끗한 마음"(마 5:8)이라고 부른다. 정교회 수도사들은 "성한 눈", "깨끗한 마음"을 구현하여 하나님의 뵙는 은총으로 나아가기 위해 "예수 이름"을 쉬지 않고 부르면서 바치는 기도가 바로 "예수기도"이다.

읽어야 한다; (3) 신 신학자 시므온이 기도의 세 가지 형태에 대해 저술한 글 및 믿음에 관한 글을 읽어야 한다; (4) 칼리스투스와 크산토포울루스의 이그나티우스의 글을 읽어야 한다.[25] 이 교부들의 글에는 마음으로 드리는 내면의 기도에 관한 방향과 가르침이 누구든지 이해할 수 있는 형태로 제시되어 있다.

"만일 네가 기도에 관한 아주 이해하기 쉬운 교훈을 원한다면 제4부에서 콘스탄티노플의 총대주교 칼리스투스가 저술한 요약된 형태의 기도를 발견할 수 있을 것이다."

꿈속에서 나는 손에 책을 들고 그곳을 찾아보려 했지만, 찾을 수가 없었습니다. 그 때 사부님께서 그곳을 펼치면서 "여기에 있다. 내가 너를 위하여 표시를 해 두겠다"고 말씀하셨습니다. 사부님은 땅바닥에서 숯 한 조각을 집어 들고 그 페이지의 가장자리에 표시를 하셨습니다. 나는 사부님의 말씀을 주의 깊게 듣고, 그 분이 말한 모든 것을 마음속에 새기려고 노력하였습니다. 그러다가 잠에서 깨어났는데 아직도 바깥은 어두컴컴했습니다. 나는 자리에 누운 채 꿈을 되새기기 시작하였습니다. 사부님이 말씀하신 모든 것을 생각하였습니다. '내가 실제로 돌아가신 사부님의 영을 본 것인지, 아니면 내가 『필로칼리아』와 사부님을 너무 많이 생각한 데서 비롯된 것인지는 하나님만이 아신다'고

---

25) 여기서 언급하는 독서 순서대로 한글역 『필로칼리아』 제5권, 제1부에 수록되어 있다.

생각하였습니다.

　날이 밝기 시작했기 때문에 마음에 의심을 품은 채 자리에서 일어났습니다. 순간 나는 눈을 의심했습니다. 꿈에서처럼 내가 탁자로 사용하는 돌 위에 그 책이 놓여 있었습니다. 그리고 꿈에 사부님이 지적해 주신 곳이 펼쳐져 있는데 그 가장자리에 숯으로 표시되어 있는 것이 아닙니까! 그 옆에는 숯도 있었습니다! 나는 놀라서 그것을 바라보았습니다. 분명히 어제 저녁에 나는 그 책을 덮어서 벼게 밑에 넣고 잠들었고 숯으로 표식을 한 일도 없었기 때문입니다.

　나는 꿈이 사실이었다는 것, 그리고 축복 받은 기억 속의 존경하는 사부님은 하나님을 기쁘게 하는 자였음을 확신할 수 있었습니다. 나는 사부님이 지시한 순서대로 『필로칼리아』를 읽기 시작하였습니다. 한 번 읽은 후에 다시 읽었는데 두번째 읽으면서 읽은 것을 직접 실천하고 경험해 보려는 뜨거운 갈망이 생겨났습니다. 나는 내면의 기도가 의미하는 것, 어떻게 내면의 기도에 도달하며, 그것의 열매가 무엇이고, 또 어떻게 그것이 기쁨으로 마음과 영혼 속을 가득 채우는지, 그 기쁨이 하나님으로부터 오는 것인지 아니면 본성 또는 유혹으로부터 오는지를 어떻게 분별할 수 있는지를 분명히 알게 되었습니다.

　그래서 나는 신 신학자 시므온이 가르친 방법으로 나의 마음(심장)을 살피기 시작하였습니다. 나는 눈을 감은 채 생각 즉 상상 속에서 내 심장을 주시하였습니다. 나는 가슴 왼편에 있는 심장을 그려보면서 심장의 소리를 듣기 시작하였습니다. 한 번에 30분씩 하루에 몇 차례 시행하였는데 처음에는 단지 어둠의 감각만을 느꼈지만 곧 조금씩 내 심장을 상상하고 그 움직임을 눈여겨 볼 수 있었습니다. 게다가 호흡의 도움을 받아 시나이의 그레고리 및 칼리스투스와 크산토포울루스의 이그나티우스가 가르친 방식으로 예수기도를 심장 속에 넣었다 뺐다 할 수도 있게 되었습니다. 나는 숨을 들이 마시면서 영으로 내 심장을 바라보면서 "주 예수 그리스도시여"라고 말하고 숨을 내 쉬면서 "나를 불쌍히 여기소서"라고 말했습니다. 처음에는 한 번에 한 시간 동안 했고, 그 다음에는 2시간, 그 다음에는 할 수 있는 한 오랫동안 하였고, 나중에는 하루 종일 하였습니다. 어려움이 발생하거나 태만과 의심이 생기면 나는 서둘러서 『필로칼리아』를 펴서 심장의 작용을 다룬 부분을 읽었습니다. 그러면 다시 예수기도를 향한 열정을 느꼈습니다.

약 20일쯤 지났을 때 나는 심장에 고통을 느꼈고, 그런 다음 기분 좋은 온기와 위로와 평안을 느꼈습니다. 이에 자극을 받은 나는 예수기도에 더 많은 관심을 기울이게 되었고, 온통 그것만 생각하고 더 큰 즐거움을 느끼게 되었습니다. 이때부터 때때로 나는 마음과 정신 속에 여러 가지 느낌을 가지기 시작하였습니다. 나는 때때로 마음속에서 경쾌함과 자유와 위로가 포함되어 있는 기쁨이 솟아나는 기쁨이 솟아나는 것 같은 느낌을 받았습니다. 어떤 때는 예수 그리스도와 하나님의 모든 피조물을 향한 뜨거운 사랑을 느꼈고, 어떤 때는 죄인인 나에게 자비를 베푸시는 하나님께 대한 감사의 눈물이 흘러내리기도 했습니다. 또 어떤 때는 어리석었던 나의 지성에 빛이 주어져서 지금까지는 생각도 할 수 없었던 일들을 쉽게 생각하고 이해할 수도 있었습니다. 어떤 때는 마음속에 있는 뜨거운 기쁨의 의식이 나의 존재 전체로 퍼졌고, 모든 곳에 하나님이 임재하신다는 사실을 의식하면서 깊은 감동을 받았습니다. 어떤 때는 예수의 이름을 부름으로써 천국의 기쁨에 압도되었고, "하나님 나라는 너희 안에 있느니라"는 말씀의 의미를 알게 되었습니다.

이러한 여러 가지 느낌을 소유하게 되면서 나는 내면의 기도가 세 가지 방법 즉, (1) 성령 안에서; (2) 감정 안에서; (3) 계시 안에서 열매를 맺는다는 것을 인식하게 되었습니다.

첫째 경우의 예를 들자면 하나님의 사랑의 감미로움, 내면의 평화, 깨끗한 생각, 하나님에 대한 감미로운 기억입니다.

두번째는 마음의 따뜻한 느낌, 온 몸에 기쁨이 충만함, 마음에서 "솟아나는" 기쁨, 경쾌함, 용기, 삶의 기쁨, 질병이나 슬픔을 제거하는 힘 등입니다.

마지막으로, 지성 속에 비취는 빛, 성경에 대한 이해, 피조물의 언어에 대한 지식, 혼돈과 허무로부터의 자유, 내면생활의 즐거움을 알게 됨, 하나님이 가까이 계시다는 것 및 우리를 향한 하나님의 사랑에 대한 확신입니다.

다섯 달 동안 이처럼 고독하지만 행복한 기도 생활을 하고 나니 항상 예수기도를 드릴 수 있게 되었습니다. 마침내 나 스스로 강요하지 않아도 내 정신과 마음속 깊은 곳에서 저절로 기도가 이루어지는 것을 느끼게 되었습니다. 깨어 있을 때만 아니라 잠잘 때에도 이러한 현상이 계속 되었습니다. 아무것도 그 기도에 끼어들지 못했고, 내가 무슨 일을 하거나 한 순간도 그 기도는 멈추지 않았습니다. 내 영혼은 항상 하나님께 감사했고 내 마음은 끊임없는 행복에 젖어 들었습니다.

드디어 벌목할 시기가 되었습니다. 사람들이 무리를 지어 오기 시작했으므로, 나는 이 고요한 장소를 떠나야 했습니다. 나는 산림지기에게 고맙다는 인사를 하고 기도한 후 자비를 받을 자격이 없는 나에게 주신 땅에 입을 맞추었습니다. 그러고 나서 책이 든 배낭을 메고 그곳을 떠났습니다.

오랫동안 여러 곳을 방랑하다가 마침내 이르쿠츠크에 도착했습니다. 여행하는 동안 내내 마음속에서 자동으로 이루어지는 예수기도가 위로와 위안이 되었습니다. 때에 따라 다르기는 했지만 예수기도를 하는 동안은 무슨 일을 당해도 기뻤습니다.

내가 어디에 있든지 무슨 일을 하든지 예수기도는 전혀 방해하지 않았고, 또 방해받지도 않았습니다. 내가 어떤 일을 하고 있으면 마음속에서 예수기도가 저절로 진행되고, 내가 하는 일도 더 빨리 진행되었습니다. 내가 무슨 이야기를 듣거나 책을 읽고 있을 때에도 예수기도는 중단되지 않습니다.

나는 마치 두 사람이 된 것처럼, 혹은 내 몸 안에 두 개의 영혼이 있는 것처럼 동시에 두 가지를 의식합니다. 주여! 인간이란 참으로 신비한 존재입니다! "여호와여, 주의 하신 일이 어찌 그리 많은지요 주께서 지혜로 저희를 다 지으셨으니."

나는 순례하는 동안 온갖 종류의 일을 경험하고 많은 기이한 모험을 했습니다. 그 일들을 모두 말하려면 24시간이 부족할 것입니다. 한 가지 이야기를 해보겠습니다.

어느 겨울 저녁, 나는 한 마일 정도 떨어진 곳에 있는 마을에서 밤을 보낼 작정으로 홀로 산길을 따라가고 있었습니다. 갑자기 커다란 늑대 한 마리가 나타나 나를 덮치려 했습니다. 나는 항상 사부님이 물려주신 양털로 만든 매듭을 손에 들고 다녔는데, 그것으로 늑대를 내리쳤습니다. 그런데 그 매듭이 내 손에서 빠져나가 늑대의 목에 걸렸습니다. 늑대는 뒷걸음질 치다가 가시덤불에 뒷다리가 걸렸고, 늑대의 목에 걸린 매듭은 말라 죽은 큰 나뭇가지에 걸렸습니다. 늑대가 빠져나오려고 버둥거렸지만, 매듭이 목에 걸려 있어서 빠져나올 수 없었습니다. 혹시 늑대가 매듭을 끊어 버리고 도망치면 귀중한 매듭을 잃어버릴 것 같았기 때문에 성호를 긋고는 늑대를 풀어 주려고 늑대에게 다가갔습니다. 내가 매듭을 잡는 순간 늑대는 매듭에서 빠져나가 쏜살같이 달아났습니다. 나는 하나님과 사부님에게 감사하면서 안전하게 마을에 도착하여 어느 여인숙에서 하룻밤을 머물게 해달라고 부탁했습니다.

나는 여인숙에 들어갔습니다. 마침 나이가 많은 사람과 건장한 체격의 중년의 남자가 모퉁이에 있는 탁자에 앉아서 차를 마시고 있었습니다. 그들은 무식한 사람 같지 않았기 때문에 나는 그 사람들의 말을 모는 마부에게 그들이 누구인지 물어보았습니다. 두 사람 중에 나이가 많은 사람은 초등학교 교사이고, 또 한 사람은 지방 법원의 서기라고 말해 주었습니다. 두 사람 모두 상류 계층의 사람들이었습니다. 마부는 그들을 12마일 떨어진 곳에서 개최되는 박람회장으로 데려다주는 중이었습니다. 나는 잠시 동안 앉아 있다가 여주인에게 바늘과 실을 빌린 후에 촛대 곁으로 가서 망가진 매듭을 고치기 시작했습니다.

내 행동을 지켜보던 법원 서기는 "얼마나 기도를 열심히 했으면 매듭이 끊어졌지요?"라고 물었습니다.

"내가 끊어뜨린 것이 아니라 늑대가 끊어뜨렸습니다."

서기는 "뭐라고요! 늑대라고요! 늑대도 기도합니까?"라고 농담조로 말하였습니다.

나는 이곳에 도착하기 전에 있었던 일, 그리고 그 매듭이 나에게 얼마나 소중한 것인지를 말해 주었습니다. 그 사람은 또다시 웃으면서 "당신 같은 사이비 성인들에게는 항상 기적이 일어나지요! 무슨 근거로 그 일이 신성하다고 할 수 있습니까? 당신이 늑대에게 무엇을 휘둘렀고 늑대가 놀라서 도망간 것은 지극히 단순한 사실입니다. 개나 늑대는 무엇은 던지는 시늉만 해도 겁에 질려 나뭇가지에 걸립니다. 그런 일은 흔히 있는 일인데 그 일이 어째서 기적이란 말입니까?"라고 말했습니다.

그러나 노인이 그 사람에게 이렇게 말하였습니다. "성급하게 결론을 내리지 마세요. 당신은 그 사건의 깊은 면을 보지 못하고 있습니다. 나는 이 농부의 이야기 속에서 감각적이고 영적인 본성의 신비를 볼 수 있습니다."

"어째서 그렇습니까?" 법원 서기가 노인에게 물었습니다.

"말하자면, 이렇습니다. 비록 당신은 고등 교육을 받지 못하였지만, 학교에서 사용된 질문과 대답의 형식으로 요약된 신구약 성경의 역사를 배웠습니다. 당신은 우리 조상 아담이 죄를 짓기 전에 거룩한 상태에 있을 때, 동물들이 그에게 복종하고, 두려워하면서 그 앞에 나아가 그에게서 이름을 받은 것을 기억하실 것입니다. 이 매듭의 주인은 성인이었습니다. 성성(聖性)의 의미가 무엇입니까? 죄인에게 있어서 그것은 노력과 훈련을 통하여 첫 사람의 무죄한 상태로 돌아가는 것입니다. 영혼이 거룩해지면 육체도 거룩해집니다. 그 매듭은 항상 성화된 사람이 쥐고 있었습니다. 그가 매듭을 손에 들고 지낸 것과 그의 몸이 거룩해진 데 따른 결과로서 그 매듭에 거룩한 능력-첫 사람 아담의 무죄성의 능력-이 주입된 것입니다. 이것이 영적 본성의 신비입니다. 동물들은 자연적으로 대를 이어 내려오면서 이 능력을 경험해왔는데, 후각을 통해서 그것을 경험합니다. 왜냐하면 동물에게 있어서 코는 주요한 감각 기관이기 때문입니다. 이것이 감각적인 본성의 신비입니다."

서기는 "당신네 유식한 사람들은 힘과 지혜에 관하여 다루지만 우리는 사물을 보다 단순하게 다룹니다. 술 한 잔을 마시면 당신은 힘을 얻을 것입니다"라고 말하면서 찬장으로 갔습니다.

학교 교사는 "그것은 당신의 생각이겠지요. 어쨌든 우리 말에 끼어들지 마세요."라고 말했습니다.

그의 말하는 태도가 내 마음에 들었습니다. 그래서 나는 그에게 다가가서 "제 사부님에 대해서 좀 더 말해도 될까요?"라고 물어보았습니다. 그리고 나는 꿈에서 나타난 사부님의 가르침과 『필로칼리아』에 숯으로 된 표식에 관하여 말하였습니다. 교사는 내 말을 주의 깊게 듣고 있었지만, 나무 의자에 누워 있던 서기는 이렇게 투덜거렸습니다. "당신이 성경을 너무 많이 읽어서 제정신이 아닐 수도 있어요. 도대체 그게 뭡니까! 한밤에 유령이 나타나서 당신의 책에 표시했다고 생각합니까? 잠결에 책을 땅에 떨어뜨려서 책에 검댕이 묻은 것을 두고 기적이라니! 에이, 나는 당신 같은 사기꾼들을 많이 만나 보았어요!"

이렇게 투덜대고는 벽 쪽으로 돌아누워 잠을 자기 시작하였습니다. 나는 다시 학교 선생에게 말을 걸었습니다. "괜찮으시다면 그 책을 보여 드리고 싶습니다. 보세요. 검댕이가 묻은 것이 아니라 실제로 표식이 되어 있어요."

나는 배낭에서 책을 꺼내어 그에게 보여 주었습니다. 그리고 "어떻게 몸이 없는 영이 숯 조각을 집어서 표식을 하였는지 놀랍습니다"라고 말했습니다.

교사는 그 표식을 보더니 "그것도 영적인 신비입니다. 제가 설명해 드리지요. 영들은 육체를 입은 형태로 살아 있는 사람에게 나타날 때, 공기와 세상의 물질을 가지고서 감각될 수 있는 몸을 구성합니다. 영들은 나중에 빌렸던 것을 돌려주어야 합니다. 공기가 수축하고 확장하는 능력 즉, 탄력을 보유하는 것 같이 영혼도 육체를 입을 수도 있고 벗을 수도 있으며 행동하며 글을 쓰기도 합니다. 그런데 당신이 가지고 있는 책은 무슨 책입니까? 보여 주십시오"라고 말했습니다.

그 사람은 내 책을 살펴보기 시작했는데, 신 신학자 시므온의 설교를 보더니 "이것은 신학 서적이군요. 이런 책은 한 번도 본 적이 없습니다"라고 말했다.

나는 "그것은 거의 완전히 예수의 이름으로 드리는 마음의 기도에 관한 가르침으로 이루어져 있습니다. 25명의 거룩한 교부들의 상세한 가르침이 담겨 있습니다"라고 말하였습니다.

그 사람은 "나도 내면의 기도에 대해서 조금은 알고 있습니다."라고 말했습니다.

나는 그의 앞에 무릎을 꿇고 절을 하고, 내면의 기도에 대해서 말해 달라고 간청하였습니다.

"그렇게 하지요. 신약 성경에서는 인간과 모든 피조물이 허무한 데 굴복하는 것은 자기의 뜻이 아니며, 탄식하면서 하나님의 자녀들의 영광의 자유에 이르기를 바란다고 말합니다. 내면의 기도란 피조물의 신비로운 탄식, 하나님을 향한 영혼의 생래적인 갈망입니다. 그것은 우리 모두에게 본성적으로 내재하는 것이기 때문에 배울 필요가 없습니다!"

나는 이렇게 질문했습니다. "그러나 우리의 내면에서 그것을 발견하기 위해서, 마음속으로 그것을 느끼기 위해서, 우리의 의지로 그것을 인정하기 위해서, 그것을 취하여 그 빛과 행복을 느끼기 위해서, 그리하여 구원에 이르려면 무엇을 해야 합니까?"

그분은 "신학 서적에서 그 주제에 대해서 다룰는지 모르겠군요"라고 말하였습니다.

나는 다시 그 책을 보여 주면서 "여기에 있습니다. 여기에 모두 설명되어 있습니다"라고 말했습니다. 그분은 책 제목을 적더니, 타볼스크(Tabolsk)에서 그 책을 구하여 공부하겠다고 말했습니다. 나는 그 분과 대화를 할 수 있게 해 주신 하나님께 감사했고, 법원 서기가 한 번이라도 『필로칼리아』를 읽음으로써 구원을 얻게 해 주시기를 기도했습니다.

어느 해 봄에 나는 어느 마을에서 사제[26]와 함께 사흘을 지냈습니다. 그분은 훌륭한 분이었는데, 혼자 살고 있었었습니다. 함께 지내는 동안 나를 지켜본 후 그분은 이렇게 말씀하셨습니다. "여기에 계시면서 저를 도와주십시오. 대가는 내겠습니다. 나에게는 믿을 수 있는 사람

---

[26] 사제(priests). 이 말은 *ksendz*로서 로마 가톨릭교회의 폴란드인 사제를 의미한다. 여기에서 청지기는 폴란드인이므로 가톨릭 신자였을 것이다.

이 필요합니다. 당신도 알다시피 우리는 낡은 목조 교회 건물 옆에 돌로 교회를 짓고 있는데 일꾼들을 감독하고 교회에 머물면서 건축 헌금을 관리할 정직한 사람이 필요합니다. 당신이 그 일에 적임자이며, 또 그 일이 당신의 생활 방식에도 맞을 것으로 생각합니다. 혼자 교회에 계시면서 기도할 수 있을 것입니다. 교회당 지기를 위한 조용한 작은 방이 있습니다. 어쨌든 건물이 완성될 때까지 이곳에 머물러 주십시오."

나는 처음에는 그 선한 사제의 제안을 거절했지만 결국 그의 간청을 받아들였습니다. 그리하여 교회당 안에 거처를 마련하고 가을까지 그곳에서 지냈습니다. 아주 많은 사람이 교회에 오곤 했는데 휴일에는 더 많았습니다. 기도하러 오는 사람도 있고, 세파에 시달렸기 때문에 오는 사람도 있고, 헌금을 훔치려고 오는 사람들도 있었습니다. 그러나 그곳은 조용하고 기도에 적합한 곳이었습니다. 나는 매일 저녁 성경과 『필로칼리아』를 읽었는데 교회에 온 사람들 중 어떤 사람들이 이 모습을 보고서 그것에 대해서 나에게 질문을 하거나 큰 소리로 낭독해 달라고 부탁하기도 했습니다.

얼마 후 나는 마을의 어느 처녀가 자주 교회에 와서 오랫동안 기도하는 것을 알게 되었습니다. 그녀의 기도를 들어보니, 어떤 기도는 생소한 기도이고, 어떤 기도는 여기저기서 인용하여 드리는 일상적인 기도였습니다. 그 처녀에게 어디서 그런 기도를 배웠느냐고 물어 보았더니 어머니에게서 배웠다고 대답했습니다. 그 처녀의 어머니는 교인이었고 아버지는 성직자도 없는 어느 분파에 속해 있었습니다.

나는 그 처녀가 가여워서 거룩한 교회의 전통에 의해서 주어진 올바른 형태의 기도문을 읽으라고 충고해 주었습니다. 그 다음에 나는 주기도문과 성모 마리아에게 드리는 기도를 가르쳐준 후 예수기도를 가능한 한 자주 드리라고 충고해 주었습니다. 왜냐하면 그 기도는 어떤 기도보다 더 우리를 하나님께 가까이 인도해 주기 때문입니다.

그 처녀는 내 말을 귀담아 듣고는 그대로 실천하기 시작했습니다. 그 다음에 어떤 일이 일어났겠습니까? 얼마 후 그 처녀는 자신이 예수기도에 아주 친숙해져서 그 기도가 항상 자신을 이끌어가고 있음을 느끼게 되었고, 할 수 있는 한 자주 그 기도를 드릴 수 있게 되었고, 항상 그 기도를 즐기게 되었고, 나중에는 기쁨과 다시 그 기도들 사용하려는 소원으로 가득하게 되었다고 말했습니다. 나는 이 말을 듣고 기뻐하면서 예수기도를 계속하라고 충고해 주었습니다.

여름이 지나가고 있었습니다. 많은 사람이 나를 만나려고 교회로 찾아왔습니다. 그들은 자기의 고충을 털어놓고 충고를 구하기 위해서만 아니라 온갖 종류의 세상적인 문제들을 가지고 찾아왔습니다. 심지어 잃어버리거나 잘못 보관한 물건에 대해서 묻는 사람들도 있었습니다. 나를 마술사로 생각하는 것 같은 사람들도 있었습니다.

어느 날 앞에서 이야기했던 처녀가 어찌해야 할 지 몰라 고민하고 걱정하면서 나를 찾아왔습니다. 그 처녀의 아버지가 딸을 같은 분파의 사람과 결혼시키려 하는데, 사제가 아니라 그 교단에 속한 농부가 결혼식을 집례한다는 것이었습니다. 처녀는 울면서 "그런 결혼을 어떻게 합법적인 결혼이라고 할 수 있겠어요? 그것은 간음과 마찬가지가 아닐까요?"라고 말했습니다. 그 처녀는 어디론가 도망치기로 마음먹고 있었습니다.

나는 "어디로 가시려고요? 당신이 어디에 있든지 가족들은 분명히 당신을 찾아낼 것입니다. 당신은 그들을 피해 숨을 수 없을 것입니다. 그보다는 당신의 아버지의 마음을 바꾸어 달라고, 그리고 당신의 영혼을 죄와 이단으로부터 지켜 달라고 하나님께 기도하십시오. 그것이 도망치는 것보다 훨씬 올바른 방법입니다"라고 말해 주었습니다.

이런 식으로 세월이 흘러갔습니다. 그러나 사람들이 나를 찾아오면서 점점 참을 수 없을 만큼 복잡하고 소란해졌습니다. 여름이 끝날 무렵, 나는 교회를 떠나서 다시 순례를 시작하기로 결심했습니다. 나는 사제에게 이러한 결심을 알리면서, "아버지여, 당신은 제 계획을 알고 계십니다. 나는 고요히 기도해야 하는데, 이곳은 너무 방해하는 것이 많습니다. 이곳에서 여름을 보냈으니, 이제 제가 떠나는 것을 허락해 주십시오. 그리고 나의 고독한 여행을 축복해 주십시오."라고 말씀드렸습니다.

그러나 사제는 내가 떠나는 것을 원치 않았으며, 계속 머물러 있으라고 설득하려 했습니다.

"여기서 기도하는 데 방해하는 것이 무엇입니까? 당신이 하는 일은 교회 안에 머물러 있는 것일 뿐입니다. 당신에게는 날마다 먹을 빵이 있습니다. 원하신다면 밤낮으로 기도를 드리며 하나님과 함께 사십시오. 당신은 이곳에 필요한 사람입니다. 당신은 이곳에 찾아오는 사람들과 어리석은 한담을 하지 않습니다. 당신은 교회에 유익을 주고 있습니다. 하나님이 보실 때에는 당신이 혼자서 기도하는 것보다 그것이 훨씬 더 귀한 것입니다. 왜 항상 혼자 지내려고 합니까? 공동 기도가 더 즐겁습니다. 하나님은 자기 자신만 생각하도록 인간을 지으신 것이 아닙니다. 사람들은 서로 도와야 하며, 각기 능력에 따라서 사람들을 인도하여 구원의 길로 인도해야 합니다. 성인들과 교부들을 생각해 보십시오? 그 분들은 밤낮 바삐 생활했고, 교회에 필요한 것에 관심을 가졌고, 방방곡곡에서 복음을 전하곤 했습니다. 그들은 사람들로부터 숨어서 혼자 지내지 않았습니다."

나는 사제에게 이렇게 대답했습니다. "사람들마다 각기 하나님으로부터 받은 은사가 있습니다. 아버지여, 지금까지 많은 설교자들이 있었지만, 많은 은수사(隱修士)들도 있었습니다. 사람들은 각기 하나님께서 친히 자기에게 구원의 길을 보여 주신다고 생각하면서 자기의 길이라고 생각하는 대로 능력에 닿는 일을 행합니다. 많은 성인이 사람들과의 생활에서 비롯되는 혼잡함에서 도망치기 위해서 주교나 사제의 직위, 또는 수도원을 다스리는 일 등을 포기하고 사막으로 간 사실을 어떻게 생각하십니까? 예를 들어, 시리아인 성 이삭은 교회의 주교직을 포기하였으며, 존경하는 아토스의 아타나시우스는 그의 큰 수도원을 떠났습니다. 왜냐하면, 그들에게 있어서 주교직이나 수도원이 유혹의 근원이었기 때문입니다. 그들은 '만일 이 세상을 얻고도 자신의 영혼을 잃는다면 무슨 유익이 있으리요?'라고 하신 주님이 말씀을 믿었습니다."

사제는 "그 분들은 성인이었습니다."라고 말했습니다.

나는 "그 분들이 사람들과 어울려 생활하는 데서 오는 위험에서 자신을 지키기 위해서 그러한 조처를 취했는데, 하물며 연약한 죄인인 내가 당신께 다른 무엇을 요청할 수 있겠습니까?"라고 말씀드렸습니다.

결국 나는 이 선한 사제에게 작별 인사를 했고, 그는 진심에서 우러난 사랑으로 내가 떠나는 것을 허락해 주셨습니다.

6마일 정도 간 후, 나는 한 마을에서 그날 밤을 보내기로 했습니다. 여관에서 나는 병들어 죽어 가는 농부를 보았습니다. 나는 그와 함께 있는 사람들에게 그 농부에게 마지막 성례를 받게 주선하라고 권고하였습니다. 그들은 내 말에 동의하여 다음날 아침에 교구 사제를 부르러 사람을 보냈습니다. 나는 성령의 은사의 임재 속에서 예배하고 기도하기를 원했기 때문에 그곳에 계속 머물러 있으면서, 밖에 나가 낮은 담장 위에 앉아서 사제를 기다렸습니다. 그런데 갑자기 뒤뜰에서 전에 교회당에서 기도하곤 하던 처녀가 달려 나오는 것을 보고 나는 크게 놀랐습니다.

나는 "당신이 무슨 일로 여기에 있습니까?"라고 물었습니다.

"부모님께서는 전에 말씀드렸던 그 사람과의 결혼식 날짜를 잡으셨어요. 그래서 도망쳤습니다." 이렇게 말한 후에 그녀는 내 앞에 무릎을 꿇고서 "저를 불쌍히 여기사 수녀원에 데려다 주세요. 결혼하지 않고 수녀원에서 살면서 예수기도를 하고 싶어요. 수녀원에서는 당신의 말을 듣고 나를 받아 줄 거에요."라고 말했습니다.

"뭐라고요! 내가 당신을 어디로 데리고 간단 말입니까? 나는 이 근처에 수녀원이 있는지도 모릅니다. 게다가 여권이 없이는 당신을 데리고 갈 수가 없어요. 어느 곳에서도 당신을 받아주지 않을 테고, 요즘은 숨어 사는 것이 불가능합니다. 당신은 즉시 붙잡혀서 집으로 돌려보내질 뿐만 아니라, 부랑자로 처벌될 것입니다. 그러니 집에서 기도하는 편이 낫습니다. 결혼을 원하지 않는다면, 아프다고 하세요. 성 클레멘타도 그렇게 했고, 존경받는 마리나도 남자 수도원에 피신하였을 때 그렇게 했습니다. 그런 예는 많습니다. 그런 것을 선한 거짓말이라고 합니다"라고 말해 주었습니다.

이렇게 앉아서 이야기하고 있는데, 네 사람이 두 마리 말이 끄는 짐마차를 몰고 전속력으로 우리를 향해 달려왔습니다. 그들은 처녀를 잡아 마차에 밀어 넣은 후, 그 중 한 사람이 마차를 몰고 가버렸습니다. 나머지 세 사람은 내 손을 묶고서 내가 여름을 보낸 마을로 끌고 갔습니다. 내가 무슨 말을 해도, 그들은 "젊은 처녀들을 유혹하는 비겁한 성인에게 본 때를 보여줄 테다!"라고 말했습니다.

그날 저녁, 그들은 내 발에 족쇄를 채우고 마을 법정으로 끌고 가서, 다음날 아침에 열리는 재판에 회부하기 위하여 감옥에 가두었습니다. 내가 감옥에 있다는 소식을 듣고서 사제가 나를 찾아왔습니다. 그분은 저녁 식사를 가져다주면서, 나를 위하여 최대한 노력하겠다고 위로해 주었습니다. 그리고 영적 아버지로서 내가 그 사람들이 생각하는 것 같은 사람이 아니라고 말씀하셨습니다.

치안판사가 다른 지방으로 가는 도중에 저녁 늦게 그 마을에 도착해서 판사 대리의 집에 들렀습니다. 사람들은 판사에게 그 동안 있었던 일을 보고하였습니다. 판사는 농부들을 소환하고 나를 법정으로 사용하는 집으로 데려 오라고 명령했습니다. 우리는 그곳에 서서 기다렸습니다. 이윽고 판사가 호통을 치면서 들어와 모자를 쓴 채 탁자 위에 앉았습니다.

"에피판(Epiphan), 자네 딸이 자네 집의 물건을 훔쳐 도망쳤는가?"

"그렇지 않습니다."

"그러면, 그녀가 저 바보 같은 남자와 무슨 잘못된 일을 벌이고 있다가 발각되었는가?"

"아닙니다."

"그렇다면 다음과 같이 판결하겠다. 네 딸은 네가 알아서 처리하고, 이 녀석은 내일 교훈을 주어 다시는 이곳에 나타나지 않도록 엄하게 다스린 후 마을 밖으로 쫓아내겠다."

그렇게 말한 후에 그는 탁자에서 내려와 잠자리에 들었고, 나는 감옥에 돌아갔습니다. 아침 일찍 두 명의 경찰이 와서 매질을 한 후에 나를 마을 밖으로 추방했습니다. 나는 하나님의 이름 때문에 고난을 당하게 해주신 하나님께 감사하면서 그곳을 떠났습니다. 그 일은 나에게 위안이 되었고, 나는 더욱 뜨겁게 쉬지 않고 내면의 기도를 드렸습니다. 그 모든 일은 나를 낙심시킬 수 없었습니다. 그 일들은 다른 사람에게 일어났고, 나는 그 광경을 바라본 데 불과한 것 같았습니다. 매질도 견딜 능력이 있었습니다. 예수기도는 내 마음에 감미로움을 가져다주고, 나로 하여금 아무것도 의식하지 못하게 했습니다.

나는 1-2 마일 정도 가다가 시장에 다녀오는 그 처녀의 어머니를 만났습니다. 부인은 나를 보더니 사위가 청혼을 취소했다고 말했습니다. "아시다시피 그 사람은 내 딸이 도망쳤던 일 때문에 고민했어요"라고 말하면서 나에게 빵과 파이를 조금 주었습니다. 나는 계속 여행을 했습니다.

날씨가 화창했습니다. 나는 그날 밤을 마을에서 묵고 싶지 않았습니다. 그래서 그 날 저녁에 숲을 가로질러 가다가 두 개의 큰 건초 더미가 있는 곳에 도착했습니다. 나는 거기서 밤을 보내려고 건초 더미 밑에 누웠습니다. 잠이 든 나는 꿈을 꾸었습니다. 꿈 속에서 나는 『필로칼리아』에 있는 성 안토니(St. Anthony the Great)의 글을 읽으면서 걸어가고 있었습니다. 그 때 갑자기 사부님이 나를 따라 오더니 "그것을 읽지 말고 이것을 읽으시오"라고 하시면서 제35장에 있는 성 요한 카르파티스키(St. John Karpathisky)[27]의 글 중 "교사는 때때로 그 영적 자녀를 위해서 창피를 감수하고 고통을 당한다"[28]는 곳을 가리켰습니다. 그리고 다시 제41장에 있는 "열심히 기도하는 사람들은 강하고 무서운 시험의 먹이가 된다"는 글도 가리켰습니다.[29] 그러고 나서 이렇게 말씀하

---

27) 성 니코디모스는 자신이 카르파토스 섬의 요한에 대한 정보를 거의 갖고 있지 않다고 말한다: "그가 언제 활동했고, 어디서 수덕적인 싸움을 했는지 알려지지 않았다." 오늘 우리도 그에 대해서 그다지 아는 것이 없다. 요한은 스포라데스(Sporades) 제도(群島)의 크레테와 로도 섬 사이에 있는 카르파토스 섬 출신인 듯하다. 그는 공주수도원에서 생활했고, 후일 그 섬의 주교가 되었다고 추정된다. 그가 제6차 에큐메니컬 공의회(680-1)의 결의서에 서명한 카르파티온 섬의 감독 요한과 동일인일 수 있으나 이것은 추측일 뿐이다. 그가 쓴 두 가지 글의 수신인인 인도의 수도사들은 에티오피아에 살고 있었을 것이다. 그의 주된 목표는 수도생활을 포기하고픈 유혹을 받는 사람들을 격려해 주는 데 있었다.

28) "35. 가끔 교사가 다른 사람의 영적 유익을 위해서 수치를 당하고 시련이나 유혹을 당할 때가 있습니다. 바울은 "우리는 약하나 너희는 강하고 너희는 존귀하나 우리는 비천하다"라고 말합니다(고전 4:10; 고후 12:7 참조)." (한글역 『필로칼리아』 제1권, 510쪽).

29) "41. 특별하게 열심히 기도에 전념하는 사람은 두렵고 야만적인 시험을 받습니다."(한글역 『필로칼리아』 제1권, 513쪽).

셨습니다.

"낙심하지 말고 용기를 내시오. 그리고 '세상에 있는 사람보다 네 안에 있는 사람이 더 위대하다'는 사도의 말을 기억하시오. 당신은 사람이 감당할 수 없는 시험이 없으며, 하나님께서는 시험 당할 때 피할 길을 주신다는 진리를 경험했습니다. 이처럼 하나님의 도우심을 의지했기 때문에 거룩한 기도의 사람들은 큰 힘을 얻었고, 더욱 큰 열심을 낼 수 있었습니다. 그들은 쉬지 않고 드리는 기도에 일생을 헌신했을 뿐만 아니라, 기회가 있을 때마다 진심에서 우러난 사랑으로 그것을 드러내고 가르쳤습니다. 데살로니가의 성 그레고리는 그것을 다음과 같이 표현했지요: '우리는 하나님의 뜻에 따라 예수의 이름으로 쉬지 말고 기도하여야 할 뿐만 아니라, 종교인이나 세속적인 사람, 유식한 사람이나 무식한 사람, 여자들과 아이들 할 것 없이 모든 사람에게 그것을 드러내고 가르치며, 멈추지 않고 기도하는 열정을 고취시켜야 한다.'

칼리스투스 텔리쿠데스(Callistus Telicudes)도 이렇게 말했습니다: '단순히 자신의 정신 속에 하나님(즉 내면의 기도)에 대한 생각, 관상에 의해서 습득된 것, 그리고 영혼을 높이 들어 올리는 수단 등을 간직할 필요가 없다. 그보다는 사랑의 동기를 가지고서 그것을 메모해 두고 일반적으로 사용하기 위해서 기록해 두어야 한다.' 성경은 이것과 관련하여 '형제의 도움을 받는 형제는 강하고 높은 도시와 같다'(잠 18:19)고 말합니다. 이 경우에는, 무엇보다도 자기 자신을 높이는 것을 피하며 거룩한 가르침의 씨앗이 바람이 날리지 않도록 조심해야 합니다."

잠에서 깨어난 나는 마음속으로 큰 기쁨과 영혼의 힘을 느꼈습니다.

그리고 나는 여행을 계속했습니다.

 이 일이 있고 나서 오랜 후에 일어난 일을 이야기 하고 싶습니다. 어느날(정확히 3월 24일), 나는 다음 날 즉, 성모 마리아의 수태고지 축일에 성찬식에 참여해야겠다는 아주 급박한 느낌을 받았습니다. 나는 사람들에게 물어서 약 20마일 정도 떨어진 곳에 교회가 있다는 것을 알았습니다.

 다음날 아침기도 시간에 맞춰 도착하기 위하여 밤을 꼬박 새워 걸어갔습니다. 진눈깨비가 내리고 강한 바람이 불고 매우 추웠습니다. 가는 길에 작은 시내를 건너야 했는데 중간쯤 건너갔을 때 얼음이 깨져 나는 허리까지 차는 물속에 빠졌습니다. 몸이 흠뻑 젖은 채 아침 기도에 참석해서 기도를 드리고, 하나님의 은혜로 말미암아 성찬에 참여했습니다.

 나는 그 날 하루를 영적 행복을 망치지 않고 고요히 지내려고 교회당 지기에게 다음날 아침까지 그의 작은 방에서 지내게 해달라고 부탁했습니다. 그날 종일 나는 무척 행복했고, 마음에는 기쁨이 가득했습니다. 나는 불 때지 않은 차가운 방의 판자 침대에 누웠는데 마치 아브라함의 품에 안겨 쉬는 것 같았습니다. 예수기도가 적극적으로 이루어졌습니다. 예수 그리스도와 하나님의 모친에 대한 사랑이 달콤한 파도처럼 내 마음속에 밀려들어와 내 영혼에 승리와 위로를 주었습니다.

 한밤중에 나는 양쪽 다리에 심한 통증을 느꼈습니다. 통증을 잊기 위하여 더욱 기도에 전념했습니다. 그런데 다음날 아침에 일어나려는데 다리를 움직일 수 없었습니다. 두 다리가 마비되어 힘을 줄 수 없었습니다. 교회당 지기가 온 힘을 다해 나를 침대에서 끌어내렸습니다. 그래서 나는 움직이지도 못한 채 이틀 동안 그곳에 앉아 있었습니다.

사흘째 되는 날 교회당 지기는 나를 자기 방에서 내보내는 일에 착수했습니다. 그는 "당신이 여기서 죽으면 큰 소동이 일어날 것입니다"라고 말했습니다.

나는 간신히 팔로 기어서 교회의 계단으로 갔고, 그곳에 이틀 동안 꼼짝없이 누워 있었습니다. 지나가는 사람들은 나를 쳐다보지도 않았고, 내가 애원해도 전혀 관심을 갖지 않았습니다.

그러던 중 어느 농부가 나에게 다가와 앉아서 말을 걸었습니다. 그는 "내가 당신을 낫게 해주면 나에게 무엇을 주겠소? 나도 얼마 전에 같은 병을 앓은 적이 있기 때문에 낫게 해줄 약을 알고 있소"라고 말했습니다.

"나에게는 당신에게 줄 것이 아무것도 없습니다."

"당신의 배낭 속에는 무엇이 들어 있습니까?"

"마른 빵과 몇 권의 책뿐입니다."

"만일 내가 당신을 낫게 해주면 나를 위하여 여름 내내 일해 줄 수 있겠소?"

"나는 일을 할 수 없습니다. 보시다시피 나는 한쪽 팔밖에 사용할 수 없습니다. 다른 쪽 팔은 거의 완전히 마비되었습니다."

"그러면 당신이 할 수 있는 것은 뭡니까?"

"아무것도 없습니다. 할 수 있는 것이 있다면 글을 읽고 쓰는 것입니다."

"글을 쓸 줄 알아요? 그러면 내 아들에게 글 쓰는 법을 가르쳐 주시오. 그 아이는 대충 읽을 줄은 압니다. 그 아이에게 쓰는 법을 가르치고 싶지만 비용이 이십 루블이나 든답니다."

나는 그의 요구를 받아들였습니다. 그 사람은 교회당 지기의 도움을 받아 나를 그의 집 뒷마당에 있는 낡은 목욕탕으로 옮겼습니다.

그 때부터 그는 나를 치료하기 시작하였는데, 그의 치료 방법은 이렇습니다. 그는 땅바닥, 뜰, 시궁창 등을 돌아다니면서 짐승의 뼈든 새들의 뼈든 할 것 없이 온갖 종류의 뼈를 주워 모았습니다. 그것들을 씻어서 돌로 빻아 큰 항아리에 넣고 구멍 뚫린 뚜껑을 덮은 다음 땅 속에 묻어 놓은 빈 단지 위에 뒤집어서 올려놓았습니다. 그 다음에 올려놓은 항아리를 진흙으로 두껍게 바르고, 그 주변에 나무를 쌓아 올린 후에 불을 붙여 24시간 이상 불을 땠습니다. 그는 "곧 뼈로 만든 약을 얻게 될 것입니다"라고 말했습니다.

다음날 땅 속에 묻힌 단지를 열었는데 위에 올려놓은 항아리 뚜껑의 구멍으로 떨어진 진하고 붉고 기름처럼 끈적끈적하고 생고기처럼 강한 냄새를 풍기는 액체가 1 파인트 정도 고여 있었습니다. 항아리 속에는 까맣게 썩었던 뼈들이 하얗게 되어 진주처럼 깨끗하게 빛나고 있었습니다.

나는 이 액체를 하루에 다섯 번 다리에 발랐습니다. 그런데 어찌된 일입니까! 하루가 지난 후 나는 발가락을 움직일 수 있었고, 다음날에는 다리를 구부렸다 폈다 할 수 있었으며, 5일째 되는 날에는 서서 지팡이를 짚고 걸을 수 있게 되었습니다. 한 마디로, 일주일 후 제 다리는 완전히 전처럼 건강해졌습니다.

나는 하나님께 감사하였고, 하나님께서 피조물에게 주신 신비한 능력을 묵상하였습니다. 마르고 썩은 뼈에 생명력과 색깔, 냄새, 살아있는 몸에 작용하는 능력이 있어 거의 죽은 몸에 생명을 준 것입니다! 이는 장래에 있을 부활의 몸의 보증이라 할 수 있습니다. 전에 숲속에서 함께 지낸 산림지기는 부활을 의심했었는데, 그 사람에게 이 사실을 가르쳐 주고 싶었습니다.

나는 그 집 아들을 가르치기 시작하였습니다. 나는 일반적인 습자책을 사용하지 않고 예수기도를 쓰게 했습니다. 나는 예수기도를 어떻게 배열하는지를 가르쳐 주면서 그것을 베끼게 하였습니다. 그 아이는 낮에는 근처에 있는 부잣집에서 청지기를 도와 일하고 있었기 때문에 그 청지기가 잠자는 동안, 다시 말해서 새벽 동틀 무렵부터 성찬예배 때까지만 나에게 와서 공부할 수 있었습니다. 그렇기 때문에 그 아이를 가르치는 일은 쉬운 일이었습니다.

그 아이는 영리했기 때문에 곧 글을 잘 쓸 수 있게 되었습니다. 그가 일하는 집 청지기는 그 아이가 글을 쓰는 것을 보고는 누구에게 배웠느냐고 물었습니다.

"우리 집 낡은 목욕탕에 사는 외팔이 순례자에게서 배웠습니다."

폴란드 사람인 청지기는 이 말을 듣고 호기심을 가지고 나를 찾아왔습니다.

내가 『필로칼리아』를 읽는 것을 보고 무엇을 읽고 있느냐고 물음으로써 대화가 시작되었습니다. 나는 그에게 책을 보여 주었습니다.

"이것은 『필로칼리아』이군요. 빌나(Vilna)에 있을 때 사제의 서재에서 이 책을 본 적이 있습니다. 사람들은 이 책에는 그리스 수도사들이 저술한 것으로서 기도에 관한 이상한 유형과 방법이 수록되어 있다고 하더군요. 이것은 마치 앉아서 숨을 들이 쉬어 간지러움을 느낄 정도로 가슴을 부풀게 하며, 어리석게도 이러한 육체적인 느낌을 기도로 간주하며, 하나님의 은사로 생각하는 인도의 광신자들과 같습니다. 하나님께 대한 우리의 의무를 수행하기 위해 필요한 일은 단순히 기도하는 것, 그리스도께서 가르쳐주신 주기도문은 하는 것입니다. 그렇게 하면 당신은 하루 종일 바르게 보낼 수 있습니다. 그러나 같은 곡조로 계속 반복해서는 안 됩니다. 만일 내가 그렇게 한다면, 당신은 미칠 것 같을 것입니다. 게다가 그것은 마음에 해가 됩니다.”

나는 "이 거룩한 책을 그런 식으로 취급하지 마십시오"라고 말했습니다.

"그것은 평범한 그리스 수도사들에 의해서 쓰여진 것이 아니라 옛날부터 성 안토니나 성 마카리우스, 성 마가(Mark the spiritual Athlete), 요한 크리소스톰(Jonn Chrysostom) 등 당신의 교회에서 존경해온, 위대하고 거룩한 사람들에 의해서 쓰여진 것입니다. 내 사부님이 설명하신 것에 의하면 인도나 보카라의 수도사들은 이들에게서 내면의 기도에 관한 '마음의 방법'을 취해서 아주 망쳐 놓았습니다. 『필로칼리아』에 수록된 바 마음의 기도의 실천에 관한 가르침은 모두 하나님의 말씀, 성경에서 취한 것입니다. 주기도문을 가르치신 예수 그리스도께서는 마음으로 쉬지 않고 드리는 기도를 가르쳐 주셨습니다. 주님은 이렇게 말씀하셨습니다: '네 마음을 다하고 뜻을 다하여 주 너의 하나님을 사랑하라,' '깨어 기도하라,' '내 안에 거하라 그리하면 나도 너희 안에 거하리라.' 그리고 거룩한 교부들은 시편에 있는 다윗의 말, 즉 '여호와의 선하심을 맛보아 알지어다'를 인용하면서, 그리스도인은 기도의 즐거움을 추구하고 발견하기 위해서 모든 수단을 사용해야 하며, 끊임없이 그 안에서 위로를 구해야 하며, 하루에 한번 주기도문을 드리는 것에 만족해서는 안된다고 설명합니다. 마음의 기도가 주는 기쁨에 이르기 위해 노력하지 않는 사람들을 책망한 성인들의 글을 읽어 드리겠습니다. 그들은 사람들은 세 가지 이유 때문에 그러한 잘못을 범한다고 했습니다. 첫째, 그들은 하나님에 의해 영감된 성경을 반대하는 자들이기 때문입니다. 둘째로, 그들은 영혼이 도달해야 할 보다 고귀하고 완전한 상태를 포기한 사람들이기 때문입니다. 그들은 표면적인 덕에만 만족하며, 진리에 대한 굶주림이나 갈증을 느끼지 못하며, 그렇기 때문에 주님 안에 있는 축복과 기쁨을 누리지 못합니다. 셋째, 그들은 자기 자신 및 자신의 표면적인 덕에만 관심을 갖기 때문에, 시험과 교만에 빠지며 타락하기 때문입니다."

청지기는 "당신이 읽어준 글은 매우 훌륭하지만, 우리 같은 일반 사람들에게는 적합하지 않다고 생각합니다!"라고 말했습니다.

"그렇다면, 선한 뜻을 가진 사람들이 이 세상에서 살면서도 쉬지 않고 기도하는 법을 배우는 방법에 대한 간단한 글을 읽어 드리지요."

나는 『필로칼리아』 중에서 신 신학자 시므온이 조지(George the Youth)에게 행한 설교를 찾아서 읽어 주었습니다.

그는 무척 만족하였으며, "그 책을 빌려 주시면, 한가할 때 자세히 읽어 보고 싶습니다"라고 말하였습니다.

"하루 정도는 빌려 드릴 수 있습니다. 그러나 나는 매일 이 책을 읽어야 하며, 이 책이 없으면 하루도 살 수 없기 때문에 그 이상은 안 됩니다."

"그렇다면, 방금 읽으신 부분만이라도 베껴 주셨으면 합니다. 그 수고에 대해서는 보답해 드리겠습니다."

"대가는 필요 없습니다. 하나님께서 당신에게 기도에 대한 갈망을 주시기를 바라기 때문에, 그리고 당신을 사랑하기 때문에, 그 부분을 필사해 드리겠습니다."

나는 즉시 방금 읽은 설교를 베꼈습니다. 청지기는 그의 아내에게 그것을 읽어 주었더니 두 사람은 만족하였습니다. 그 부부는 종종 나를 초대하였고, 나는 『필로칼리아』를 가지고 가서 그들이 앉아서 차를 마시는 동안에 그것을 읽어 주었습니다.

한번은 그들이 나를 저녁 식사에 초대하였습니다. 그런데 청지기의 부인이 기름에 튀긴 생선을 먹다가 목에 생선뼈가 걸렸습니다. 아무리 해도 생선뼈를 꺼낼 수 없고, 그녀를 편하게 해줄 수도 없었습니다. 그녀는 목에 큰 고통을 느꼈기 때문에 2시간 후에는 자리에 눕고 말았습니다. 20마일 정도 떨어진 곳에 살고 있던 의사를 부르러 사람을 보냈습니다. 밤이 깊었기 때문에 나는 그녀에게 미안한 마음을 느끼면서 집으로 돌아왔습니다.

그날 밤 잠깐 잠이 들었는데 사부님의 음성을 들었습니다. 그 분의 모습은 보이지 않았지만 나에게 말씀하시는 소리를 들을 수 있었습니다. "지금 네 집의 주인이 너의 병을 고쳐 주었는데, 너는 왜 청지기의 부인을 돕지 않느냐? 하나님은 우리에게 이웃을 도와주라고 명령하시지 않았느냐?"

"그녀를 돕고 싶지만 도울 방법이 없습니다."

"이렇게 해야 한다. 그 부인은 어릴 때부터 기름을 싫어하였다. 그녀는 기름 냄새만 맡아도 구역질을 한다. 그러니 기름 한 스푼을 먹여라. 그러면 부인은 구토를 할 것이고, 그 때 목에 걸린 생선뼈가 나올 것이다. 그리고 기름은 생선뼈로 인해 생긴 통증을 누그러뜨려 곧 낫게 할 것이다."

"기름을 그토록 싫어하는데 어떻게 기름을 마시게 합니까? 그녀는 마시지 않을 것입니다."

"억지로라도 남편에게 부인의 머리를 붙잡게 하고 기름을 입에 부어라."

나는 잠에서 깨어나 곧장 청지기의 집으로 가서 꿈 이야기를 했습니다. 그러나 청지기는 "지금 기름이 무슨 유익이 있겠소? 아내는 목이 부어올라 목소리가 쉬고 헛소리를 하고 있는데"라고 말했습니다.

"어쨌든 한 번 해봅시다. 비록 기름이 도움이 안 되더라도 해가 되지는 않을 것입니다."

청지기는 포도주 잔에 기름을 가득 부었고, 우리는 그것을 부인에게 삼키게 했습니다. 곧장 부인은 심하게 구토를 하면서 생선뼈를 토해 냈는데 약간의 출혈이 있었습니다. 그런 다음 부인은 평안함을 느꼈고 곧 깊이 잠들었습니다.

다음날 아침에 나는 부인의 상태가 궁금해서 그 집에 갔더니, 부인은 조용히 앉아서 차를 마시고 있었습니다. 청지기와 부인은 나의 치료 방법을 경이롭게 여기고 있었습니다. 보다 놀라운 것은 아무도 그녀가 기름을 싫어하는 사실을 모르는데 내가 꿈속에서 그 이야기를 들었다는 사실이었습니다.

그 때 마침 의사가 도착했습니다. 청지기는 아내에게 일어난 일을 이야기하였고, 나는 농부가 나의 마비된 다리를 고쳐 준 일을 이야기하였습니다. 의사는 그 이야기를 듣더니 이렇게 말하였습니다. "두 분의 이야기는 그다지 놀라운 것이 아닙니다. 이 두 경우 모두 자연의 힘의 결과입니다. 그렇지만 그것을 기록해 두겠습니다." 그리고 노트를 꺼내어 그 내용을 적었다.

이 일이 있은 후 내가 예언자요 의사요 마법사라는 소문이 인근에 퍼졌습니다. 사람들이 자기들의 고민과 문젯거리를 가지고 끊임없이 나를 찾아 왔습니다. 그들은 나에게 선물을 가져다주었고, 나를 존경하였고, 나에게서 위로를 구하였습니다. 이런 일이 일주일 동안 계속되었습니다. 나는 허영심과 산만함에 빠질까 두려워서 한밤중에 몰래 그 곳을 떠났습니다.

그리하여 나는 다시 고독하게 여행을 했는데, 마치 큰 짐을 벗어버린 것처럼 마음이 가벼웠습니다. 예수기도는 나에게 더욱 위로가 되었고, 내 마음은 예수 그리스도를 향한 무한한 사랑이 넘쳤습니다. 이 위로의 강에서 기쁨이 흘러나와 내 존재 전체로 퍼지는 것 같았습니다. 예수 그리스도에 대한 기억이 내 마음에 아로새겨져 있었기 때문에, 복음서의 이야기를 생각할 때에는 그 사건들이 실제로 내 눈 앞에서 재현되는 것 같았습니다. 나는 감동하여 기쁨의 눈물을 흘렸으며, 때때로 마음속에 말로 형언할 수 없는 기쁨을 느꼈습니다.

가끔 아무도 살지 않는 곳에서 사흘 동안 지낸 적이 있는데, 나는 영혼이 고양된 상태에서 내가 이 세상에 홀로 존재하면서 자비롭고 사랑이 많으신 하나님 앞에 선 불쌍한 죄인이라고 느꼈습니다. 이렇게 홀로 있다는 의식은 나에게 위로가 되었으며, 나로 하여금 사람들 속에 있을 때보다 더 많은 기쁨을 기도 안에서 느끼게 해 주었습니다.

마침내 이르쿠츠크에 도착하였습니다. 성 이노센트(St. Innocent)의 유해 앞에서 기도하고 나서 이제 어디로 갈 것인지를 생각하였습니다. 그곳에는 많은 사람이 살고 있었기 때문에 나는 그곳에 오랫동안 머물고 싶지 않았습니다.

생각에 잠겨 길을 걷고 있는데, 그곳에 사는 한 상인이 나에게 다가왔습니다. 그는 나를 붙들고는 "당신은 순례자이시지요? 나와 함께 우리 집에 가십시다"라고 말했습니다. 나는 그 사람을 따라 그의 집으로 갔습니다. 그 사람의 집은 값비싼 가구로 치장되어 있었습니다. 그는 나에 대해서 물어 보았습니다. 나는 나의 여행에 대해서 이야기했는데, 그는 "당신은 예루살렘까지 순례하셔야 합니다. 그곳에는 어디에서도 발견할 수 없는 성지들이 있어요!"라고 말하였습니다.

"그렇게 할 수만 있으면 얼마나 좋겠습니까? 그러나 나는 빈털터리입니다. 육지로 다닐 때는 그럭저럭 지낼 수 있지만 뱃삯을 지불할 방법이 없습니다. 게다가 비용이 무척 많이 들어요."

"제가 여비를 마련해 드리면 어떨까요? 나는 작년에 우리 마을의 노인 한 분을 그곳에 보냈습니다."

나는 그의 발 앞에 무릎을 꿇었습니다. 그는 계속해서 말하였습니다. "들어 보세요. 오뎃사(Odessa)에 있는 내 아들에게 편지를 당신을 도와주라는 편지를 보내겠습니다. 아들은 그곳에 살면서, 콘스탄티노플까지 왕래하며 사업을 하고 있습니다. 아들은 당신을 기꺼이 배로 콘스탄티노플에 데려다 주고, 그곳에서 예루살렘으로 가는 배를 갈아 타게 해줄 것입니다. 그 비용은 그다지 비싸지 않아요."

이 말을 듣고 무척 기뻤습니다. 나는 친절한 은인에게 감사하였습니다. 또 선한 일이라곤 해본 일이 없고, 다른 사람들의 빵만 축내는 쓸모없는 죄인에게 아버지의 사랑과 관심을 보여 주신 하나님께 더욱 감사하였습니다. 나는 이 친절한 상인과 함께 사흘 동안 지냈습니다. 그는 약속한 대로 아들에게 보내는 편지를 나에게 주었습니다. 나는 지금 예루살렘을 목표로 오뎃사를 향하여 가고 있습니다. 그러나 주님이 묻히셨던 무덤으로 나를 인도하실런지 알 수 없습니다.

3

 나는 이르쿠츠크를 떠나기 전에, 자주 이야기를 나누었던 영적 아버지를 만나러 갔습니다. "이제 정말 예루살렘으로 떠나게 되었습니다. 하직 인사도 드릴 겸, 그 동안 이 쓸모 없는 순례자에게 그리스도 안에서 사랑을 베풀어 주신 것에 감사드리려고 왔습니다."

 "여행에 하나님의 축복이 함께 하시기를 기원합니다. 그런데 지금까지 당신은 자신이 누구이며, 어디 출신인지 이야기하지 않으셨어요. 나는 당신의 여행에 관하여 많은 이야기를 들었습니다. 이제는 당신이 출생이 어떠했으며 순례자가 되기 전에는 어떻게 살았는지 알고 싶습니다.

 "좋습니다. 말씀드리지요. 이야기는 그리 길지 않습니다."

 "나는 오렐(Orel) 지역에 있는 마을에서 태어났습니다. 내가 두 살이고 형이 열 살일 때에, 부모님이 돌아가셨습니다. 우리 형제는 덕망 있고 부유한 할아버지 밑에서 자랐습니다. 할아버지는 큰길 가에 있는 여관을 운영하셨는데, 그 분의 따뜻한 마음씨 덕분에 많은 여행객들이 찾아 왔습니다. 형은 활달했기 때문에 온 종일 마을을 휘젓고 다녔지만, 나는 할아버지 곁에 있는 것을 좋아했습니다. 주일날과 축일이면 우리는 함께 교회에 갔습니다. 할아버지께서는 종종 성경을 읽어 주셨는데, 그 성경책은 내가 지금 가지고 있습니다. 형은 나이가 들면서, 술을 입에 대기 시작했습니다. 내가 일곱 살 때의 일입니다. 형과 나는 건조실 위에 누워 있었는데, 형이 나를 세게 밀었기 때문에, 나는 굴러 떨어져 왼쪽 팔을 다쳤습니다. 그 후로 한 쪽 팔을 사용할 수 없게 되었습니다.

내가 농사를 지을 수 없다고 판단하신 할아버지는 글을 읽는 법을 가르쳐 주셨습니다. 철자를 발음하는 것에 관한 책이 없었기 때문에, 할아버지는 성경을 교과서 삼아 가르치셨습니다.

할아버지는 A를 지적하시고는, 나에게 단어를 구성하라고 하시고, 내가 단어를 보면 알파벳을 알 수 있도록 가르치셨습니다. 할아버지를 따라 반복해서 말하다 보니, 어느덧 글을 읽을 수 있게 되었습니다. 나중에 할아버지의 시력이 나빠진 후에는, 할아버지는 나에게 큰 소리로 성경을 읽으라고 하시고는 들으시면서 틀린 곳을 고쳐 주셨습니다.

우리 여관에 자주 오시는 마을 서기가 있었습니다. 그 사람은 필체가 좋았습니다. 나는 그 분이 글을 쓰는 것을 보는 것을 좋아하였습니다. 나는 그의 글씨를 따라 썼는데, 그분은 나를 가르쳐 주시기 시작했습니다. 그분은 나에게 종이와 잉크를 주고, 깃대가 달린 펜을 만들어 주셨습니다. 덕분에 나는 글을 쓸 수 있게 되었습니다. 할아버지는 기뻐하시면서 '하나님께서 너에게 배움의 은사를 주셨구나. 너는 훌륭한 사람이 될 것이다. 하나님께 감사하고 자주 기도하여라.'라고 말씀하셨습니다.

"우리는 교회 예배에 빠짐없이 참석하였고, 집에서도 자주 기도하였습니다. 나는 항상 시편 55편을 읽었는데, 내가 읽을 동안 할아버지와 할머니는 무릎을 꿇거나 엎드려 기도하셨습니다.

내가 17살 때 할머니가 돌아가셨습니다. 할아버지는 '집에 주부가 없으니 좋지 않구나. 네 형은 쓸모 없는 인간이 되었고. 내가 네 아내를 구할 테니 결혼하거라'라고 말씀하셨습니다.

나는 내가 불구자라는 이유로 할아버지의 생각에 반대했지만, 할아버지는 포기하지 않으셨습니다. 결국 할아버지는 덕망 있고 현명한 스무 살 짜리 처녀와 나를 결혼시켰습니다. 그러고 나서 일 년 후 할아버지는 중병에 걸리셨습니다. 죽음이 임박했다는 것을 아신 할아버지는 나를 부르시더니 '내 집과 내가 가진 것 모두를 너에게 물려 주겠다. 양심대로 살며, 아무도 속이지 말아라. 특히 항상 하나님께 기도해라. 모든 것은 하나님에게서 오는 것이다. 오직 하나님만 의지하여라. 빠짐 없이 교회에 가고, 성경을 읽고, 기도하면서 나와 네 할머니를 기억하거라. 나에게 있는 천 루블을 너에게 주겠다. 소중히 간직하고 낭비하지 말되, 인색하지 말고, 하나님의 교회와 불쌍한 사람들을 위하여 사용해야 한다'라고 유언을 하시고 숨을 거두셨습니다.

"형은 할아버지가 전 재산을 나에게 물려 주신 것을 시기했습니다. 나에 대한 형의 분노는 갈수록 심해져서 나를 죽이려고 할 정도였습니다. 어느날 밤 우리가 잠들고 여관에 투숙한 손님도 없을 때, 형은 몰래 집에 들어와서 돈을 훔친 후에 불을 질렀습니다. 순식간에 불은 온 집으로 번졌습니다. 우리 부부는 베개 밑에 있는 성경을 꺼내어 들고서, 잠옷 바람으로 창문에서 뛰어 내렸습니다. 불타고 있는 집을 바라보면서, 우리는 서로에게 '하나님께 감사하세요. 성경만이라도 건졌으니, 그것이 슬픔 가운데서도 위로가 되는군요'라고 말하였습니다. 우리가 가진 것은 모조리 불에 탔고, 형은 자취도 없이 사라졌습니다. 얼마 후,

우리는 형이 술에 취해서 자기가 우리 집에서 돈을 훔친 뒤 불을 질렀다고 자랑하더라는 말을 들었습니다.

"우리는 아무것도 가진 것이 없는 빈털터리가 되었습니다. 우리는 되는 대로 돈을 빌려서 조그만 오두막을 짓고 소작농 생활을 하였습니다. 아내는 손재주가 있어서 뜨개질도 하고 바느질도 했습니다. 사람들은 아내에게 일거리를 가져다 주었고, 아내는 밤낮으로 일하여 살림을 꾸려갔습니다. 나는 한 팔을 사용할 수 없기 때문에, 나막신조차 만들 수 없었습니다. 아내가 바느질이나 뜨개질을 하는 동안, 나는 곁에 앉아서 성경을 읽었는데, 아내는 그 소리에 귀를 기울이다가 어떤 때는 울기도 했습니다. 내가 '왜 울어요? 우리가 살아 있다는 것도 감사하지요!'라고 말하면, 아내는 '성경 말씀이 나에게 그렇게 가르치고 있어요. 그 말씀은 너무나 아름다워요.'라고 대답하곤 했습니다.

"나는 할아버지의 유언을 기억하여, 자주 금식했고, 매일 아침에 성모송을 외웠고, 밤에는 유혹에 빠지지 않기 위하여 일천 번씩 엎드려 경배하였습니다. 이렇게 조용하게 2년 동안 살았습니다. 그러나 정말 놀라운 일이 일어났습니다. 우리는 마음으로 드리는 내면의 기도에 대해서 들은 적도 없고 아는 것도 없이 그저 입으로만 기도하고, 재주넘기를 하는 광대처럼 생각 없이 엎으려 경배했지만, 그럼에도 불구하고 분명히 기도에 대한 갈망이 있었으며, 이해하지 못한 채 오랫동안 기도하는 것이 싫증나지 않았으며, 오히려 그 기도가 좋았습니다. 언젠가 어느 선생님이 가르쳐준 것처럼, 은밀한 기도는 인간의 마음 안에 숨겨져 있습니다. 자신은 알지 못하지만, 그것은 그의 영혼 안에서 신비하게 활동하면서 그로 하여금 자신의 지식과 능력에 따라서 기도하게 만듭니다.

 "이렇게 2년 동안 살다가, 아내는 갑자기 열병에 걸렸습니다. 아내는 병에 걸린 지 9일째 되는 날 성찬을 받고 숨을 거두었습니다. 이제 나는 이 세상에 완전히 홀로 남았습니다. 내가 할 수 있는 것은 아무것도 없었습니다. 나는 살아야 했기 때문에, 양심에 꺼리지만 걸식을 할 수밖에 없었습니다. 아내를 잃은 슬픔 때문에, 자신을 억제할 수 없었습니다. 집에 걸려 있는 아내의 옷이나 스카프를 보면, 눈물이 복받쳤고 정신을 잃을 정도로 슬픔에 빠졌습니다. 그 집에 사는 한 슬픔을 어찌할 수 없었기 때문에, 나는 20 루블에 집을 팔고 아내의 옷과 제 옷을 가난한 사람들에게 주었습니다. 나는 불구자였기 때문에 모든 공적인 의무가 면제되는 여권을 받을 수 있었습니다. 그리하여 나는 아끼는 성경만 가지고 정처없이 길을 떠났습니다.

 "얼마 후에, 나는 어디로 가야 할지를 생각해 보았습니다. 그리고는 혼잣말로 '우선 키예프로 가서, 하나님을 기쁘시게 한 성인들의 성지를 순례하고 그들의 도움을 요청하여야겠다'고 중얼거렸습니다. 이렇게 결심을 하니 기분이 한결 좋아졌습니다. 나는 편안한 마음으로 키예프로 갔습니다. 그 이후 13년 동안, 이리 저리 다니면서 많은 교회와 수도원을 찾아다녔습니다. 요즘은 초원 지대를 더 많이 유랑하고 있습니다. 하나님께서 내가 예루살렘에 가는 것을 허락해 주실지 모릅니다. 만일 그것이 하나님의 뜻이라면, 이 죄 많은 인생을 마치고 그곳에 묻히고 싶습니다."

 "나이가 어떻게 되십니까?"

 "서른 셋입니다."

"형제여, 주님과 같은 나이군요!"

4

"그러나 내가 하나님에 의해 붙들리고,
　주 하나님을 의뢰하는 것이 내게 유익하도다."

　나는 영적 아버지를 다시 찾아 뵙고 "'사람은 계획을 세우나 그 성패는 하나님에게 달려 있다'는 러시아 속담은 사실입니다"라고 말씀드렸습니다. "나는 이제 확실히 예루살렘으로 가게 될 것이라고 생각하고 있었는데, 일이 벌어졌습니다. 예기치 않던 일이 발생하여, 나는 이곳에서 또 사흘 동안 머물게 되었습니다. 그래서 이 일을 당신께 말씀드리고, 그 문제에 대하여 나의 마음을 결정하는 데 당신의 충고를 요청합니다."

　그 간의 상황을 설명하자면 이렇습니다. 나는 사람들에게 작별 인사를 하고, 하나님의 도우심을 받아 출발하였습니다. 내가 도시 외곽을 지나가는데, 맨 끝에 있는 집 앞에 내가 아는 사람이 서 있었습니다. 그도 나처럼 순례자였는데, 나는 대략 3년 동안 그를 보지 못했었습니다. 인사를 나눈 후, 그는 나에게 어디로 가느냐고 물었습니다.

　"하나님의 뜻이라면, 예루살렘으로 가고 싶습니다."

　"정말 잘 됐습니다! 당신에게 길 동무 한 분을 소개시켜 드리지요."

　"하나님은 당신과 함께 계실 것이고, 그 분과도 함께 계실 것입니다. 그러나 당신도 아다시피 나는 다른 사람들과 함께 여행하지 않습니다.

나는 언제나 홀로 여행을 합니다."

"압니다. 그러나 내 말을 들어 보십시오. 그 사람은 당신과 잘 맞고, 당신 역시 그 사람과 잘 어울릴 것입니다. 그 사람은 내가 일하고 있는 이 집 주인의 아버지인데, 예루살렘 순례를 원하고 있습니다. 당신들 두 사람은 쉽게 서로에게 익숙해질 것입니다. 그는 이 마을 사람이고 선한 노인일 뿐 아니라, 귀까지 먹었기 때문에 아무리 소리를 쳐도 듣지 못합니다. 그에게 무엇인가를 물어 보려면, 쪽지에 써 주어야 합니다. 그는 여행 중에 당신을 성가시게 하지 않을 것이며, 당신에게 말도 걸지 않을 것입니다. 그는 지금 집에서도 아주 조용합니다. 한편, 여행 중에 당신은 그에게 큰 도움을 줄 수 있습니다. 그의 아들은 아버지에게 마차를 주려 하는데, 그는 오뎃사까지 몰고 가서 그것을 팔려고 합니다. 그 노인은 걸어 가기를 원하지만, 주님의 무덤에 가지고 갈 물건과 약간의 짐 때문에 마차를 타고 가기로 한 것입니다. 물론 당신의 배낭도 마차에 실을 수 있어요. 생각해 보세요. 귀 먹은 노인이 혼자서 마차를 몰고 그렇게 먼 곳까지 갈 수 있겠어요? 가족들은 노인을 데리고 가 줄 사람을 찾아 보았지만, 모두들 많은 대가를 요구하였습니다. 게다가 노인은 돈과 여러 가지 물건을 가지고 가기 때문에, 알지 못하는 사람과 함께 노인을 보내는 것도 위험하지요. 형제여, 허락해 주십시오. 하나님의 영광과 이웃을 사랑하는 마음으로 결심하십시오. 내가 당신을 그 집 사람들에게 보증하면, 모두들 기뻐하실 것입니다. 그들은 친절한 사람들이며, 나를 매우 좋아합니다. 그래서 나는 그 집에서 2년째 일하고 있습니다."

문 앞에서 이렇게 대화를 나눈 후, 그는 나를 집으로 데리고 들어갔습니다. 식구들이 모두 그곳에 있었는데, 나는 그 사람들이 매우 고상하고 예의바른 사람이라는 것을 분명히 알았습니다. 나는 그들의 제안을 받아들이기로 했습니다. 우리는 크리스마스가 지나고 나서 이틀 동안 예배를 드린 다음에 떠나기로 계획했습니다. 인생을 살다보면 예기치 않은 일을 경험하게 됩니다! 그러나 하나님과 그의 섭리가 우리의 모든 행동과 계획을 인도하고 있습니다. 성경은 "너희 안에 뜻을 두고 행하시는 이는 하나님이시니"라고 하였습니다.

영적 아버지께서는 내 말을 들으시고는 이렇게 말씀하셨습니다. "사랑하는 형제여. 하나님께서 뜻밖에 당신을 다시 만나도록 인도하여 주셔서 정말로 기쁩니다. 이제 당신에게 시간이 있다고 하니, 이곳에 머물면서 당신이 오랫동안 순례하면서 경험한 교훈적인 경험들을 말해 주시오. 나는 전에 당신의 이야기를 기쁘고 흥미롭게 들었습니다."

나는 "기꺼이 그렇게 하지요"라고 대답하고 이야기를 시작했습니다:

나에게는 좋은 일과 궂은 일이 많이 있었습니다. 그 이야기를 모두 하려면 오랜 시간이 필요할 것이고, 나는 그중 많은 일을 지금은 기억하지 못합니다. 나는 특별히 내 게으른 영혼을 인도하여 기도하게 해주는 일들만 기억하려고 노력해 왔습니다. 그 외의 것들은 거의 기억하지 못합니다. 나는 "나는 아직 내가 잡은 줄로 여기지 아니하고 오직 한 일 즉 뒤에 있는 것은 잊어버리고 앞에 있는 것을 잡으려고 푯대를 향하여 하나님이 위에서 부르신 부름의 상을 위하여 좇아가노라"고 말한 사도 바울처럼, 과거를 잊으려고 노력했습니다. 이미 고인이 되신 나의 사부께서는, 우리 마음속에서 기도를 방해하려는 힘이 양면에서 공격하고 있다고 말씀하시곤 했습니다. 하나는 왼쪽에서 공격하고, 또 하나는 오른쪽에서 공격합니다. 다시 말해서, 원수는 헛되고 죄악된 생각을 사용하여 우리의 기도를 방해하지 못하면, 우리가 배운 선한 것들이나 아름다운 것을 생각나게 함으로써 기도하지 못하게 하려 합니다. 원수는 우리가 기도하는 것을 매우 싫어합니다. 그것이 '오른편에서 온 도둑'인데, 이 때 영혼은 하나님과의 교제를 멈추고 자신이나 피조물과의 교제에서의 만족을 추구합니다. 사부님께서는 기도하는 동안에는 신령한 생각이라도 허용해서는 안 된다고 가르치셨습니다. 만일 내가 하룻 동안 은밀한 마음의 기도를 실천하기보다는 생각을 개선하는 데 더 많은 시간을 보냈다면, 그것은 균형 감각을 잃은 것이거나, 영적 탐심의 표식으로 여겨야 합니다. 사부님께서는, 이것은 특히 초심자에게 적용된다고 말씀하셨습니다. 왜냐하면 그들에게 가장 필요한 것은 경건 생활의 다른 측면에 몰두하기보다는 기도하는 데 많은 시간을 보내는 일입니다.

그러나 사람이 모든 것을 망각할 수는 없습니다. 어떤 것은 우리의 마음에 깊이 새겨져 있기 때문에 오랫동안 생각하지 않아도 아주 분명하게 기억됩니다. 나는 어느 경건한 가정에서 며칠을 보낸 적이 있는데, 그 일이 바로 이것의 본보기라고 할 수 있습니다.

나는 토볼스크 지방을 여행하면서 시골 마을을 통과하게 되었습니다. 마른 빵이 거의 떨어져 가고 있었기 때문에, 나는 어느 집에 가서 빵을 좀 달라고 청했습니다. 그 집주인은 "마침 잘 오셨습니다. 내 아내가 방금 오븐에서 빵을 꺼냈기 때문에 따뜻한 빵을 드릴 수 있어요. 나를 위해 기도해 주십시오."라고 말했습니다. 나는 그 분에게 감사드린 후 빵을 배낭에 넣었습니다. 그 때 옆에서 보고 있던 그 분의 아내가 "배낭이 무척 낡았군요. 다른 배낭을 드리겠어요"라고 말하고는 튼튼한 배낭을 가져다 주었습니다. 나는 그 부부에게 진심으로 감사하고 그곳을 떠났습니다. 마을을 떠나기 전에 나는 조그만 가게에 들어가서 소금을 조금 달라고 부탁했는데, 가게 주인은 조그만 주머니에 소금을 가득 채워 주었습니다. 나 같이 무가치한 사람을 친절한 사람들에게로 인도해 주시는 하나님께 감사했습니다. 나는 속으로 '이제 먹을 것에 대한 걱정을 할 필요가 없이 한 주일 내내 배불리 만족하게 지내게 되었구나. 내 영혼아 여호와를 송축하라!'라고 말했습니다.

 3마일쯤 가서, 초라한 마을을 지나가게 되었는데, 그곳에서 우아하게 장식되고 외부에 그림이 그려진 조그만 목조 교회를 보았습니다. 그 교회 옆을 지나가다가 하나님의 집에서 기도하고 싶어, 현관에 들어가서 잠시 기도를 했습니다. 교회 옆 잔디밭에서는 5-6세 쯤 되어 보이는 어린 아이 둘이 놀고 있었습니다. 그 아이들은 단정하게 옷을 입고 있었기 때문에, 나는 그들이 교구 사제의 아이들이라고 생각했습니다. 기도를 마치고 그곳을 떠났습니다. 열두 걸음쯤 걸어갔을 때, 뒤에서 "거지 아저씨, 기다리세요!"라고 외치는 소리가 들렸습니다. 방금 보았던 두 아이들이 나에게 달려오고 있었습니다. 나는 걸음을 멈추었습니다. 아이들은 달려와서 내 손을 잡고는 "우리 엄마에게 가세요. 엄마는 거지들을 좋아하세요"라고 말했습니다.

 "나는 거지가 아니라 지나가는 행인이란다."

 "그런데 왜 자루를 매고 다녀요?"

 "내가 길을 가면서 먹을 빵을 담기 위해서지."

 "그래도 가셔야 해요. 엄마가 아저씨에게 여비를 주실 거에요."

"엄마는 어디에 계시지?"

"교회 뒤, 작은 숲 뒤에 계셔요."

아이들은 나를 아름다운 정원으로 데리고 갔는데, 그 중앙에 큰 집이 있었습니다. 우리는 집 안으로 들어갔습니다. 집 안은 아주 깨끗하고 잘 정돈되어 있었습니다! 그 집 안주인이 서둘러 우리에게 달려왔습니다.

"잘 오셨습니다. 하나님께서 당신을 우리에게 보내셨군요. 어떻게 오셨습니까? 앉으세요."

부인은 손수 내 배낭을 받아서 탁자 위에 올려놓고 나를 푹신한 의자에 앉혔습니다. "먹을 것을 드릴까요? 아니면, 차를 드릴까요? 필요한 것은 없습니까?"

"정말 감사합니다. 내 가방에는 먹을 것이 가득합니다. 차를 마시기는 하지만 그다지 좋아하지는 않습니다. 무엇보다도 나를 환대해 주시니 감사합니다. 복음서의 정신대로 나그네에게 사랑을 나타내신 부인을 하나님이 축복하시기를 기도드리겠습니다."

이렇게 말하는 동안, 나 자신의 내면으로 물러가라고 촉구하는 강력한 느낌이 나에게 임했습니다. 내 마음속에서 예수기도가 용솟음쳤습니다. 이 기도의 불길이 자유로이 활동할 수 있게 하고, 눈물이나 탄식이나 얼굴과 입술 등의 특이한 움직임 등 이 기도에 병행하는 외적인 표식을 다른 사람들에게 감추기 위해서는 평화와 침묵이 필요했습니다. 그래서 나는 자리에서 일어나, "죄송합니다. 이제 떠나야 합니다. 주 예수 그리스도께서 부인과 사랑스러운 두 자녀에게 함께 계시기를 기원합니다" 하고 말하였습니다.

"안 됩니다. 하나님은 당신이 가는 것을 막으십니다. 떠나지 마십시오. 치안 판사인 남편이 오늘 저녁에 돌아오실 텐데, 당신을 보면 정말로 기뻐하실 것입니다! 남편은 순례자들은 하나님의 사자로 알고 존경한답니다. 만일 당신이 떠나시면, 남편은 무척 섭섭해 할 것입니다. 게다가 내일은 주일입니다. 예배에 참석해서 우리와 더불어 기도하시고, 하나님이 베푸신 저녁 식사를 함께 드셨으면 합니다. 축일이면 저희는 30명쯤 되는 손님들을 모시는데, 그들은 모두 예수 그리스도 안에서 불쌍한 형제들입니다. 이리로 오십시오. 당신에 관해 이야기해 주시지 않겠습니까? 어디로부터 오셨으며, 어디로 가십니까? 말씀해 주십시오. 나는 경건한 사람들의 영적인 이야기를 듣기를 좋아한답니다. 얘들아! 이 순례자의 배낭을 기도실에 가져다 놓으렴. 이 분은 오늘 밤 그곳에서 주무실 거야."

부인의 말을 들으면서, 나는 내가 사람과 이야기하고 있는지 아니면 유령과 이야기하는지를 스스로 물었습니다.

결국 나는 그 집에 머물면서 그녀의 남편을 기다렸습니다. 나는 부인에게 여행하는 동안 있었던 일들을 간단히 이야기하였고, 이르쿠츠크로 가는 중이라고 말했습니다.

"그렇다면 토볼스크를 거쳐서 가셔야 할 겁니다. 제 어머니는 그곳에 있는 수녀원의 고참 수녀(*skhimnitsa*)[30]입니다. 편지를 써드릴 테니,

---

30) 스킴니크(skhimnik; 여성형. skhimnitas). 가장 높은 지위의 수도사(수녀)를 일컫는 말이다. 서방 기독교에서 발생한 단순한 서약과 엄숙한 서약 사이의 구분은 정교회 수도원에서는 발견되지 않았다. 후에, 수도사들은 그들의 의

전해 주십시오. 당신을 만나면 어머니가 매우 좋아하실 것입니다. 많은 사람이 어머니께 영적인 문제로 상담을 요청합니다. 우리는 어머니의 부탁을 받아 십자가의 요한(St. John of the Ladder)의 책을 모스크바로부터 주문해 놓았는데, 그 책을 내 어머니에게 전해 주셨으면 합니다. 일이 척척 잘 들어맞는군요!"

저녁 식사 시간이 되어 우리는 식탁에 앉았습니다. 네 명의 여인이 함께 식사했습니다. 첫번째로 나온 음식을 다 먹은 후에, 한 여인이 자리에서 일어나서 성상[31]에 절을 하고 나서 우리에게도 절을 했습니다. 그리고 나서 두번째 음식을 가지고 와서 자리에 앉았습니다. 이번에는 다른 여인이 가서 세번째 음식을 가져왔습니다. 나는 안주인에게 "이 분들은 부인의 친척들입니까?"라고 물었습니다.

"예. 그들은 나에게 자매와 같습니다. 이 분은 요리사이고, 이 분은 우리 집 마부의 아내이며, 저 분은 집 안 일을 맡고 있고, 마지막으로 저 분은 나의 하녀입니다. 그들 모두 결혼했습니다. 우리 집에는 결혼

복에 따라 3등급으로 나누어지며, 가장 높은 등급은 더욱 엄격한 금욕을 행하며 많은 시간을 기도에 할당해야 한다는 서약을 요구한다. 러시아어 *skihimnik*는 그리스어로 *megaloschemos*이다.

31) 성상(icon). 성상 또는 성화(聖畵)는 정교회의 생활에서 중요한 위치를 차지한다. 러시아에서 성화는 교회 이외에도 가정집이나 모든 공공건물에서도 발견된다. 러시아인 신자의 방에는 성상은 문 반대편 모퉁이를 가로질러 비스듬하게 선반 위에 걸려 있거나 놓여 있는 경우가 흔히 있다. 방을 들어오고 나가는 사람들은 성상에 경의를 표한다.

하지 않은 사람은 하나도 없습니다."

나는 모든 것을 보고 들을 수록 한층 놀랐고, 이렇게 경건한 사람들을 만나게 해주신 하나님께 감사를 드렸습니다. 마음속에서 기도하고 싶은 마음이 강하게 일어났습니다. 되도록 빨리 방해를 받지 않고 기도하고 싶었습니다. 그래서 식사를 마치자 마자 안주인에게 "식사 후에는 잠시 쉬십시오. 저는 걷는 데 익숙해져 있기 때문에 정원을 산책하겠습니다"라고 말했습니다.

"아니요. 쉬지 않겠습니다. 저도 당신과 함께 산책하면서 교훈이 되는 말씀을 듣고 싶습니다. 만일 당신이 혼자 산책하러 가시면, 곧바로 아이들이 다가와서 당신을 일 분도 편안히 계시지 못하게 할 겁니다. 그 아이들은 걸인들과 그리스도 안에 있는 형제들, 순례자들을 좋아하거든요."

나는 어쩔 수 없이 부인과 함께 산책을 했습니다. 정원으로 나간 나는 나 자신에 대해 말하는 것을 피하려고, 그 부인 앞에 엎드려 이렇게 말했습니다. "부인께서 어떻게 해서 경건한 생활을 하게 되셨고, 또 얼마나 그렇게 살아오셨는지 말씀해 주십시오"

"원하신다면 이야기해 드리겠습니다. 제 어머니는 성 요셉의 증손녀이십니다. 성 요셉의 성유물은 브엘고로드에 안치되어 있지요. 우리는 큰 별장을 가지고 있었는데, 일부를 그리 부유하지 않은 신사에게 세를 주었습니다. 그런데 얼마 후에 그 신사는 세상을 떠났고, 임신 중이었던 아내는 출산 도중에 죽었습니다. 고아가 된 아기를 내 어머니께서 가엽게 여겨 입양하셨습니다. 그리고 일 년 후에 내가 태어났습니다. 우리는 함께 자랐으며, 같은 가정교사 밑에서 공부하면서 친 오

누이처럼 지냈습니다. 아버지가 돌아가신 후, 어머니는 그 마을에서의 생활을 포기하고, 이 곳에 와서 사셨습니다. 우리가 장성한 후, 어머니는 나를 입양한 아들과 결혼시키시고 이 저택을 물려 주시고는 수녀원에 들어가셨습니다. 어머니는 우리를 축복해 주셨고, 유언으로 우리에게 선한 그리스도인으로 살며 열심히 기도하라고, 그리고 무엇보다도 이웃을 사랑하라는 가장 큰 계명을 지키며, 그리스도 안에서 불쌍한 형제들을 도와주고 먹이고, 하나님을 경외하면서 자녀들을 양육하고, 노예들을 친 형제처럼 대접하라고 말씀하셨습니다. 우리는 10년 동안 이 곳에서 살면서 어머니의 마지막 소원대로 행하려고 노력하고 있습니다. 우리는 걸인들을 위한 숙소를 운영하고 있는데, 지금 그곳에는 열 명이 넘는 불구자들과 병자들이 살고 있습니다. 원하신다면, 내일 그곳에 가서 그들을 만나 보지요."

부인이 이야기를 마친 후, 나는 그녀의 어머니에게 보내 주기로 한, 십자가의 요한이 쓴 책이 어디 있느냐고 물어 보았습니다. "안으로 들어가세요. 제가 그 책을 찾아 드리지요."

우리가 앉아서 그 책을 읽기 시작했는데, 마침 부인의 남편이 돌아왔습니다. 그는 나를 보자 반갑게 맞이하여 주었고, 우리는 그리스도 안에서 있는 형제처럼 입맞춤을 했습니다. 그는 나를 자기 방으로 안내하였습니다. "들어오십시오. 내 서재로 오셔서 나의 방을 축복하여 주십시오. 아내가 당신을 성가시게 하지 않았습니까? 아내는 남자든 여자든 순례자나 병자만 보면 너무 좋아서 그들을 내버려 두지 않습니다. 아내는 몇 년 동안 그렇게 살아왔습니다."

우리는 서재로 들어갔습니다. 거기에는 많은 책과 아름다운 성상들,

실물 크기의 십자가상, 그리고 성경책이 놓여 있는 것이 아닙니까! 나는 기도를 하고 나서 "이곳은 하나님의 낙원이군요. 여기에는 예수 그리스도와 성모 마리아와 성인들이 있습니다."라고 말했습니다. 그리고 책들을 가리키면서 "저기에는 그분들의 거룩하고 살아있고 영원한 가르침이 있군요. 선생님께서는 자주 그들과 신령한 대화를 하시겠군요."라고 말했습니다.

"예. 나는 책을 읽는 것을 아주 좋아합니다."

"이 방에는 어떤 책들이 있습니까?"

"신앙 서적이 많습니다. 교회력에 등장하는 성인들의 전기, 요한 크리스소톰의 책, 대 바실의 책, 기타 많은 신학자들과 철학자들의 서적이 있습니다. 그밖에 현대의 유명한 설교자들의 설교집도 다수 가지고 있습니다. 내 장서는 가격으로 평가하자면 약 500파운드가 됩니다."

"기도에 관한 책은 없습니까?"

"있습니다. 나는 기도에 관한 책을 읽기를 좋아합니다. 여기 피터스부르크(Petersburg) 사제가 쓴 기도에 관한 최근의 책이 있습니다."

그는 주기도문에 관한 책을 꺼냈고, 우리는 그 책을 읽기 시작하였습니다. 잠시 후 그의 아내가 차를 가져왔는데, 아이들도 따라 들어왔습니다. 아이들은 과자와 케익이 가득 든 바구니를 가지고 들어왔는데, 나는 평생 그런 것은 먹어본 적이 없었습니다. 주인은 내가 보고 있던 책을 부인에게 주면서 "이 책은 내 안사람에게 읽어달라고 합시다. 그녀는 글을 잘 읽습니다. 우리는 차를 마시면서 기운을 차립시다."라고 말했습니다.

부인은 읽기 시작하였고, 우리는 듣고 있었습니다. 그렇게 듣고 있을 때, 나는 마음속에서 기도가 진행되는 것을 느꼈습니다. 부인이 낭독하는 것을 들으면 들을수록, 기도는 더욱 성장했고, 나는 기뻤습니다. 순간 내 눈 앞으로 돌아가신 사부님의 모습과 같은 것이 재빨리 지나가는 것을 보았습니다. 나는 그 사실을 숨기려고 "죄송합니다. 깜빡 졸았던 것 같군요"라고 말하였습니다. 그 때 나는 마치 사부님의 영혼이 내 영혼으로 들어온 것처럼, 혹은 내 영혼에 빛을 비추어 주는 것처럼 느꼈습니다. 나는 마음속에서 일종의 빛을 느꼈고, 기도에 대한 많은 생각들이 나에게 밀려왔습니다. 내가 십자성호를 그으면서 이러한 생각들을 떨쳐버리려는데, 부인은 책 읽기를 마쳤습니다. 우리는 다시 대화를 시작했습니다. 남편은 그 책에 대한 나의 의견을 물었습니다. 나는 "아주 좋군요. 주기도문은 우리 그리스도인들이 가지고 있는 모든 기도문 중에서 가장 고귀하고 귀중한 것입니다. 그것은 주 예수 그리스도께서 친히 우리에게 주셨기 때문입니다. 방금 읽어 주신 주기도문 설명도 아주 훌륭합니다. 다만 그 책에서는 기독교적 삶의 행동적인 면만 다루고 있습니다. 그런데, 나는 거룩한 교부들의 글을 읽으면서 그 기도에 대한 보다 사변적이고 신비한 설명을 대하곤 했습니다."

"어느 교부의 글에서 그것을 읽으셨습니까?"

"예를 들자면, 『필로칼리아』 안에 있는 참회자 막시무스와 다메섹 사람 피터입니다."

"기억하고 계시면, 그것에 대해서 말씀해 주십시오."

"물론입니다. 당신이 가지고 계신 책에서는, 주기도의 첫 말인 '하늘에 계신 우리 아버지'는 우리는 모두 한 아버지의 자녀이므로 이웃을 사랑하라는 요청이라고 설명합니다. 그것은 사실입니다. 그러나 거룩한 교부들의 글에서는 보다 깊고 신령한 설명을 합니다. '하늘에 계신 우리 아버지'라고 말할 때에, 우리는 자신을 하늘로, 하늘에 계신 아버지에게로 들어올려야 하며, 매 순간 우리가 하나님의 현존 안에 있음을 기억해야 한다고 설명합니다.

"당신의 책에서는 '이름이 거룩히 여김을 받으시오며'는 우리는 경모하는 마음으로만 하나님의 이름을 불러야 하며 거짓 맹세를 하면서 그 이름을 사용해서는 안된다고 설명합니다. 다시 말해서, 하나님의 거룩한 이름은 망녕되이 여기지 말며 거룩하게 사용해야 한다고 설명합니다. 그러나 신비한 저술가들은 여기에서 마음으로 드리는 내면의 기도를 드리라는 분명한 부름을 발견합니다. 즉 지극히 거룩하신 하나님의 이름이 마음에 새겨져서, 자동적인 기도에 의해서 거룩히 여김을 받으며, 우리의 모든 감정과 영혼의 모든 능력을 거룩하게 만들게 되어야 한다고 설명합니다.

그들의 설명에 의하면, '나라이 임하옵시고'란 내적 평화와 고요하고 신령한 기쁨이 우리 마음에 임하게 해달라는 기원입니다. 당신의 책에서는 '일용한 양식을 주옵시고'는 육신의 생명을 위해 필요한 것, 우리 자신과 이웃을 돕는 데 필요한 것을 요청하는 것이라고 설명합니다. 그러나 참회자 막시무스는 '일용할 양식'이나 영혼에게 하늘의 떡, 즉 하나님의 말씀을 먹이는 것, 그리고 끊임없이 하나님을 생각하고 쉬지 않고 마음으로 내적 기도를 드림으로써 영혼이 하나님과 연합하는 것을 의미한다고 생각합니다."

"그렇지만 내면의 기도를 획득한다는 것은 어려운 일이고, 우리 같은 평범한 사람들에게는 거의 불가능하지 않을까요? 우리는 태만하지 않고 간신히 일상적인 기도를 드릴 수 있으면 다행이라고 생각합니다."

"그렇게 생각하지 마십시오. 만일 그것이 어려운 일이라면, 하나님께서는 그것을 우리에게 명하시지 않으셨을 것입니다. 하나님의 능력은 연약한 가운데서 완전해집니다. 거룩한 교부들은 경험을 통해서 마음의 기도를 쉽게 획득할 수 있는 방법을 말합니다. 물론 그들은 은수사들에게는 특별하고 높은 방법을 제시하지만, 세상에서 사는 일반인들에게는 그들의 저서를 통해서 내면의 기도에 이르는 길을 제시합니다."

"내가 읽은 책에서는 그런 내용을 보지 못하였습니다."

"원하신다면, 『필로칼리아』에 있는 글을 읽어 드리겠습니다."

이렇게 말하면서 나는 책을 꺼냈습니다. 나는 다메섹 사람 피터의 글 제3부를 펼쳐 읽었습니다: "우리는 언제, 어디서나 무슨 일을 하거나, 심지어 숨을 쉬면서도 하나님의 이름을 부르는 법을 배워야 합니다. 사도 바울은 "쉬지 말고 기도하라"고 했습니다. 이것은 시간과 장소, 환경에 상관없이 하나님을 기억해야 한다는 가르침입니다. 당신이 무엇을 만들 때에는, 만물의 창조주를 생각해야 합니다. 빛을 보면, 그 빛을 주신 분을 기억해야 합니다. 하늘과 땅과 바다와 그 안에 있는 모든 것을 볼 때는, 그것들을 만드신 분을 찬양해야 합니다. 옷을 입을 때는, 그것을 주신 분을 생각하고 당신의 삶을 섭리해 주시는 분께 감사해야 합니다. 간단히 말해서, 당신의 모든 행동은 당신으로 하여금 하나님을 기억하고 찬양하게 만드는 원인이 되어야 합니다. 당신은 쉬지 않고 기도하게 될 것이며, 당신의 영혼은 항상 기뻐할 것입니다.' 이 쉬지않고 기도하는 방법은 단순하고 쉽기 때문에 어느 정도의 인간적인 감정만 가지고 있으면 누구나 할 수 있습니다."

이 말을 듣고 그 부부는 매우 기뻐하였습니다. 집 주인은 나를 얼싸 안고 되풀이해서 감사하다는 말을 하였습니다. 그런 다음 『필로칼리아』를 보면서 "그 책을 꼭 사야겠습니다. 당장 피터스부르크에서 그것을 구해야겠습니다. 지금 이 일을 기념하는 의미에서, 당신이 방금 읽어 주신 부분을 베껴 두고 싶습니다"라고 말했습니다. 그는 아주 훌륭하게 그 부분을 필사했습니다. 그러고 나서 그는 "내 정신 좀 보게. 나에게 그 다메섹 사람의 성상이 있습니다"라고 말했습니다. 그는 방금 쓴 것을 액자에 넣어, 그 성상 밑에 걸어 놓았습니다. 그리고는 "이 성인의 그림 밑에 있는 살아 있는 말씀이 나로 하여금 그 분의 건전한 충고를 실천하라고 상기시켜 줄 것입니다"라고 말하였습니다.

그러고 나서 우리는 저녁 식사를 하러 갔습니다. 전처럼, 그 집에 사는 사람들 모두가 우리와 함께 앉았습니다. 경건하고 고요하고 평온한 식사였습니다! 식사를 마친 후, 아이들을 포함하여 모두가 오랫동안 기도하였습니다. 나는 『예수 찬미가』(*Acathist to Jesus the Heart's Delight*)를 읽어달라는 요청을 받았습니다.

하인들은 모두 침실로 돌아가고, 우리 세 사람만 방에 남았습니다. 그 때 안주인은 나에게 흰 셔츠와 긴 양말을 가져다 주었습니다. 나는 부인의 발 앞에 무릎을 꿇고는, "나는 이 양말을 받을 수 없습니다. 나는 한 번도 양말을 신어본 적이 없습니다. 우리는 각반32)을 사용해 왔습니다"라고 말하였습니다. 부인은 급히 뛰어가 (터키인들이 입는) 띠가 달린 소매 긴 옷을 가지고 와서는 그것을 잘라 두 개의 각반을 만들었습니다. 그녀의 남편은 "이 가엾은 사람의 신발이 거의 다 낡았어요"라고 말하더니, 말을 탈 때 신는 새 장화를 가져다 주었습니다. 그 다음에 남편은 나를 비어 있는 옆 방으로 데려 갔습니다. 나는 거기서 셔츠를 갈아 입었습니다.

옷을 갈아 입고 돌아오니, 그들은 나를 의자에 나를 앉혔습니다. 그리고 남편은 나의 발을 각반으로 싸매고, 부인은 장화를 신겨 주었습니다. 나는 처음에는 이를 허락하지 않았지만, 그들은 나를 앉히고는, "가만히 앉아 계십시오. 그리스도는 제자들의 발을 씻어 주셨습니다."라고 말했습니다. 나는 그들에게 순종할 수 밖에 없었습니다. 나는 울기 시작하였고, 그들도 울기 시작하였습니다. 그런 후에 부인은 아이들과 함께 잠자리에 들었고, 주인과 나는 정원에 있는 정원의 정자로 갔습니다.

우리는 오랫동안 잠을 자지 않고 누워서 이야기를 하였습니다. "하나님의 이름과 당신의 양심을 걸고 진실을 말하여 주십시오. 당신은 누구십니까? 당신은 틀림없이 좋은 집안 출신인 것 같습니다. 당신은 글을 잘 읽고 쓰며, 정확하게 말도 잘합니다. 또 토론도 할 수 있습니

---

32) 각반(Onoochi). 일반적으로 거친 리넨으로 된 긴 천과 같은 것으로, 러시아 농부들은 양말 대신에 이것으로 발과 다리를 싸맸다.

다. 그것은 농부에게는 어울리지 않습니다."

"나는 내 출생에 대해 당신 부부에게 진실을 말했습니다. 결코 속이려 한 적이 없습니다. 어떻게 그럴 수 있겠습니까? 내가 말하는 모든 것은 제 것이 아니라, 신적인 지혜가 충만하셨던 사부님으로부터 들은 것이거나 거룩한 교부들의 서적을 읽음으로써 얻은 것들입니다. 그러나 무엇보다 내면의 기도를 통해서 나의 무지는 많은 빛의 조명을 받았습니다. 내가 혼자서 이루지 못한 것들이 하나님의 자비하심과 사부님의 가르침에 의해서 주어졌습니다. 그러한 경지에 이르려면, 침묵 속에서 마음속 깊은 곳으로 내려가서 예수님의 이름을 더욱 많이 부르기만 하면 됩니다. 이렇게 하는 사람은 즉시 내면의 빛을 느끼며, 모든 것을 이해할 수 있습니다. 심지어 이 빛 속에서 하나님 나라의 비밀도 봅니다. 자신의 존재의 깊이를 측량할 수 있는 사람, 내면에서 자신을 볼 수 있고, 자기 안식 안에서 기쁨을 발견하며, 자신을 불쌍히 여기고 자신의 타락과 망쳐진 의지에 대해 눈물을 흘리는 사람의 신비 안에는 깊음과 빛이 있습니다. 사물을 대하거나 사람들과 대화할 때 분별력을 나타내는 것은 어려운 일이 아니며, 모든 사람이 할 수 있는 일입니다. 왜냐하면 학문과 인간적 지혜 이전에 우리의 정신과 마음이 존재했기 때문입니다. 만일 정신이 있다면, 그것을 학문이나 경험에 작용하게 할 수 있지만, 만일 정신이 없다면 아무리 현명해도 가르칠 수 없고 훈련을 해도 아무 소용이 없습니다. 문제는 우리가 자신에게서 너무 멀리 떨어져서 살고 있는 데 있습니다. 우리는 자신의 진정한 자아를 대면하기를 회피하며, 진리 대신에 하찮은 것을 구합니다. 우리는 '나는 영적인 일과 기도에 관심을 가지고 싶지만, 시간이 없어. 삶이 복잡하고 걱정이 많아서 그럴 기회가 없단 말이야'라고 생각합니다. 그러나 영혼의 구원과 영생, 그리고 우리가 크게 수고하는 허무한 육적인 삶 중에서 무엇이 진정으로 중요하고 필요한 일일까요? 이것이 내가 지금까지 말한 것인데, 그것은 사람들의 내면에서 분별력으로 이어지거나 어리석음으로 이어집니다."

"형제여, 죄송하지만, 제가 그렇게 질문한 것은 호기심 때문이 아니라 우정과 그리스도인으로서의 연민의 정, 그리고 구체적으로는 약 2년 전에 경험한 사건 때문입니다. 그 사건은 이와 같습니다. 우리 집에 퇴역 군인의 여권을 가진 걸인이 왔었습니다. 그 사람은 늙고 힘이 없었고, 맨발에 옷도 제대로 입지 않았습니다. 그는 자기에 대해 아무 말도 하지 않았고, 말을 해도 시골 농부들의 말투로 이야기했습니다. 우리는 그 사람을 숙소에 받아 주었는데, 약 5일 후에 그 사람은 큰 병에 걸렸습니다. 그래서 우리는 그 사람을 조용한 이 정자에 옮겼습니다. 우리 부부는 그들 돌보고 간호했습니다. 얼마 후 우리는 그의 임종이 얼마 남지 않았음을 알았습니다. 우리는 그의 임종에 대비하여 고해성사와 종부 성자를 받게 하려고 사람을 사제에게 보냈습니다. 죽기 전날 밤에, 그 사람은 자리에서 일어나더니 종이와 펜을 달라고 부탁했습니다. 그리고 자기가 유서를 쓰는 동안 문을 닫고 아무도 들여보내지 말라고 부탁했습니다. 그는 유서를 피터스부르크에 있는 아들에게 보내 달라고 부탁했습니다. 나는 그가 유서를 쓰는 것을 보고 무척 놀랐습니다. 그의 필체가 훌륭했을 뿐만 아니라 문장 구성도 정확하고 탁월했기 때문입니다. 나에게 복사본이 하나 있는데, 내일 아침에 보여 드리겠습니다. 이로 인해서 나는 그의 출생과 일생이 궁금해졌습니다.

"그는 자신이 죽기 전에는 누구에게도 말하지 않겠다고 맹세시킨 후에, 나에게 자신의 일생에 대해 이야기해 주었습니다. 그는 '나는 공작입니다'라고 말을 꺼냈습니다. 나는 아주 부자였는데 무척 사치하고 방탕한 생활을 했습니다. 아내가 죽은 후에 나는 아들과 함께 살았습니다. 아들은 근위대장이었습니다. 어느날 중요한 분이 개최하는 무도회에 갈 준비를 하던 중, 나는 시종에게 무척 화가 났습니다. 화를 참지 못해서 그의 머리를 세게 때리고는 그를 고향으로 보내라고 명령했습니다. 그런데 다음날 아침에 시종은 나에게서 머리를 맞은 것 때문에 죽고 말았습니다. 이 일은 나에게 그다지 큰 영향을 주지 않았습니다. 나는 자신의 급한 성질을 후회했지만, 곧 모든 일을 잊고 지냈습니다. 그러나 한달 반이 지나서, 죽은 시종이 눈에 보이기 시작했습니다. 처음에는 매일 밤 죽은 시종이 나타나서 나를 괴롭히고 책망하면서 "양심이 없는 사람! 너는 살인자야"라고 되풀이해서 말했습니다. 시간이 흐르면서, 깨어 있을 때도 그의 모습이 보이기 시작했습니다. 그는 점점 더 자주 나타났으며, 나는 거의 항상 번민하게 되었습니다. 나중에는 시종 뿐만 아니라 내가 가혹하게 다루었던 사람들이나 강간한 여인들의 유령들도 함께 나타났습니다. 그들이 쉬지 않고 나를 책망하고 괴롭혔기 때문에, 나는 자지도 못하고 먹지도 못하고 아무 일도 하지 못하게 되었습니다. 나는 완전히 기진했고, 피골이 상접했습니다. 유명한 의사들의 치료를 받아 보았지만 헛수고였습니다. 해외로 가서 여섯 달 동안 치료해 보았지만, 전혀 차도가 없었고, 유령들은 점점 더 나를 괴롭혔습니다. 나는 거의 산 송장처럼 되어 집으로 돌아왔습니다.

나는 지옥의 공포와 고문을 당했습니다. 그 때 나는 지옥이 존재한다는 것, 그리고 그것이 무엇을 의미하는지를 알게 되었습니다."

이처럼 비참한 상태에 처해 있으면서, 나는 자신의 잘못을 깨달았습니다. 나는 죄를 고백하고 회개했습니다. 나는 농노들을 모두 해방시켜 주었습니다. 그리고 여생을 거지로 변장하고서 되도록 어렵고 힘들게 살기로 맹세했습니다. 나는 죄인이기 때문에, 가장 비천한 상태에 있는 사람들을 섬기는 가장 비천한 하인이 되고 싶었습니다. 이렇게 결정하자 마자 나를 괴롭히던 환상들은 사라졌습니다. 내가 하나님과 화목함을 통해서 얻은 위로와 행복은 말로 표현할 수가 없습니다. 전에는 지옥을 경험했지만, 이제는 낙원을 경험했으며, 또 그것이 무엇을 의미하는지, 그리고 하나님의 나라가 우리 마음에 어떻게 계시되는지 알게 되었습니다. 곧 건강을 완전히 회복한 나는 결심을 실천에 옮겨 퇴역 군인의 여권을 가지고 몰래 고국을 떠났습니다. 그 후 15년 동안 나는 시베리아 전역을 방랑했습니다. 이따금 농가에서 일해 주기도 하고, 어떤 때는 그리스도의 이름으로 구걸하여 연명했습니다. 나는 이렇게 곤궁한 속에서 지극한 행복과 마음의 평화와 축복을 누렸습니다! 그것은 위대한 중보자의 자비하심으로 말미암아 지옥에서 구원되어 낙원에 들어간 사람만이 완전히 느낄 수 있는 것이었습니다.'

"그 사람은 이야기를 마치고는 아들에게 보내는 유서를 나에게 주었습니다. 다음날 그는 세상을 떠났습니다. 내 성경책 위에 있는 지갑 속에 그 유서의 복사본이 있습니다. 혹시 그것을 보고 싶으시다면, 가서 가져 오겠습니다… 자, 여기 있습니다."

나는 그것을 펼쳐서 읽어 보았는데, 그 내용은 다음과 같습니다:

"성부와 성자와 성령의 영광스런 삼위일체 하나님의 이름으로.
사랑하는 아들에게

네가 아버지를 마지막으로 본 지 15년이 되었구나. 너는 나에 대한 소식을 듣지 못했겠지만, 나는 종종 네 소식을 들었고, 너를 향한 아버지의 사랑을 소중히 간직하고 있었단다. 이 사랑 때문에 죽음을 눈 앞에 두고서 너에게 짤막한 글을 보내려 한다. 이것이 네 평생 동안 교훈이 되기를 바란다!

내가 부주의하고 사려 깊지 못한 생활 때문에 얼마나 고통을 겪었는지 너도 알 것이다. 그러나 내가 순례를 하면서 얼마나 축복을 받았으며, 회개의 열매를 맺으면서 얼마나 기뻤는지 너는 알지 못할 것이다.

나는 나에게 은혜를 베풀어주신 분의 집에서 평화로이 죽음을 맞고 있다. 이 분은 네게도 은인이다. 그 분이 아버지에게 보여준 친절함에 대해 너는 진심으로 감사해야 할 것이다. 어떤 식으로든 그분에게 보답해 주었으면 한다.

아버지로서 너를 축복하면서, 네가 하나님을 기억하고 양심을 잘 지키기를 간곡히 부탁한다. 항상 신중하고, 친절하며 사려 깊게 행동하여라. 네 밑에 있는 사람들을 따뜻하고 호의로 대하여라. 네 아버지가 구걸하고 순례를 하면서 번민하는 영혼을 위한 안식과 평안을 발견했다는 것을 기억하여, 걸인들과 순례자들을 멸시하지 말아라. 네게 하나님의 축복이 임하기를 기도하면서, 인간을 위한 위대한 중보자이신 우리 주 예수 그리스도의 자비를 통하여, 영생의 소망 가운데서 고요히 눈을 감는다.

너의 아버지로부터

집주인과 나는 이렇게 함께 누워서 이런 저런 이야기를 했습니다. 이번에는 내가 주인에게 질문을 했습니다. "이렇게 걸인들을 접대하려면 걱정도 많고 성가시기도 하지요? 순례하는 형제들 중에는 전혀 할 일이 없거나 게으르기 때문에 구걸하는 사람들이 많습니다. 간혹 길에서 도둑질을 하는 사람들도 있어요. 나도 직접 그런 광경을 목격한 적이 있습니다."

"그런 사람들은 그다지 많지 않습니다. 우리 집에 찾아온 사람들은 대체로 순수한 순례자들이었습니다. 혹시 그렇지 않은 사람이 찾아온다면, 우리는 한층 더 친절하게 그들을 대접하며 우리 집에서 머물게 하려고 노력할 것입니다. 우리 집에서 그리스도 안에 있는 선한 거지들과 형제들과 함께 지냄으로써, 그들의 성품이 고쳐져서, 우리 집을 떠날 무렵에는 겸손하고 친절하게 변한 사람도 가끔 있었습니다. 얼마 전에 그런 일이 있었어요. 그 사람은 우리 마을에 사는 중하류 계층의 사람이었는데, 너무나 악했기 때문에, 어느 집에서나 빵 부스러기도 주지 않고 막대기로 때리면서 그를 쫓아내곤 했습니다. 그는 주정뱅이 깡패인 데다가 물건을 훔치기까지 했습니다. 이 사람이 어느날 무척 배가 고파서 우리 집에 찾아와서 빵과 포도주를 달라고 부탁했습니다. 특히 포도주를 달라고 애원했습니다. 우리는 그 사람을 다정하게 맞이하고는 "우리 집에 계시면, 원하는 대로 포도주를 드리겠습니다. 그러나 조건이 있습니다. 술을 마신 후에는 곧장 누워 자야 합니다. 조금이라도 말썽을 부리거나 멋대로 행동한다면, 우리 집에서 쫓아내어 다시는 받아주지 않을 뿐만 아니라, 수상한 방랑자라고 경찰에 고발하여 형무소에 들어가게 만들겠습니다.'라고 말했습니다. 그는 내 말에 동의하고 우리 집에 머물었습니다. 한 주일 이상, 그 사람은 정말 엄청나게 술을 마셨습니다. 그러나 자기가 한 약속, 그리고 술을 마시지 못하게 되는 데 대한 두려움 때문에, 술을 마신 후에는 항상 잠을 자거나 부엌 뒤에 있는 밭에 가서 조용히 누워 있었습니다. 그가 술이 깨면, 우리집에서 지내는 형제들은 그를 설득하거나 조금씩이라도 자신을 억제하는 데 대한 좋은 충고를 해주었습니다. 그리하여 그는 점점 술을 덜 마시게 시작했는데, 몇 달 후에는 완전히 술을 끊었습니다. 그는 지금은 다른 사람들의 자선에 의지하면서 무익하게 살지 않고, 어디선가 자리를 잡고 살고 있습니다. 그저께, 그 사람이 고맙다는 인사를 하려고 나를 찾아왔었습니다."

나는 속으로 '사랑의 인도함으로 말미암아 완전해진 지혜로운 행동이구나'라고 생각하면서, "당신이 돌보는 식솔들에게 은혜를 보여 주신 하나님을 찬양합니다"라고 말했습니다. 우리는 이야기를 마치고 잠이 들었는데, 한 시간 반 쯤 지나서 아침기도 종소리가 들려왔습니다. 우리는 준비를 하고 교회로 갔습니다. 교회로 들어가면서 보니, 안주인은 이미 자녀들과 함께 교회에 와 있었습니다. 아침기도 후에 곧바로 성찬 예배에 참석했습니다. 주인과 어린 아들과 나는 제단[33] 안에

---

33) 제단(altar). 정교회에서 제단은 서방 교회의 성소에 해당된다. 서방교회에서 제단이라고 부르는 것은 동방교회에서는 보좌, 또는 거룩한 탁자라고 불린다.

앉고, 부인과 어린 딸은 제단 창문 옆에 앉았습니다. 그곳에서는 성체 거양하는 광경을 잘 볼 수 있었기 때문입니다. 그들은 무릎을 꿇고 기쁨의 눈물을 흘리면서 열심히 기도했습니다. 나는 그들의 얼굴을 바라보면서 흐느껴 울었습니다. 예배가 끝난 후에 신분이 높은 사람들, 사제, 하인들, 걸인들 할 것 없이 모두 식당으로 갔습니다. 걸인들, 저는 자들, 병자들과 아이들을 포함하여 40명 정도 되었습니다. 모두 같은 식탁에 앉았는데, 정말로 평화롭고 조용했습니다! 나는 용기를 내어서 조용히 주인에게 말했습니다. "수도원에서는 식사 때 성인들의 전기를 낭독합니다. 당신도 그렇게 하는 것이 좋을 듯합니다. 당신은 성인들의 전기를 모두 가지고 있지 않습니까."

주인은 아내에게 "여보, 이 계획을 실행에 옮깁시다. 매우 유익할 것이오. 내가 저녁 식사 시간에 이것을 읽고, 다음에는 당신이 읽고, 그 다음에는 사제께서, 그 후에는 글을 아는 나머지 형제들이 차례로 읽읍시다."라고 말했습니다.

사제는 식사를 하면서 이렇게 말했습니다. "나는 듣는 것을 좋아합니다. 그러나 낭독하는 일에서는 빼 주셨으면 합니다. 집에 가면 얼마나 많은 걱정과 일이 쌓여 있는지 모릅니다. 한 가지를 마치면 또 한 가지가 기다리고 있고, 아이들도 돌봐야 하고 짐승들까지, 온 종일 쉴 틈 없이 바쁩니다. 그래서 나에게는 책을 읽거나 공부할 시간이 없었습니다. 신학교에서 배운 것은 이미 오래 전에 다 잊어 버렸답니다."

나는 이 말을 듣고서 몸서리를 쳤습니다. 옆에서 식사를 하고 있던 부인이 내 손을 잡으면서 "사제께서 그렇게 말씀하시는 것은 겸손하시기 때문입니다. 그분은 항상 자신을 비하하시지만, 실제로는 아주 자비하고 성인처럼 살고 계십니다. 그분은 지난 20년 동안 홀아비로 지내시면서 손자들까지 돌보고 계십니다. 그러면서도 사제직을 성실하게 수행하십니다"라고 말해 주었습니다.

이 말을 들으니, 『필로칼리아』에 있는 니키타스 스티타토스(Nicetas Stethatus)[34]의 "모든 일의 본질은 영혼의 내적 성향에 의해서 판단된다"는 말이 떠올랐습니다. 즉, 사람들은 이웃에 대해 생각할 때, 자신의 입장에서 생각한다는 것입니다. 그 글에는 다음과 같은 글이 이어집니다. "참된 기도와 사랑에 도달한 사람은 사물들의 차이를 느끼지 않는다. 하나님께서 의로운 사람과 불의한 사람에게 햇빛을 비추시고 비를 내리시듯이, 그도 의인과 죄인을 구분하지 않고 사랑하며, 사람

---

34) 니키타스 스티타토스의 글은 한글역본 『필로칼리아』 제4권(115~284쪽)에 기록되어 있다. 그의 글은 "덕의 실천에 관한 100편의 글", "사물의 내적 본질과 지성의 정화에 관한 100편의 글", 그리고 "영적 지식, 사랑 그리고 완전한 삶에 대한 100편의 글"이 수록되어 있다. 여기서 인용한 글은 "사물의 내적 본질과 지성의 정화에 관한 100편의 글" 중에서 인용한듯하다.

니키타스 스티타토스는 신 신학자 시메온의 제자로서 그의 전기를 저술했지만, 스승만큼 잘 알려지지 않는다. 그는 11세기 초(1020년경)에 콘스탄티노플에 있는 스튜디오스 수도원에 들어가서 평생 수도생활을 했으며, 그 후 사제로 서임되었다.

니키타스의 문체는 신 신학자 시메온의 문체보다 복잡하고, 접근 방법 역시 시메온보다 추상적이지만, 니키타스는 스승 시메온과 공통된 주제를 많이 사용한다. 그는 신적인 빛을 자주 언급하지만(II. 2, 5, 43, 45), 아레오파고의 디오니시우스가 사용한 신적 어둠이라는 상징을 시메온보다 더 강조한다(I. 1, 43; II, 50-1; III. 39, 53).

들을 판단하지 않는다."

우리는 다시 조용히 식사를 하였습니다. 내 맞은편에는 장님 거지가 앉아 있었는데, 주인은 그를 보살펴 주고 있었습니다. 주인은 거지에게 자기의 생선을 잘라 주고, 수저도 주고, 스프도 덜어 주었습니다.

나는 주의 깊게 지켜 보았습니다. 거지는 항상 입을 벌리고 있었고, 혀는 마치 떠는 것처럼 움직이고 있었습니다. 나는 그가 기도를 하고 있다고 생각하였습니다. 나는 계속 지켜 보고 있었는데, 식탁의 오른편 끝에 앉아 있던 늙은 부인이 심하게 아픈지 신음소리를 냈습니다. 주인 부부는 그 부인을 자기들의 침실로 데리고 가서 침대에 눕히고 보살펴 주었습니다. 주인은 마차를 준비시킨 후에, 의사를 부르기 위하여 마을을 향하여 전속력으로 갔습니다. 사제는 성례전을 준비하러 갔고, 모두는 각자 자기 일을 하였습니다.

나는 기도 안에 영혼을 쏟아붓고 싶은 간절한 욕구를 느꼈습니다. 지난 이틀 동안 혼자서 조용히 지내지 못했었습니다. 마치 마음속에서 강한 물줄기가 솟아나서 온 몸으로 쏟아져 내려 가려는 것 같은 느낌이었습니다. 위안이 되기는 했지만, 그것을 억제하려니까 마음속에 심한 고통이 임했습니다. 그 고통은 기도의 침묵 속에서 충족시키고 진정시켜야 했습니다. 이제 나는 내면의 자동적인 기도를 실천하는 사람들이 사람들을 피하여 숨어 지내는 이유를 알 수 있었습니다. 또 존경받는 이시키(Isikhi)께서, 아무리 신령하고 유익한 대화라도 지나치면 게으른 잡담에 불과하다고 말한 것, 또 시리아인 에프렘이 "선한 말은 은이요, 침묵은 순금이다"라고 말한 이유도 알 수 있었습니다.

이런 생각을 하면서 나는 손님들이 묵는 숙소로 갔습니다. 식사를 마친 사람들은 그곳에서 쉬고 있었습니다. 나는 다락으로 돌아가서 조용히 쉬면서 기도했습니다.

숙소의 사람들이 다시 활동을 시작했을 때, 나는 장님 거지를 만나서 부엌 뒷켠에 있는 밭으로 데리고 갔습니다. 우리 두 사람은 앉아서 이야기하기 시작했습니다. 나는 "당신은 영혼을 위해서 예수기도를 하십니까?"라고 물었습니다.

"예. 나는 오랫동안 쉬지 않고 그 기도를 드려왔습니다."

"그럴 때 어떤 느낌을 받습니까?"

"잠시도 예수기도가 없이는 살 수 없다는 느낌을 받습니다."

"형제여, 하나님께서 그것을 어떤 식으로 보여 주셨습니까? 하나도 빠짐없이 말해 주십시오."

"말하자면 이렇습니다. 나는 이 지방 출신인데, 재봉사 일을 하여 생계를 유지했었습니다. 나는 이 마을 저 마을로 다니면서 농부들의 옷을 지어 주었습니다. 그러다가 한 마을에서 농부의 가족들 모두의 옷을 지어 주려고, 꽤 오랫동안 그 집에 머물게 되었습니다. 어느 성일에, 나는 성상 곁에 책이 세 권 놓여 있는 것을 보고 그 집에 글을 아는 사람이 있느냐고 물었습니다. 사람들은 '한 사람도 없습니다. 그 책은 삼촌께서 우리에게 주신 것입니다. 그분은 글을 아십니다'라고 말했습니다. 나는 그중 한 권을 들고 아무 데나 펼쳐서 읽었는데, 지금 기억하면 이런 내용입니다: '쉬지 않고 드리는 기도란 사람들과 함께 이야기를 할 때나 앉아 있을 때, 걸어갈 때나 무엇을 만들 때, 음식을 먹을 때 등 언제 어디서나 무슨 일을 하거나 하나님의 이름을 부르는 것입니다.' 그 구절을 읽으면서 나는 그것이 아주 단순한 일이라고 생각했습니다. 나는 바느질을 하는 동안 조그만 소리로 그 기도를 드리기 시작했는데, 마음이 흡족했습니다. 나와 함께 그 집에서 살고 있는 사람들은 '하루 종일 중얼거리고 있는데, 대체 당신이 마술사입니까?' 또는 '대체 무슨 주문을 외우고 있습니까?'라고 말하며 나를 조롱하기 시작했습니다. 나는 기도하는 것을 감추기 위해서, 입술을 움직이지 않은 채 혀로만 예수기도를 드렸습니다. 마침내 나는 아주 그 기도에 익숙해져서, 내 혀는 밤낮 저절로 기도를 계속하게 되었고, 나는 흡족했습니다. 나는 그런 식으로 오랫동안 떠돌아 다녔는데, 갑자기 눈이 보이지 않게 되었습니다. 우리 집안 사람들은 거의 모두가 녹내장을 앓고 있습니다. 그리하여 가난뱅이가 된 나를 사람들은 이 지방의 수도인 토볼스크에 있는 구빈원으로 보냈습니다. 나는 지금 그곳으로 가는 중인데, 이 집 부부가 토볼스크까지 마차로 태워 주려고 나를 이곳에 데리고 있습니다."

"혹시 당신이 읽은 책의 제목이 『필로칼리아』가 아닙니까?"

"솔직히 말해서 제목은 알지 못합니다. 나는 표지를 보지도 않았어요."

나는 내가 가지고 있던 『필로칼리아』를 꺼내서, 그 사람이 외우고 있던 칼리스투스 총대주교의 말이 들어 있는 4페이지를 펼쳐서 읽어 주었습니다.

그 사람은 "바로 그 말씀이었어요. 참으로 멋진 말씀입니다. 계속 읽어 주십시오"라고 큰 소리로 말했습니다.

"사람은 마음으로 기도해야 한다"는 대목에 이르자, 그는 "그것이 무슨 뜻입니까? 어떻게 하는 것입니까?"라고 질문했습니다.

나는 마음으로 기도하는 것에 대한 완전한 가르침이 『필로칼리아』에 있다고 말해 주었는데, 그 사람은 그 책 전체를 읽어달라고 간절히 부탁했습니다.

나는 "언제 토볼스크로 출발하십니까?"라고 물었습니다. 그 사람은 "곧바로 떠납니다"라고 대답했습니다.

"좋습니다. 그렇다면 나도 함께 출발하겠습니다. 당신과 함께 가면서 마음으로 드리는 기도에 대한 글을 읽어 드리지요. 당신의 마음을 어떻게 발견하며, 어떻게 마음속에 들어가는지 가르쳐 드리겠습니다."

"마차는 어떻게 하지요?"

"마차가 문제가 되지 않습니다. 토볼스크까지는 약 100마일 밖에 되지 않습니다. 우리 두 사람이 함께 걸어가면서 예수기도에 대한 글을 읽고 이야기를 한다면 얼마나 좋을지 생각해 보십시오."

우리는 그렇게 하기로 결정했습니다.

저녁에 집 주인이 우리 모두를 저녁에 초대했습니다. 저녁을 먹은 후에, 나는 『필로칼리아』를 좀 더 쉽게 읽기 위해서 그 장님과 함께 마차를 타지 않고 길을 떠나겠다고 말했습니다. 이 말을 들은 주인은 "나도 『필로칼리아』를 아주 좋아합니다. 나는 벌써 피터스부르크에 주문서를 보냈고, 내일 법원에 갈 때 송금하려고 준비해 두었습니다."라고 말했습니다.

다음날 아침, 우리는 그 부부의 큰 사랑과 친절에 감사드리고 나서 출발했습니다. 부부는 집에서부터 거의 반 마일이나 우리를 따라 왔습니다. 그러고 나서 우리는 헤어졌습니다.

장님과 나는 무리하지 않고 하루에 6-10마일 정도만 걸어 갔습니다. 나머지 시간에는 한적한 곳에 앉아서 『필로칼리아』를 읽었습니다. 나는 마음으로 드리는 기도에 대한 부분을 모두 읽었는데, 돌아가신 사부님께서 가르쳐 주신 순서대로, 다시 말해서 은자 니케포루스의 글에서부터 시작하여 시나이의 그레고리의 글, 그밖에 다른 사람들의 글을 읽어 나갔습니다. 눈 먼 노인은 아주 행복해 하고 기뻐하면서 열심히 들었습니다. 그리고 내가 대답할 수 없는 질문을 했습니다. 『필로칼리아』에서 필요한 부분을 다 읽은 후, 그는 정신이 마음을 발견하는 방법, 예수 그리스도의 거룩한 이름을 마음에 들여보내는 방법, 마음으로 내면적으로 기도하는 기쁨을 발견하는 방법을 실제로 보여달라고 애원했습니다. 나는 이렇게 말했습니다. "당신은 지금 눈이 멀었기 때문에 아무것도 볼 수 없습니다. 그렇지만 당신은 과거에 보았던 것, 예를 들면 어떤 사람이나 사물, 혹은 당신의 몸의 일부 등을 상상하거나 그려볼 수 있습니다. 예를 들자면, 당신은 비록 눈이 멀었지만, 자신의 손이나 발을 실제로 바라보는 것처럼 분명하게 그려볼 수 있고, 시선을 그곳에 둘 수 있지요?"

"그렇습니다. 그렇게 할 수 있어요."

"그렇다면, 똑같은 방법으로 당신의 마음을 그려보고, 마치 당신의 가슴을 통해서 바라보고 있는 것처럼 시선을 그곳에 두십시오. 가능한 한 분명하게 그 모습을 그려 보세요. 그리고 귀로 그것이 고동치는 소리를 들어 보세요. 항상 심장을 바라보면서 그 고동소리에 맞춰 예수기도를 드리세요. 첫번째 심장이 뛸 때에는 "주"라고 말하고, 두번째 고동에 맞추어서는 "예수"라고 하고, 세번째 고동에 맞춰서 "그리스도"라고, 네번째 고동칠 때에는 "나를", 다섯번째에는 "불쌍히 여기소서"라고 기도하세요. 이런 식으로 계속 반복하십시오. 당신은 이미 마음으로 드리는 기도의 기초를 알고 있기 때문에, 이것은 쉽게 할 수 있을 것입니다. 지금 말씀드린 대로 익숙하게 할 수 있게 되면, 그 후에는 한 번 호흡하는 동안에 예수기도 전체를 당신의 마음에 들여 보냈다가 내 보내야 합니다. 숨을 들이쉬면서 "주 예수 그리스도시여"라고 말한다고 생각하고, 내 쉬면서 "나를 불쌍히 여기소서"라고 말한다고 상상하십시오. 힘이 닿는 대로 자주 반복하시면, 조만간 마음에 불쾌하지 않은 미미한 고통을 느낄 것이고, 그 다음에는 온기를 느낄 것입니다. 이처럼 하나님의 도움을 받아 마음에서 이루어지는 자동적인 내면의 기도의 기쁨을 얻게 될 것입니다. 그런데, 무슨 일을 하든지, 상상이나 환상을 경계하십시오. 종류에 상관없이 그런 것들은 절대로 받아들이지 마세요. 거룩한 교부들은 내면의 기도를 할 때 시험에 빠지지 않으려면 환상에서 벗어나야 한다고 강조했습니다."

노인은 내가 가르쳐준 것을 자기 마음으로 실천하기 시작했습니다. 그는 오랫동안 그렇게 했는데, 특히 우리가 밤에 한 곳에 멈추어 지낼 때 그렇게 했습니다. 닷새쯤 지나서, 그는 마음속에 무어라 표현할 수 없는 행복과 뜨거움을 크게 느끼기 시작했고, 아울러 예수 그리스도에 대한 사랑을 일으킨 이 기도에 쉬지 않고 몰두하고픈 소원을 느꼈습니다.

이따금 그는 빛을 보았습니다. 또 그가 자기 마음속으로 들어갈 때면 불이 켜진 촛불 같은 것이 마음속에서 행복하게 타오르다가 그의 목구멍으로 빛이 나오는 것 같이 보였습니다. 이 빛 속에서 그는 아주 먼 곳에서 일어나는 일을 보기도 했습니다. 실제로 그런 일이 있었습니다.

우리는 숲속을 걸어가고 있었는데, 그는 조용히 기도에 몰두해 있었습니다. 갑자기 그는 "저런! 교회에 불이 났어요. 종각이 쓰러졌어요"라고 말했습니다.

나는 "헛된 꿈을 꾸지 마세요. 그것은 당신에게 임한 시험입니다. 당장에 공상을 집어 치우세요. 마을에서 일어나는 일을 당신이 어떻게 볼 수 있단 말입니까? 우리는 마을에서 7-8마일이나 떨어져 있어요."라고 대꾸했습니다.

그는 내 말에 순종하여 고요히 기도를 계속 했습니다. 저녁 무렵에 우리는 마을에 도착했는데, 실제로 집이 몇 채가 불타고 양철로 지은 종탑이 쓰러져 있었습니다. 사람들은 사람들을 종탑이 쓰러지면서 한 사람도 다치지 않을 것을 기이하게 여기고 있었습니다. 나중에 알아보니, 그 사건은 노인이 나에게 말하던 바로 그 시간에 일어났던 것입니다. 노인은 이렇게 말했습니다. "당신은 내가 본 환상이 헛된 것이라고 말씀하셨지만, 지금 당신은 내가 말한 것과 똑같은 장면을 보고 계십니다. 나처럼 눈 멀고 어리석은 죄인에게 은혜를 주시는 주 예수 그리스도께 감사하고 사랑하지 않을 수 없습니다. 또 마음의 기도를 가르쳐 주신 당신께도 깊이 감사드립니다."

"뜻을 다하여 주 예수 그리스도를 사랑하고 감사하십시오. 그렇지만 당신이 보는 환상을 직접적인 은혜의 계시라고 여기지 마십시오. 이런 일들은 종종 아주 자연스럽게 발생하기도 합니다. 인간의 영혼은 장소나 물질의 속박을 받지 않습니다. 그것은 어둠 속에서도 볼 수 있고, 가까운 곳에서 일어난 일은 물론이요 먼 곳에서 일어난 일도 볼 수 있습니다. 다만 우리가 영적 능력에게 힘과 장소를 제공하지 않았을 뿐입니다. 우리는 그것을 거친 육체의 멍에로 짓누르거나 우리의 우연한 생각이나 사상과 혼합합니다. 그러나 우리가 자신의 내면에 집중할 때, 주위의 모든 것으로부터 이탈하여 우리의 정신이 섬세해질 때, 영혼이 저절로 들어와서 그 힘을 발휘합니다. 그러므로 당신에게 일어난 일은 지극히 자연스러운 일입니다. 돌아가신 내 사부님은 캄캄한 방에서도 빛을 보며, 그 빛에 의해서 사물을 보는 사람들, 원령(怨靈)들을 보며 다른 사람들의 생각 속에 들어가는 사람들이 있다고 말씀하셨습니다(그들은 기도에 몰두하지 않았지만, 원래 이런 능력을 가지고 있었거나 병중에 그런 능력을 받은 사람입니다). 그러나 마음으로 기도하는 동안에 하나님의 은혜로 말미암아 직접 임하는 것에는 말로 표현하거나 비교할 수 없는 기쁨과 달콤함이 가득합니다. 마음속에 있는 달콤한 은혜의 지식과 비교해보면, 다른 느낌들은 지극히 비천한 것입니다.”

눈 먼 친구는 내 말을 귀담아 듣고는 한층 더 겸손해졌습니다. 그의 마음에서 드리는 기도는 점점 더 성장했고, 말할 수 없이 그를 기쁘게 해 주었습니다. 나는 그 모습을 보면서 기뻐했고, 그처럼 복된 하나님의 종을 만나게 해주신 하나님께 진심으로 감사했습니다. 마침내 우리는 토볼스크에 도착했습니다. 나는 그를 구빈원으로 데려다 주고 작별한 후에, 다시 순례를 시작했습니다.

나는 한 달 동안 서두르지 않고 선한 사람들의 삶이 우리를 가르치며 그들을 모방하려는 자극을 주는 방법을 깊이 의식하면서 여행했습니다. 나는 『필로칼리아』를 많이 읽으면서, 노인에게 기도에 대해 말해 준 모든 것을 확신했습니다. 노인의 일은 나의 내면에 하나님에 대한 열심과 감사와 사랑의 불을 붙여 주었습니다. 내 마음의 기도가 위로를 주었기 때문에 세상에 나보다 더 행복한 사람이 없는 것 같았습니다. 하늘나라에 그보다 크고 충만한 행복이 있을지 의심할 정도였습니다. 외부 세계도 매력적이고 즐겁게 보였습니다. 사람이든 나무든, 식물이든 동물이든, 무엇을 보든지 사랑스럽고 하나님께 대한 감사를 느꼈습니다. 그것들 모두가 내 친척 같았습니다. 나는 그것들 모두에게 예수의 이름이라는 마술을 걸었습니다. 이따금 나는 마치 몸이 없는 것처럼 가벼움을 느꼈고, 걷지 않고 공중을 행복하게 떠다니는 듯한 느낌을 받았습니다. 때로 나 자신의 내면으로 들어가서 내면에 있는 기관들을 분명히 보았고, 인간의 몸을 지으신 분의 지혜에 대해 경이로움을 느꼈습니다. 어떤 때는 황제가 된 것처럼 즐거운 때도 있었습니다. 그렇게 행복할 때, 나는 하나님께서 나를 빨리 죽게 하셔서 나로 하여금 영들의 세계에서 하나님의 발 앞에 감사함으로 내 마음을 쏟아 놓을 수 있게 해주시기를 바랐습니다.

내가 이러한 느낌을 너무 즐겼기 때문인지, 아니면 하나님의 뜻에 따른 것인지 모르겠으나, 얼마 동안 나는 마음속에서 일종의 흔들림과 두려움을 느꼈습니다. 나는 내가 교회당에서 예수기도를 가르쳐 주었던 처녀를 만난 후에 불행한 일이 나에게 일어났던 것처럼 불행이나 곤란한 일이 생기지는 않을까 염려했습니다. 그러한 생각들의 구름이 나에게 밀려왔고, 나는 존 타르파티스키의 말을 기억했습니다. 그는 "스승은 자신으로 말미암아 영적으로 유익을 얻었던 사람들을 위해서 종종 수치와 재앙과 시험을 당하실 것이다"라고 말했습니다. 나는 우울한 생각에 맞서 싸우면서, 전보다 더 열심히 기도했습니다. 기도는 그러한 생각들을 몰아내고 다시 내 마음에 자리잡았습니다. 나는 "하나님의 뜻이 이루어지이다. 나의 사악함과 교만함 때문에 예수 그리스도께서 보내시는 것이라면 어떤 고난도 견딜 준비가 되어 있습니다. 최근에 나에게서 마음과 내적인 기도에 들어가는 비밀을 배운 사람들은 나를 만나기 전에 이미 하나님의 직접적이고 은밀한 가르침에 의해 준비되어 있었습니다"라고 기도했습니다.

이렇게 생각하여 마음의 평온함을 얻은 후, 나는 전보다 더 행복하게 기도하면서 여행을 계속 했습니다. 이틀 동안 비가 내렸기 때문에 나는 질퍽한 길을 간신히 걸어갔습니다. 초원지대를 질러서 걸어갔는데, 약 10마일을 가도 인가를 찾을 수 없었습니다. 밤이 되어서야 길 오른편에서 집 한 채를 보니 무척 반가웠습니다. 나는 하룻밤을 지내게 해달라고 부탁하고, 내일 일은 하나님께 맡기자고 생각했습니다. 혹시 날씨가 좋아질 수도 있지…그 집에 가까이 가니, 군인 외투를 입은 술 취한 노인이 문간에 서 있었습니다. 나는 그에게 인사를 하면서 "오늘 밤 이곳에서 묵으려면 누구에게 부탁해야 합니까?"라고 물었습니다.

그 사람은 "내가 아니면 누가 당신을 묵게 해주겠소? 여기서는 내가 주인이요. 이곳은 우체국이고, 나는 이곳 책임자란 말이요"라고 소리쳤습니다.

"그렇다면 당신의 집에서 오늘 밤을 지내게 해 주십시오."

"여권을 가지고 있습니까? 당신의 신분을 증명해줄 문서를 보여 주시오."

나는 여권을 그에게 건네주었는데, 그는 그것을 손에 들고서 "당신의 여권은 어디 있소?"라고 물었습니다.

나는 "당신이 손에 들고 있습니다"라고 대답했습니다.

"집 안으로 들어오시오."

그는 안경을 끼고 여권을 본 후에 "좋아요. 틀림 없군요. 오늘 밤을 이곳에서 지내십시오. 나는 정말로 좋은 사람이라오. 술 한 잔 하시겠소?"라고 말했습니다.

"나는 술을 마시지 않습니다."

"당신 마음대로 하세요. 어쨌든 우리와 함께 저녁을 먹읍시다."

그 사람과 젊은 여자 요리사는 식탁에 앉아서 나에게 함께 식사하라고 청했습니다. 요리사 역시 거리낌없이 술을 마시고 있었습니다. 그들은 저녁을 먹는 동안 내내 말다툼을 하고, 서로 비난하더니, 결국 손찌검까지 했습니다. 남자는 일어나서 통나무로 만든 침실로 들어갔고, 요리사는 계속 주인을 욕하면서 설거지를 했습니다. 나는 어느 정도 시간이 지나야 요리사가 진정할 것이라고 생각했습니다. 나는 여행을 하느라고 피곤했기 때문에 그녀에게 내가 묵을 방이 어디냐고 물었습니다. 그녀는 "내가 잘 곳을 마련해 드리지요"라고 대답했습니다. 그러고 나서 창문 밑에 있는 길다란 의자에 다른 의자를 맞붙여 놓고는 그 위에 담요를 깔고 베개를 주었습니다. 나는 누워서 문을 감았습니다. 요리사는 한참 동안 부산을 떨더니, 정리를 끝내고 불을 끄고 나에게 다가왔습니다. 갑자기, 집 전면 모서리에 있는 창문, 창틀, 유리가 산산조각이 났습니다. 온 집이 흔들리고, 창문 밖에서 신음소리, 고함소리, 싸우는 소리가 들려왔습니다. 요리사는 무서워서 뒷걸음쳐서 방 한가운데로 가서 바닥에 엎드렸습니다. 나는 지진이 났다고 생각하고서 어쩔 줄 모르고 자리에서 일어났습니다. 그런데 마부 두 사람이 얼굴을 알아볼 수 없을 정도로 피투성이가 된 사람을 데리고 들어왔습니다. 그것을 보니 더욱 두려웠습니다. 그 사람은 왕의 사신인데, 말을 바꾸려고 이곳에 온 사람이었습니다. 마부가 마차를 제대로 몰지 못해서, 마차의 기둥이 창문에 걸렸는데, 마침 집 앞에 개천이 있었기 때문에 마차가 전복되고, 사신은 마차에서 튕겨 나가서 머리를 크게 다쳤습니다.

그 사람은 상처를 씻을 물과 포도주를 달라고 부탁했습니다. 그리고는 술은 한 잔 마시면서 "말들을 위하여!"라고 소리쳤습니다.

나는 그에게 다가가서 "선생님, 이렇게 다치셨기 때문에 더 이상 여행하실 수 없겠습니다"라고 말했습니다.

그는 "왕의 사신에게는 아플 시간도 없어요"라고 말하고는 그대로 떠났습니다.

마부들은 정신을 잃은 요리사를 난로 곁으로 옮기고 덮어주면서 "무척 놀란 모양이군요. 곧 깨어날 겁니다"라고 말했습니다. 집 주인은 다시 술 한 잔을 마시고 침실로 가고, 나는 혼자 남았습니다. 곧 요리사는 자리에서 일어나서 정신 없이 왔다갔다 하기 시작하더니 집 밖으로 나갔습니다. 나도 충격 때문에 기운이 하나도 없었습니다. 나는 기도를 하고 나서 새벽녘에야 잠이 들었습니다.

아침에 노인과 작별하고 길을 떠났습니다. 나는 걸어가면서 큰 위험 속에 있을 때 나에게 축복과 위안을 주신 아버지께 대한 감사와 믿음과 신뢰를 가지고서 기도했습니다.

이 일이 있고 나서 6년쯤 지나서, 나는 어느 수녀원을 지나가던 중 교회에 들어가서 기도했습니다. 친절한 수녀원장은 예배를 마친 후에 나를 자기 방으로 데려가서 차를 대접해 주었습니다. 갑자기 예기치 않게 손님들이 수녀원장을 만나러 왔고, 원장은 그들과 함께 밖으로 나갔습니다. 나는 그 방에 몇 명의 수녀들과 함께 남아 있었습니다. 그들 중에서 차를 따라 주는 겸손한 수녀를 보면서, 나는 그 수녀가 수녀원에 들어온 지 몇 년이 되었는지 물어 보았습니다.

그 수녀는 "5년 되었습니다. 사람들이 정신이 나간 나를 이곳에 데리고 왔습니다. 이곳에서 하나님의 자비가 내게 임했습니다. 원장님은 나에게 원장님의 수실에서 시중을 들게 하시고 수녀가 되게 인도해 주셨습니다."

"어떻게 해서 정신을 잃었습니까?"

"너무 놀랐기 때문이었어요. 나는 우체국에서 일하고 있었는데, 어느 날 밤늦게 마차가 창문에 충돌했어요. 그 때문에 나는 크게 놀라서 정신을 잃었지요. 친척들은 일 년 동안 나를 데리고 여기 저기로 성지를 찾아다녔지만, 나는 이곳에 와서 나음을 받았어요."

이 말을 듣고, 나는 진심으로 기뻐하면서 모든 일을 최상의 것으로 지혜롭게 섭리하시는 하나님을 찬양했습니다.

나는 영적 아버지에게 이렇게 말했습니다. "내가 경험한 일들을 모두 이야기하려면 꼬박 사흘을 해도 부족할 것입니다. 그렇지만 한 가지는 말씀드리고 싶습니다."

어느 맑은 여름날, 나는 길옆에 있는 공동묘지, 그리고 사역하는 사람들이 사는 몇 채의 집이 있는 교회를 보았습니다. 예배를 알리는 종소리가 들려왔기에, 나는 교회로 갔습니다. 교회 주위에 사는 사람들은 모두 같은 길로 가고 있었습니다. 그들 중 일부는 교회에 가는 도중에 잔디밭에 앉아 있었습니다. 그들은 내가 서둘러서 걸어가는 것을 보고는, "서두르지 마세요. 예배에 넉넉히 참석할 수 있으니까요. 사제는 건강이 좋지 않기 때문에 아주 천천히 진행하시거든요"라고 말했습니다.

실제로 예배는 오랫동안 진행되었습니다. 사제는 젊었지만 아주 여위고 창백했습니다. 그는 정말 천천히, 그렇지만 아주 헌신적으로 예배를 집례했습니다. 예배를 마칠 때 그는 하나님을 향한 사랑 안에서 성장하는 방법에 대해서 간단하지만 훌륭한 설교를 했습니다. 사제는 나에게 자기 집에 가서 식사를 하자고 청했습니다.

식사를 하면서 나는 "사제님, 당신은 무척 경건하고 천천히 예배를 집전하십니다!"라고 말했습니다.

"그렇습니다. 그렇지만 나의 교구 사람들은 그것을 좋아하지 않고 불평한답니다. 그렇지만 어쩔 수 없어요. 나는 소리 내서 기도하기 전에, 각각의 기도문을 묵상하고 음미한답니다. 내적인 이해와 감정이 없이 하는 기도는 나 자신이나 사람들에게 무익할 뿐이지요. 모든 것은 내면 생활과 경청하는 기도에 초점을 둡니다. 그런데 내면생활에 관심을 갖는 사람들이 거의 없어요. 그것은 그들은 내면의 신령한 빛을 소중히 하려는 마음을 갖지 않기 때문입니다."

"어떻게 해야 그런 단계에 이를 수 있습니까? 무척 어려운 일인 것 같은데요."

"결코 그렇지 않습니다. 영적 조명을 획득하여 내면 생활을 하는 사람이 되려면, 성경 본문을 택하여 가능한 한 오랫동안 묵상 능력을 발휘하여 그 본문에 집중해야 합니다. 그렇게 하면 이해의 빛이 당신에게 계시될 것입니다. 기도할 때에도 같은 방법을 사용하십시오. 만일 순수하고 올바르고 즐거운 기도를 원한다면, 간단하지만 힘있는 단어들로 이루어진 짤막한 기도문을 선택하여 오랫동안 자주 반복해야 합니다. 그러면 기도 안에서 즐거움을 발견할 것입니다."

사제의 가르침은 나를 무척 기쁘게 했습니다. 그것은 아주 실질적이고 간단하면서도 심오하고 지혜로운 가르침이었습니다. 나는 진실한 사제를 만나게 해주신 하나님께 감사드렸습니다.

식사가 끝나자, 그는 "당신은 주무십시오. 저는 성경을 읽고 내일 설교를 준비해야 합니다"라고 말했습니다. 그래서 나는 부엌으로 갔습니다. 그곳에는 아주 늙은 부인이 구석에 앉아서 기침을 하고 있었습니다. 나는 작은 창문 아래 앉은 뒤, 배낭에서 『필로칼리아』를 꺼내어 소리 내지 않고 읽기 시작했습니다. 얼마 후에 보니 구석에 앉아 있는 부인이 쉬지 않고 예수기도를 드리고 있었습니다. 지극히 거룩하신 주님의 이름을 그처럼 자주 말하는 소리를 들으니 무척 기뻤습니다. 나는 그 부인에게 말했습니다. "부인께서 항상 예수기도를 하시는 것은 정말 좋은 일입니다. 그것은 아주 기독교적이고 건전한 행동입니다."

"그렇지요. 늙은 내가 의지할 것은 '주님의 자비'뿐입니다."

"오랫동안 이 기도를 드리셨습니까?"

"아주 젊었을 때부터입니다. 나는 이 기도를 드리지 않으면 살 수가 없습니다. 예수기도는 나를 멸망과 죽음에서 구해 주었습니다."

"어떻게 말입니까? 말씀해 주십시오."

나는 『필로칼리아』를 배낭에 넣고, 부인에게 가까이 가서 앉았고, 부인은 이야기를 시작했습니다.

"젊었을 때 나는 무척 예뻤습니다. 부모님께서 나에게 배필을 정해 주셨는데, 결혼식 전날 신랑이 나를 만나러 왔습니다. 그런데 신랑은 몇 걸음을 걷더니 갑자기 쓰러져서 그대로 죽었습니다. 이 일로 인해 나는 너무나 놀라서 결혼 자체를 거부했습니다. 나는 결혼하지 않고 성지를 순례하고 기도하면서 살기로 결심했습니다. 그러나 젊은 나는 혼자서 여행하는 것이 두려웠습니다. 혹시 좋지 못한 사람들이 괴롭힐까 두려웠습니다. 그런데 내가 알고 지내는 늙은 여자 순례자께서 나에게 어디를 가든지 쉬지 말고 예수기도를 드리라고 가르쳐 주셨습니다. 그렇게 하면 여행하는 도중에 전혀 불행이 일어나지 못할 것이라고 말해 주었습니다. 나는 이것이 사실임을 입증했습니다. 나는 먼 곳에 있는 성지까지 걸어 갔는데, 전혀 해를 입지 않았습니다. 부모님은 여행 경비를 주셨습니다. 나이가 들면서, 나는 건강을 잃었습니다. 그런데 이곳의 사제께서 친절하게도 이곳에서 지낼 수 있게 해 주셨어요."

이 말을 듣고 나는 무척 기뻤고, 신령한 생활의 본보기를 보여주심으로써 많은 것을 가르쳐 주신 하나님께 감사드렸습니다. 나는 친절하고 경건한 사제의 축복을 받은 후, 다시 길을 떠났습니다.

얼마 전, 내가 카잔 지방을 지나다가, 별 생각이 없이 기도한 사람들에게서도 예수 그리스도의 이름으로 드리는 기도의 능력이 분명하고 강력하게 나타난다는 것을 알게 되었습니다. 또 그 기도를 자주 오랫동안 드리는 것이 복된 열매를 거두는 가장 바르고 확실한 방법이라는 것도 알게 되었습니다. 나는 타르타르 마을에서 밤을 지내게 되었습니다. 그곳에 도착하니, 오두막집 앞에 러시아 사람의 마차와 마부가 있었습니다. 근처에서는 말들이 먹을 것을 먹고 있었습니다. 나는 그것을 보고 반가웠습니다. 그리고 최소한 기독교인들과 함께 밤을 보내야 한다고 생각하면서, 그곳에서 하룻밤을 보내게 해달라고 부탁하기로 마음 먹었습니다(타르타르인들은 회교도였습니다). 나는 마부에게 가서 어디서 왔느냐고 물었는데, 그는 자기 주인은 카잔 출신인데 크리미아로 가고 있다고 대답했습니다. 내가 마부와 이야기하고 있을 때, 주인이 마차의 휘장을 걷고 나를 쳐다 보았습니다. 그리고는 "나도 오늘밤을 이곳에서 지낼 작정입니다. 그렇지만 이 오두막 집에는 들어가지 않으려고 해요. 타르타르인들의 집은 아주 불편하답니다. 그래서 마차에서 밤을 보내기로 했어요."라고 말했습니다. 그러고 나서 마차에서 내려왔습니다. 날씨가 좋았기 때문에, 우리는 잠시 산책을 하면서 이야기를 했습니다. 그는 나에게 질문도 많이 하고 자신에 대해서도 많은 이야기를 했습니다. 그 사람이 나에게 말한 내용은 다음과 같습니다.

"나는 65세까지 해군 장교로 복무했습니다. 나이가 들어 통풍에 걸렸기 때문에 퇴역하고, 크리미아에 있는 아내의 농장에서 살고 있는데, 몸이 아프지 않은 날이 거의 없습니다. 아내는 충동적이고 급한 성격인데다가 카드놀이를 좋아한답니다. 병든 남편과 사는 것이 싫어서 카잔에 살고 있는 딸에게로 가버렸어요. 딸은 공무원과 결혼하여 살고 있습니다. 아내는 가져갈 수 있는 것은 모조리 가져갔습니다. 여덟 살 짜리 대자(代子)와 나만 남겨 두고 하인들까지 모두 데리고 갔습니다. 그런 식으로 삼 년쯤 지내왔습니다. 내 심부름을 하는 아이는 어리지만 똑똑하고, 집안 일도 꽤 잘 했습니다. 그 아이는 내 방을 청소하고 난로에 불을 때고 오트밀을 만들고, 차를 끓이기도 합니다. 그렇지만 아주 장난꾸러기여서 종일 쿵쿵 거리고 돌아다니고 고함을 치고 장난을 쳐서 나를 귀찮게 했습니다. 병든 나는 항상 영적인 서적을 읽기를 좋아합니다. 나는 그레고리 팔라마스가 예수기도에 대해서 쓴 훌륭한 책을 가지고 있습니다. 나는 거의 항상 그 책을 읽으며, 예수기도를 드리곤 합니다. 그런데 그 아이는 나를 방해했답니다. 위협을 하고 벌을 주어 보았지만, 그 아이의 못된 장난을 고쳐줄 수가 없었지요. 마침내 나는 한 가지 방법을 생각해냈습니다. 나는 내 방에 있는 의자에 그 아이와 함께 앉아서, 그 아이에게 쉬지 않고 예수기도를 하라고 명령했습니다. 처음에는 그 아이는 아주 싫어하면서 어떻게 해서든지 피하려고 했지만, 가끔은 조용히 앉아 있었습니다. 나는 그 아이에게 내가 명령한 대로 하게 하기 위해서 곁에 회초리를 가져다 놓았습니다. 아이가 예수기도를 할 때면, 나는 조용히 책을 읽거나 아이의 기도 소리를 들었습니다. 그러나 잠시라도 기도를 멈추면, 나는 아이에게 회초리를 보여 주었고, 아이는 겁이 나서 다시 예수기도를 했습니다. 그 덕분에 집 안은 아주 조용해졌습니다. 그런데 얼마 후에 나는 회초리가 필요 없게 되었음을 깨달았습니다. 아이는 자발적으로 열심히 예수기도를 반복했습니다. 게다가 짓궂은 성격이 완전히 변했습니다. 아이는 조용하고 과묵해졌고, 집안 일도 전보다 더 잘했습니다. 나는 기뻐서 아이를 더 자유롭게 해주었습니다. 그 결과는 어떻게 되었겠습니까? 아이는 완전히 예수기도에 익숙해져서 내가 강요하지 않아도 무슨 일을 하든지 항상 그 기도를 드리게 되었습니다. 그 아이는 항상 예수기도를 하고픈 강력한 소원을 느낀다고 말했습니다.

나는 '기도하는 동안 기분이 어떻지?'라고 물어보았습니다.

'기도하는 것이 좋다는 것 외에 다른 느낌은 없어요.'

'좋다는 것은 무슨 뜻이지?'

'정확하게 어떻게 표현해야 할지 모르겠어요.'

'기분이 좋다는 뜻이니?'

'그래요. 기분이 좋아요.'

"그 아이가 열두 살 때, 크리미아 전쟁이 전쟁이 일어났기 때문에, 나는 아이를 데리고 카잔에 있는 딸에게로 갔습니다. 그곳에서 아이는 하인들과 함께 부엌에서 살았는데, 아이는 그것을 무척 싫어했습니다. 그 아이는 가끔 나에게 와서, 사람들이 자기를 괴롭히고 조롱하고 예수기도를 하지 못하게 하고 또 자기들끼리만 논다고 불평했습니다. 몇 달 후에 아이는 나에게 와서 '시끄러운 이곳에서는 더 이상 살 수가 없어요. 집으로 가겠어요'라고 말했습니다. 나는 '이 추운 겨울에 그렇게 먼 곳까지 어떻게 혼자서 갈 수 있겠니. 기다려라. 나중에 나와 함께 가자.'고 말했습니다. 그런데 다음날 아이가 사라졌습니다.

"사방으로 그 아이를 찾아 보았지만 헛수고였습니다. 그런데 크리미아에 있는 우리 농장 사람들이 편지를 보내왔는데, 그 아이가 부활절인 4월 4일에 나의 빈 집에서 시체로 발견되었다는 소식이었습니다. 그 아이는 내 집에서 입고 다니던 얇은 코트를 입고 두 손을 가슴에 모은 채 방 바닥에 평화로이 누워 있었다고 합니다. 사람들은 그 아이를 내 집 정원에 묻어 주었습니다.

"나는 그 소식을 듣고 크게 놀랐습니다. 어린 아이가 어떻게 그렇게 빨리 농장에 도착할 수 있었을까요? 그 아이가 카잔을 떠난 것이 2월

26일인데, 4월 4일에 시신이 발견되었습니다. 말을 타고 가도 거기까지 가려면 한 달이 걸립니다. 하루에 거의 70마일이나 걸어간 셈입니다. 얇은 외투를 입은 채 여권도 없고, 주머니에 한 푼도 없이 말입니다. 혹시 누군가가 도중에 그 아이를 태워 주었다고 해도, 그것 자체도 하나님의 특별한 섭리와 돌보심의 표식일 것입니다. 그 아이는 기도의 열매를 맛보았습니다."

이 신사는 "이제 나도 그 아이처럼 갈 날이 멀지 않았습니다"라고 말을 끝냈습니다.

나중에 나는 그 분에게 이렇게 말했습니다. "선생님이 좋아하시는 그레고리 팔라마스의 책은 아주 훌륭한 책입니다. 나도 그 책을 알고 있습니다. 그렇지만 그 책에서는 입으로 소리내어 예수기도를 하는 것에 대해서 다루고 있어요. 『필로칼리아』라는 책을 읽어 보십시오. 그 책에서는 정신과 마음속에서 신령한 예수기도에 도달하며 그 기도의 달콤한 열매를 맛보는 방법에 대해서 완전하게 설명하고 있습니다."

그렇게 말하면서 나는 『필로칼리아』를 보여 주었습니다. 그분은 나의 충고를 흔쾌히 받아들이면서 자기도 그 책을 사겠다고 약속했습니다. 나는 이 기도 안에서 하나님의 능력이 나타나는 놀라운 방법들을 깊이 생각했습니다. 방금 이 신사에게서 들은 이야기에는 놀라운 지혜와 교훈이 담겨 있었습니다. 회초리가 소년에게 예수기도를 가르쳤고, 게다가 위로의 수단이 되어 그 아이에게 도움을 준 것입니다. 우리가 기도하는 동안 만나는 슬픔과 시련들 역시 하나님의 손에 든 막대기가 아닐까요? 그렇다면, 사랑이 풍성하신 하늘 아버지께서 우리로 하여금 그 막대기들을 보게 하실 때, 그리고 이 막대기들이 우리를 가르쳐 더 열심히 기도하게 하며 말로 표현할 수 없는 위로에게로 우리를 인도해 줄 때, 어찌하여 우리는 두려워하고 괴로워하는 것입니까?

나는 마지막으로 영적 아버지에게 이렇게 말했습니다. "하나님의 이름으로 나를 용서해 주십시오. 지금까지 너무 많은 말을 했습니다. 거룩한 교부들께서는 신령한 말이라도 너무 많이 하는 것은 허튼 소리에 불과하다고 말씀하셨습니다. 이제 예루살렘으로 함께 갈 동료에게 가 보아야겠습니다. 불쌍한 죄인인 나를 위해 기도해 주십시오. 하나님의 크신 자비로 나의 여행을 축복해 달라고 기도해 주십시오."

"주님 안에서 사랑하는 형제여, 진심으로 그렇게 되기를 기원합니다. 사랑이 풍성하신 하나님께서 은혜로 당신의 길을 비추어 주시며, 천사 라파엘이 토비아스와 동행한 것처럼 당신과 동행해 주시기를 기원합니다."

제2부
계속되는 순례

The Pilgrim Continues
on
His Way

강태용 역

옮긴이의 말

이 책의 러시아어 원제는 "영적 아버지께 드리는 순례자의 진솔한 이야기"입니다. "예수기도"라고 불리는 동방정교회의 기도를 실천하는 무명의 순례자 이야기는 러시아 정교회 영성의 고전으로서 자리잡고 있습니다. 동방 정교회뿐만 아니라 전 그리스도교의 고전 중의 고전, 보물 중의 보물이라 할 수 있는 자애록(도브로톨류비에 또는 필로칼리아: 성 교부들의 금언집)을 항상 지니고 다니면서 늘 쉬지 않고 기도하라는 사도 바울로의 가르침을 실천하려고 노력하는 순례자와 그가 만나는 영적인 대가들과의 대화는 우리 그리스도인들에게 잔잔한 감동을 느끼게 해줄 것입니다.

이 이야기는 가톨릭 출판사에서 『이름 없는 순례자』라는 제목으로 우리나라에 소개된 바가 있는데 그 책은 최익철 신부님께서 불어판을 번역하신 것이고, 러시아 원본의 앞부분인 절반만 포함하고 있어서, 순례자가 러시아의 이르쿠츠크에 도착하고 예루살렘으로 떠나는 장면까지만 소개가 되었습니다. 그 후에도 계속되는 순례자의 영적 이야기가 아직 우리나라에 소개되지 않아 이 책에서 러시아 원본 뒷부분의 이야기를 소개하고자 합니다.

이 귀하고 보배와 같은 작은 책을 한국어로 출판하는 것을 축복해 주신 해외 러시아 정교회 수좌 대주교 미트로뽈릿 라우르스 님

(Metropolitan Laurus, First Hierarch of Russian Orthodox Church Outside of Russia)과 시드니의 대주교 힐라리온 님(Archbishop Hilarion of Sydney, Australia and New Zealand)께 감사드립니다. 출판을 흔쾌히 맡아주신 도서출판 은성의 최대형 사장님께 감사를 드립니다. 보이게 안 보이게 저희 한국러시아정교회(동방정교회)를 후원해주시고 사랑해 주시는 모든 분들께 감사드립니다.

공내골 성 안나 성당에서
2001년 12월
강태용

1.

신앙심이 깊은 순례자가 길을 떠난 지 꼭 일 년이 되는 어느 날, 사제관의 문을 조심스레 두드리며 나를 부르는 음성은 분명히 그가 다시 돌아왔음을 알리는 것이었습니다. 그는 꼭 1년 만에 다시 돌아온 것입니다.

"오! 사랑하는 형제님, 어서 오세요. 하느님께서 형제님의 여행을 축복해 주시어 이렇게 다시 돌아올 수 있도록 해주신 것에 감사를 드립니다. 하느님께 감사를 드립시다."

모든 일에 은혜를 베푸시는 하느님 아버지께 찬미와 감사를 드립니다. 하느님께서는 낯선 땅에서 우리 순례자들과 또 멀리 이방에서 온 이들을 위해서 늘 선(善)으로 인도하셨습니다.

지난해에 신부님의 곁을 떠났던 이 죄 많은 인생은 하느님의 자애로 우신 은혜로 또다시 신부님을 뵙게 되고 따뜻한 환영을 받게 되니 참으로 하느님께 감사하며 영광을 돌립니다.

이제 저의 예루살렘 여행 이야기를 자세히 설명해드리겠습니다. 저는 진심으로 예루살렘 성지순례를 갈망했었습니다. 저의 목표는 뚜렷했습니다. 하지만, 우리가 원하는 대로 항상 잘 되는 것은 아니었습니다. 저도 마찬가지였습니다. 그리고 비천한 죄인인 제가 어째서 거룩한 주 예수 그리스도의 발자취를 따라 밟는 것이 합당하다고 여겼었는지 모르겠습니다. 신부님께서도 기억하시겠지만, 지난해 제가 이곳을 떠날 때 저는 한 귀머거리 노인과 순례 동반자로 동행했었습니다. 그리고 저는 편지 한 통을 가지고 있었는데, 이르쿠츠크의 한 상인이 오뎃사에 사는 자기 아들에게 저의 예루살렘 여행을 도와서 무사히 예루살렘에 도착하도록 안내해주라는 내용의 편지였습니다.

우리는 얼마 후 오뎃사에 도착했습니다. 콘스탄티노플행[35] 배표를 예약한 후 편지에 쓰인 주소대로 아들을 찾기 시작했습니다. 그의 집을 찾는 데는 큰 어려움이 없었으나 그 상인의 아들은 이미 이 세상을 떠나버렸고 온 집안은 슬픔으로 가득 차 있는 듯했습니다. 그 상인의 아들은 어느 날 갑자기 병을 얻은 후 시름시름 앓다가 숨을 거두었고 장례를 치른 지 벌써 3주일이나 지난 뒤였습니다. 참으로 놀랍고도 슬픈 일이었습니다. 저는 정말 낙심했습니다. 온 가족은 슬퍼하면서 하염없이 울고 있었고, 어린 세 자녀와 그 엄마는 하늘이 무너진 듯한 비탄 속에 있었습니다. 제 느낌으로 그 애들의 엄마는 슬픔 속에서 헤어나지 못하고 남편을 따라서 죽을 것만 같았습니다. 저도 몹시 슬펐고 낙심

---

35) 콘스탄티노플: 비잔티움이라고도 불리는 이 도시는 4세기, 그리스의 보스포루스 해협 연안에 로마 황제 콘스탄티누스가 건설한 도시이다. 콘스탄티누스는 로마제국의 수도를 이곳으로 옮기고 새 로마(New Rome)라 불렀다. 콘스탄티노플은 하나인 로마제국의 수도였지만 동, 서(희랍, 라틴) 사이가 정치적, 문화적으로 이질화되면서 로마의 수도 콘스탄티노플은 동로마의 수도로 불리기도 하였다. 이곳은 그리스도교 문화가 천 년 동안 꽃피우고 열매 맺은 곳이다. 그러나 불행하게도 1453년 터키에 함락된 후 오늘까지 회복하지 못하고 있다.

이 되었습니다. 그러나 하느님의 크신 능력에 저는 모든 것을 맡겼습니다.

슬픔에서 헤어나기 힘들 것 같던 그 어린 자녀들의 엄마는 자기 남편을 찾아온 손님인 저를 친절하게 대해주었습니다. 비록 저를 예루살렘으로 안내해주지는 못할지라도 성의껏 저를 대접했습니다. 졸지에 남편을 잃고 과부가 되어버린 세 아이의 엄마는 하루에도 몇 번씩 비탄에 빠져 헤어나기 어려워하면서도, 시아버님께 남편의 죽음을 알렸으니 시아버님께서 오시면 여러 가지로 어려운 일들을 해결해주시고 도와주실 것이라고 믿으면서 시아버님을 기다리고 있었습니다. 그리고 그녀는 저에게 자기 시아버님께서 오뎃사에 오실 때까지 머물러 달라고 요청했습니다. 그래서 저는 어쩔 수 없이 그 집에 머물기 시작했습니다. 일주일이 금방 지나고 한 달이 지나고 또 한 달이 지나갔습니다.

그러던 어느 날 그 시아버님에게서 전갈이 왔는데, 자기는 오뎃사로 올 수 없다는 것이었습니다. 자신이 경영하는 상회(商會) 종업원들에게 밀린 임금도 주어야 하고 일이 너무 많아서 도저히 올 수 없으니 차라리 오뎃사의 집을 정리하고 아이들과 며느리가 시아버님 쪽으로 오라는 것이었습니다. 그 집 아이들과 온 가족은 매우 기뻐하며 마음이 들떠 있었습니다. 저에 관한 관심은 전과 같지 않았습니다. 저는 그들이 저에게 베푼 친절에 고맙다고 인사를 한 후 그 집을 떠나게 되었습니다. 저는 또다시 러시아 땅에서 정처 없는 발길을 옮겨놓기 시작한 것입니다.

나는 어디로 가야 하는가? 제가 갈 곳은 예루살렘이었는데 이젠 그곳으로는 갈 수 없게 되었으니 앞길이 막막했습니다. 저는 깊이 생각해보고 또 생각해보았습니다. 저는 키예프로 가기로 마음을 굳혔습니다. 제가 예루살렘으로 가려다가 키예프[36]로 발길을 돌리게 된 것도 하느님의 섭리로 생각했습니다. 우리 인간을 사랑하시는 하느님께서는 우리의 선한 지향을 어여삐 여기시고 덕행을 닦는 데 방해가 되거나 영적으로 무익한 여행이 되도록 하시지 않는다는 확신이 섰습니다. 모든 것을 하느님께 내어 맡기고 나니 마음이 평온해졌습니다. 저는 희망을 안고 키예프를 향한 순례의 길을 몇 년 만에 걷게 되었습니다.

저는 제가 예상하지도 못했던 사람들을 만났고 여러 가지 사건을 겪음으로써 하느님의 섭리를 깨닫게 되었고 어두운 제 영혼에 구원의 빛이 비치는 것을 느낄 수 있었습니다. 하느님의 섭리가 아니고서는 저는 결코 저의 영적 은인들을 만나지 못했을 것으로 생각하면서 계속 키예프로 향하는 순례의 길을 걸었습니다. 낮에는 기도하는 사람들을 따라서 걸었고 밤에는 눈에 보이지 않는 영적인 적들과 투쟁하는 중에 제 영혼을 강건하게 해주고 격려해주는 자애록(慈愛錄, 필로칼리아, 도브로똘류비에)[37]을 읽기 위해 걷는 것을 멈추기도 했습니다.

---

36) 키예프: 현재는 우크라이나의 수도이다. 러시아 연대기에 의하면, 주 예수님으로부터 제일 먼저 부르심을 받은 사도 안드레아가 처음으로 이곳에서 복음 선교를 하였다고 전한다. 러시아라는 국가는 바로 이곳에서 시작되었다. 988년, 성 블라디미르 대공에 의하여 그리스도교 정교회가 국교로 공인된 곳이다. 키예프는 러시아 정교회의 발상지이며 성지이다. 이곳에는 동굴 수도원으로 유명하며 많은 성인이 배출되었다.

37) 그리스말로는 필로칼리아, 러시아말로는 도브로똘류비애라 하는데, 영

오뎃사로부터 약 2km도 못 가서 커다란 사건이 생겼습니다. 짐을 가득 실은 긴 마차 행렬에 30여 명의 사람이 동행하고 있었습니다. 선두 마부는 말고삐를 잡은 채로 걸어가고 있었고, 다른 마부들은 각기 자기 말 가까이에서 일행들과 함께 걸어가고 있었습니다. 저는 부지런히 그 마차 행렬을 따라서 걸었습니다. 마차 행렬이 지나는 길은 한 연못가를 따라서 이어졌습니다. 때는 봄철이었습니다. 연못에는 두꺼운 얼음이 녹아 깨어져서 빙빙 돌면서 물이 흐르는 방향 한쪽으로 쌓이고 있었습니다. 선두 마부인 젊은이가 갑자기 말을 멈추게 하였습니다. 뒤따르던 마차들도 자연히 멈추게 되었습니다. 마부들은 선두 마차에 무슨 변이라도 났는지 걱정하면서 선두 마차에 달려갔는데, 선두 마부인 젊은이는 자기 옷을 훌훌 벗고 있었습니다. 사람들은 그 젊은이에게 왜 옷을 벗는지 물어보았습니다. 그 젊은이의 대답은 그 연못에 뛰어들어 목욕하고 싶다는 것이었습니다. 사람들은 그가 미쳤다고 소리를 지르면서 비웃기도 하고 꾸짖기도 했습니다. 그의 친형은 그가 연못에 들어가는 것을 막으면서 마차를 몰고 가자고 강하게 말렸습니다.

성적인 아름다움에 대한 사랑, 또는 "덕에 대한 사랑"을 의미를 지니고 있다. 우리말로는 자애록으로 번역하여 사용한다. 필로칼리아는 5권 전집으로 되어 있다. 도브로똘류비애는 책의 분량이 더 많다. 4세기부터 15세기까지 금욕과 기도를 통해서 영성적으로 높이 깨달은 동방정교회의 수도자들과 교부들의 어록집이다. 18세기 말에 아토스산의 수도자 마카리오스와 니코데모스에 의해서 출판되었다. 이 책, 순례자의 기도" 의 주인공 순례자는 수도자 파이씨 벨리치코프스키가 번역한 슬라브어판 도브로또류비애를 항상 지니고 애독하였다. 러시아어판은 데오판 은수자가 번역하였다.

어떤 이들은 형제끼리 옥신각신하는 것을 외면하고 말 물통에 연못물을 퍼 담았습니다. 장난기 있는 젊은이들은 "이봐, 우리가 목욕시켜 줄게."라면서 그 젊은이의 머리와 등에 찬물을 마구 퍼부었습니다. 그 젊은이는 "오! 거참 시원하네."라고 말하고는 땅바닥에 주저앉았습니다. 장난기 있는 젊은이들이 계속 물을 퍼다가 그에게 마구 퍼부었습니다. 땅바닥에 주저앉았던 그는 곧 옆으로 비스듬히 쓰러지더니 그만 조용히 숨을 거두고 말았습니다. 장난치던 젊은이들과 일행은 모두 놀랐고 왜 그런 일이 일어나게 되었는지는 아무도 알 수 없었습니다. 나이 많은 사람은 그 젊은이의 죽음에 대해 원인을 밝혀야 한다고 말했습니다. 반면에 다른 사람들은 그 젊은이의 죽음은 그의 운명이라고 단정해버렸습니다.

저는 약 한 시간 동안 그들과 함께 있다가 저의 길을 떠났습니다. 약 6km 정도 가서야 언덕 위에 마을이 있는 것을 발견하고는 그 마을을 향하여 부지런히 걸어갔는데, 마을 입구에서 나이 많은 한 신부님을 만났습니다. 저는 조금 전에 연못가에서 일어났던 사건에 대해서 그 신부님께 말씀드리려 했고, 신부님의 의견을 듣게 되면 저는 많은 것을 깨닫게 되리라고 생각했습니다. 신부님께선 저를 사제관으로 데리고 가 주셨습니다. 저는 조금 전 연못가의 사건을 간단하게 말씀드렸습니다. 그리고 왜 그런 이해할 수 없는 일이 일어날 수 있는지에 관해서 설명해 달라고 신부님께 요청했습니다.

그러자 신부님께서는 "형제님, 제가 무슨 말씀을 드릴 수가 있겠습니까? 하지만 우리가 이해할 수 없는 놀라운 일들이 자연 안에는 많이 일어나고 있습니다. 제 생각엔 그런 일들은 자연의 법칙 안에서 이

치에 맞지 않는 경우와 직접적인 변화를 통해 하느님의 섭리와 하느님의 질서를 사람들에게 보여주기 위한 하느님의 뜻이라고 볼 수 있습니다. 저도 전에 그와 비슷한 사건을 목격한 일이 있습니다. 우리 마을 근처에는 아주 깊은 협곡이 있습니다. 그 깊이가 약 27m 정도 되었는데, 폭은 그다지 넓지 않았습니다. 그 협곡 위에는 출렁다리가 설치되어 있는데, 위에서 아래로 내려다보면 아찔하고 무서운 느낌이 듭니다. 우리 성당에 한 남자 교우 중 남들에게 존경받을만한 농부가 있었는데, 하루는 그 농부가 갑자기 아무런 이유도 없이 견딜 수 없는 충동으로 그 출렁다리 위에서 그 깊은 협곡 아래로 뛰어내렸습니다. 계곡 밑바닥으로 떨어진 그는 일주일 전부터 자기 힘으로는 감당할 수 없는 충동에서 벗어나려고 애썼으나 자기 자신을 절제할 수 없었습니다. 그는 아침 일찍 일어나서 곧바로 그 다리로 달려가서 깊은 계곡으로 뛰어내렸던 것입니다.

  동네 사람들은 그의 신음을 듣고 그가 계곡 바닥에서 다리가 부러진 채 고통스러워하고 있는 그를 건져내었습니다. "당신은 왜 그 계곡으로 뛰어내렸습니까?"라고 동네 사람들이 질문을 했더니 그는 대답하기를 비록 지금은 자신이 다리가 부러져서 고통을 당하고 있지만 자기의 욕구 충족을 위해서 뛰어내리는 모험을 했기 때문에 오히려 마음이 편안하다고 말했습니다. 동네 사람들로서는 이해하기 어려운 이야기였습니다.

  그 농부는 1년 동안 병원 신세를 지게 되었으며 저는 그의 병문안을 가곤 했습니다. 저는 입원해 있는 농부의 주위에 의사들이 서 있는 경우를 자주 보았습니다. 그래서 어느 날 제가 그 의사에게 저 농부가 왜 그 협곡 아래로 뛰어내렸는지 그 원인이 무엇이냐고 질문했습니다. 그 의사들이 말하기를 그 이유는 단순히 "일시적 광기"였다고 말할 수도 있지만, 과학적으로 해명할 수 없다고 대답했습니다. 저는 계속해서 어떠한 세력이 그에게 그런 위험한 충동을 일으켰는지 물어보았더니 그 의사들은 과학으로는 도저히 설명할 수 없는 자연의 신비 중 하나라는 것 외에는 어떠한 대답도 할 수 없다고 말했습니다.

제 소견으로는 이러한 자연의 신비 속에서 열렬한 기도로 하느님께 마음을 돌리고 선하고 현명한 사람들의 조언을 구한다면 그러한 일시적 광기는 절대로 우리를 제압하지는 못한다고 생각합니다. 그러나 우리는 일상생활 속에서 인간으로서는 명확하게 이해할 수 없는 일을 자주 접하게 됩니다.

우리가 이야기를 나누는 동안 날이 저물었고, 저는 그곳 사제관에서 하룻밤을 보내게 되었습니다. 이튿날 아침, 읍장님은 자기 비서를 신부님께 보내서 전날 죽은 그 젊은 마부의 장례식을 주관해 달라고 요청했습니다. 의사들은 시신을 땅에 묻기 전에 해부해 보았으나, 그가 미쳤다고는 보지 않았고 갑작스러운 충격이라고 진단했습니다. "그것 보세요. 의학적으로는 그 젊은 마부가 충동을 억제하지 못하고 물로 뛰어들려고 한 것에 대해 그 어떠한 원인도 알아낼 수 없었습니다."라고 그 신부님께선 말씀하셨습니다. 저는 그 신부님과 작별 인사를 나누고 저의 길을 걸어갔습니다.

저는 며칠 동안 계속 길을 걸었습니다. 피곤한 느낌이 들어서 한 마을로 들어갔습니다. 그곳은 "벨라야체르코프"라는 도시였습니다. 어둠이 사방을 덮고 있을 때쯤 저는 묵어갈 하숙집을 찾고 있었는데, 길

거리에서 우연히 저와 비슷한 여행자처럼 보이는 한 남자와 말을 나누게 되었습니다. 그는 그 마을에 사는 어떤 이의 주소를 찾느라고 이 사람 저 사람에게 물어보고 있었습니다. 그는 저에게 가까이 와서 "당신도 저처럼 순례자로 보입니다. 우리 함께 갑시다. 제가 찾는 사람은 '예브레이노프'라는 남자인데, 그는 독실한 그리스도인이고, 여인숙을 운영합니다. 그는 순례자들을 환대한답니다. 보십시오. 그의 친절에 대해서 이렇게 쓰인 것이 있습니다."라고 말을 걸었습니다.

저는 그의 제안에 기꺼이 동의했고 함께 예브레이노프씨의 집을 찾아냈습니다. 예브레이노프씨는 출타 중이었습니다. 그러나 나이가 지긋하게 들어 보이는 그 여인숙 주인의 부인이 우리를 친절하게 받아들였습니다. 우리는 그 부인의 안내로 따로 떨어진 다락방에 여장을 풀고 쉬게 되었습니다. 한참 후에 여인숙 주인 예브레이노프씨가 돌아왔습니다. 정말 그는 친절했습니다. 주인장의 식탁으로 우리를 안내하여 함께 저녁을 하면서 이런저런 이야기를 나누었습니다. 우리는 대화 중에 여인숙 주인에게 '예브레이노프'로 이름이 지어진 배경을 물어보았습니다. 그는 재미있는 듯 "저에게 '예브레이노프'라는 이름이 붙여진 배경은 독특하답니다. 말씀해드리지요."라고 말하면서 이야기를 시작했습니다.

저의 아버지는 유대인이었습니다. 그분은 '쉬콜로프'라는 곳에서 태어나셨습니다. 그분은 그리스도인들을 몹시 싫어했습니다. 그분은 아주 어린 시절부터 유대교의 랍비(선생님)가 되기 위해 준비하고 있었습니다. 그래서 그리스도교 신앙을 논박하는 유대인들의 모든 모임에 거의 빠지지 않고 참여하여 열심히 배우고 연구했습니다. 어느 날 그

분은 길을 가다가 우연히 그리스도교인들의 묘지를 지나가게 되었는데, 그는 사람의 두개골을 보았습니다. 그 두개골은 최근에 파헤쳐진 묘지에서 나온 것임이 틀림없었습니다. 그 두개골의 눈과 코의 자리는 움푹 파여 있었고, 턱과 이빨이 아직도 몇 개 붙어 있었습니다. 정말 끔찍해 보였습니다. 그는 괜히 그 두개골에 침을 뱉고 조롱하다가 발로 걷어차기도 했습니다. 나중에는 그 두개골을 번쩍 들어다가 말뚝에 꽂았습니다. 마치 새들을 쫓아버리기 위해 허수아비를 세워 놓듯이 말입니다. 그는 이렇게 분풀이하고 집으로 돌아왔습니다.

막 잠자리에 들려고 할 때, 갑자기 낯선 사람들이 나타나서 호되게 그를 꾸짖으면서 "네가 감히 어쩌자고 나의 연약한 해골을 능욕하는가? 그래 나는 그리스도교인이다. 그리고 너는 그리스도의 적이다."라고 큰 소리로 말했습니다. 그 환상은 매일 밤 그에게 나타나서 호되게 꾸짖는 일을 계속하였습니다. 그는 잠도 못 자게 되었고, 쉴 수도 없게 되었습니다. 점점 그 환상은 밤에는 물론 낮에도 나타나서 꾸짖었습니다. 그 환상이 꾸짖는 소리는 메아리쳤으며 시간이 흐를수록 그 환상이 나타나는 횟수는 더 많아졌습니다. 결국 그는 완전히 절망하였고 공포에 떨면서 맥이 풀리고 기운을 잃게 되었습니다. 그는 랍비에게 찾아가서 구마경(귀신 쫓는 기도문)으로 환상을 쫓아내려고 애를 썼습니다. 그러나 그 환상이 나타나는 것은 끊이지 않았고 오히려 더 자주 나타나서 그에게 위협을 가하며 꾸짖었습니다. 이러한 소문은 사방으로 퍼져나갔습니다.

그의 친구 중에 그리스도교인 친구가 한 명 있었습니다. 그 친구가 그에게 충고하기를 그런 환상에서 자유롭게 되려면 별다른 방법이 없고 딱 한 가지 방법이 있는데, 그리스도교로 개종하는 길밖에 없다고 말했습니다. 유대인들은 그가 그리스도교로 개종하는 것을 몹시 싫어했습니다. 그렇지만 그는 "내가 이토록 고통스럽고 짓눌리는 듯한 정신적, 육체적 괴로움에서 자유롭게 될 수만 있다면, 나는 그 친구가 권하는 길로 들어서겠다."라고 말했습니다. 그리스도교인들은 이 소식을 전해 듣고 기뻐했습니다. 그러나 그의 개종에 대해서는 유대교인들의 승낙이 있어야 했는데, 유대교 지도자들은 달갑게 여기지 않으면서도 한 사람을 고통에서 구해내기를 바라는 마음으로 그의 그리스도교 개종 승인서에 서명했습니다. 정말 이상하게도 그 유대교 지도자들이 개종 승인서에 서명하는바 로 그 순간부터 그토록 무서운 환상은 그에게 더는 나타나지 않았습니다. 그는 너무나 기뻤고 마음은 완전히 고요해졌고 평화로움을 느끼면서 예수 그리스도에 대한 뜨거운 열정을 이길 수 없게 되었습니다.

 그는 곧 한 주교님을 찾아가서 이 모든 이야기를 다 하였습니다. 그리고 신앙의 신조[38]를 읽고 믿음을 고백했습니다. 또 세례받기를 간절

---

38) 정교회는 AD 325년, 381년 2차에 걸친 세계 공의회(동방, 서방 모든 그리스도교 공의회)에 의해서 확정된 신앙의 신조(信仰의 信條 Creed) 곧 니케아, 콘스탄티노플 신경(信經)을 정통신앙(正統信仰)으로 받아들이고 고백하고 있습니다.

1. 한 분이신 하느님 아버지, 전능하시고, 하늘과 땅과 유형무형한 만물의 창조주이신, 하느님을 믿나이다.
2. 그리고 오직 한 분이신 주 예수 그리스도를 모든 세대에 앞서 성부로부터 나신 하느님의 외아들이시며, 빛으로부터 나신 빛이시오, 참 하느님으로부터

히 원했습니다. 결국 그는 성부, 성자, 성령의 이름으로 세례를 받았고 그리스도교 신도가 되었습니다. 그리고 그 마을의 독실한 처녀인 저의 어머니와 결혼했습니다. 그의 생활은 매우 경건했으며 안정되고 기쁨에 찬 삶이었습니다. 그는 가난한 사람들에게 아주 관대했습니다. 그는 저에게도 그러한 삶을 보여주시면서 관대한 그리스도교인으로 성장하도록 키워주셨습니다. 이러한 이유로 저의 이름은 '예브레이노

나신 참 하느님으로서 창조되지 않고 나시어, 성부와 일체시며, 만물이 다 이분으로 말미암아 창조되었음을 믿나이다.

3. 우리 인간을 위하여, 우리 구원을 위하여, 하늘에서 내려오셔서, 성령으로 동정녀 마리아께 혈육을 취하시고 사람이 되심을 믿으며,

4. 본디오 빌라도 시대에 우리를 위하여 고난을 받으시고, 십자가에 못 박히시고, 묻히심을 믿으며,

5. 성령 말씀대로 사흘 만에 부활하시고

6. 하늘에 올라 성부 오른편에 앉아 계시며,

7. 산 이와 죽은 이를 심판하러 영광 속에 다시 오시리라 믿나니, 그의 나라는 끝이 없으리이다.

8. 그리고 주님이시며, 생명을 주시는 성령을 믿나니, 성령은 성부로부터 좇아나시며, 성부와 성자와 더불어 같은 흠숭과 같은 영광을 받으시며, 예언자를 통하여 말씀하셨나이다.

9. 하나인 거룩하고 공번 되고 사도로부터 이어오는 교회를 믿나이다.

10. 죄를 사하는 하나의 세례를 알고 믿나이다.

11. 죽은 이들의 부활과 12. 후세 영생을 굳게 믿고 기다리나이다. 아멘.

정교회에서는 옛 신앙고백서로 사도신경, 아타나시오 신경의 내용을 받아들이지만, 초대교회 그리스도교 세계공의회가 채택한 신앙의 신조를 공식 예배에서 고백합니다.

프'³⁹⁾라고 지어졌습니다. 그분은 돌아가실 때도 그리스도교인으로서 이웃에게 관대한 삶을 살 수 있도록 유언하셨습니다.

저는 그 이야기를 경의감을 가지고 겸손하게 들었습니다. 아! 내 영혼에 얼마나 유익한 이야기인가! "우리 주 예수 그리스도께서는 얼마나 선하시고 친절하시며 그 사랑은 얼마나 위대하신가!" 주님께서는 오묘한 여러 가지 방법으로 죄인들을 구원으로 인도하십니다. 그리스도의 지혜는 작고 사소한 일을 통해서도 구원으로 인도하십니다. 죽은 사람의 해골을 가지고 못되게 장난친 유대인에게 진정한 지혜를 불어넣어 주시고 경건한 삶으로 인도하신 하느님, 그리스도의 섭리를 그 누가 상상이나 할 수 있겠습니까? 저는 주님의 사랑에 탄복할 뿐이었습니다.

저녁 식사와 대화를 끝낸 다음 우리는 다락방으로 돌아왔습니다. 우리는 밤늦도록 서로 얘기를 나누었습니다. 저와 함께 머물게 된 동료는 모귈레프에서 어떤 상회의 직원이었다고 했습니다. 그는 베사라비야' 라는 지역에 있는 수도원에서 예비자로 2년간 수련을 했습니다. 그는 비자 기간이 만료되어 그 수도원을 나오게 되었는데 상회에 가서 수도원 입회 추천서를 받고자 귀향하는 길이었습니다. 그는 저에게 수도원 생활이 얼마나 좋은지를 설명해주면서 함께 입회하자고 권유했습니다. 그는 "베사르비야의 수도원은 저를 매료시켰습니다. 그리고 수도생활 규칙과 경건한 원로 수사님들의 엄격한 생활이 저를 수도생

---

39) 예브레이노프: 러시아어로 '유대인의 아들'이라는 뜻.

활로 끌어들이는 듯했습니다."라고 말했습니다.

우리가 수도생활에 대하여 이야기꽃을 피우고 있는데 여인숙 주인은 우리와 함께 머물 손님 한 분을 우리 방으로 데려왔습니다. 그 손님은 군대에서 장교로 근무하다가 제대하여 집으로 돌아가는 길이었습니다. 먼 길을 걸어온 탓인지 그는 무척 피곤해 보였습니다. 우리 셋은 함께 기도를 드린 후 곧 잠이 들었습니다. 이튿날 아침 일찍 일어난 우리는 주인에게 감사의 인사를 드린 다음 서둘러 떠나려고 채비를 하고 있는데 아침예배를 알리는 성당의 종소리가 들려왔습니다. 동숙한 예비 수사님과 저는 어떻게 해야 할지 잠시 망설였습니다. 우리는 아침예배 종소리를 듣고도 성당에 가지 않고 그냥 먼 길을 떠난다는 것이 마음에 걸렸습니다.

그래서 우리는 성당에 가서 예배를 드린 후 행복한 마음으로 홀가분하게 여행하는 것이 좋겠다고 생각하고 그 제대 군인 장교에게 같이 성당에 들러서 예배를 드리자고 했더니 그는 우리가 "왜 성당에 가야 합니까? 우리가 갈 길이 얼마나 먼데 굳이 성당에서 시간을 낭비할 필요가 있겠습니까?"라고 말했습니다. 그리고 이어서 말하기를 "우리가 성당에 가서 기도한다고 하느님께 무슨 큰 선행이 될 수 있겠습니까? 자! 떠납시다. 그리고 기도하면서 갑시다. 원하신다면 두 분은 성당으로 가세요. 두 분이 예배를 드리며 성당에 서 있는 동안 저는 이미 20리 길을 가 있을 겁니다. 저는 가능한 한 빨리 집에 가고 싶습니다."라고 말했습니다. 그러나 저는 "형제님, 하느님의 뜻을 헤아려보세요. 너무 서둘지는 마세요."라고 말했습니다. 그리고 나서 우리는 성당으로 갔고 그 제대군인 장교는 자기의 길을 갔습니다.

우리는 성당에서 아침예배(우뜨레냐)를 드린 다음 우리의 짐 보따리를 가지러 여인숙으로 갔습니다. 그때 여인숙 주인이 사모바르(주전자보다 큰 보온물병)를 들고 오면서, "어디로 떠나시렵니까? 차 한 잔 드십시오. 그리고 우리와 같이 식사도 합시다. 빈속으로 떠날 수야 없지요."라고 말하면서 우리를 붙잡았습니다. 우리가 사모바르 주위에 앉은 지 30분도 채 되지 않았을 때 아침 일찍 먼저 길을 떠났던 그 제대군인 장교가 헐레벌떡 뛰어 들어왔습니다.

"저는 너무나 놀라서 낙담하기도 했지만, 한편으로 너무나 기쁜 일을 겪고 두 분께로 돌아온 것입니다."

"왜 무슨 일이 생겼습니까?"라고 우리가 그에게 묻자 그는 다음과 같이 말했습니다.

"저는 길을 떠나서 한참 걷다가 마침 선술집을 발견하고 술을 한잔한 후에 돈을 건네주고는 새처럼 가볍게 선술집을 떠나 걸었습니다. 약 10리도 채 못 가서 술집에서 받았던 거스름돈을 세어보고 싶은 충동이 생겼습니다. 잠시 길가에 쭈그리고 앉아서 지갑을 꺼내 보았습니다. 돈은 그대로 있었지만, 여권이 없어진 것이었습니다. 저는 너무나 놀라서 정신을 잃을 정도였습니다. 그 순간 저는 선 술집에서 지갑을 꺼내 술값을 지불하고는 서둘러 문을 닫고 나오면서 지갑을 주머니에 넣을 때 여권을 어딘가에 떨어뜨렸을 것으로 생각했습니다. 저는 가던 발걸음을 되돌려 뛰었습니다. 숨이 막힐 정도로 달렸습니다. 불길한 예감들이 저를 괴롭혔습니다. 숨을 몰아쉬면서 그 선술집에 도착했습니다. 그리고 저의 여권을 혹시 보지 못했는지를 물어봤지만, 그들은 보지 못했다고 간단히 대답했습니다. 정말 낙심했습니다. 그렇지만 저는 그것이 있을 만한 곳을 이리저리 살펴보았습니다. 어떻게 되었을까요? 짚과 두엄이 쌓여있는 쪽으로 가서 살펴보니 제 여권이 아직 잘 접힌 상태로 사람들에게 밟혀서 흙과 두엄이 묻은 채로 바닥에 떨어져 있었습니다. 정말 다행이었습니다! 제 여권은 흙먼지가 잔뜩 묻었고 거름 냄새도 났지만 얼마나 반갑고 기뻤는지 모릅니다. 저는 그만 저도 모르게 "하느님 감사합니다!"라고 외쳤습니다. 저는 제 여권 때문에 멀리 갔던 길을 다시 헐레벌떡 뛰어오느라고 발바닥이 다 부르트고 피가 나서 걷기도 어렵게 되었습니다. 저는 제 발에 기름을 좀 바르고 붕대로 싸매어야 다시 걸을 수 있을 것 같아서 이곳까지 다시 찾아온 것입니다."

"형제님, 그것 보세요."라고 예비수사님이 말했습니다. "그건 형제님이 우리 얘기를 들으려고 하지 않았고 우리와 함께 성당에 가려고 하지 않았기 때문입니다. 형제님은 우리보다 더 멀리 길을 가려고 했지만, 오히려 지금 형제님은 여기까지 되돌아와서 발까지 아파서 절룩거리게 되지 않았습니까? 제가 뭐라고 했습니까? 형제님 주장대로 그렇게 서둘지 말라고 하지 않았습니까? 그 결과가 어떻게 되었는지 우리는 이제 모두 깨닫게 되었습니다. 형제님이 성당에 안 갔다는 것은 큰 문제가 아니었지만, 우리가 성당에 가서 기도한다고 하느님께 무슨 선행이 되겠습니까?"라고 말했던 것은 잘못된 말이었습니다. 물론, 하느님께서 우리와 같은 죄인들의 기도가 그렇게 필요하지 않을 수도 있지만, 우리를 위한 그분의 사랑 안에서 기도하는 것을 좋아하십니다. 그리고 우리가 기도한다는 것은 경건한 것이며 우리 안에서 우리의 간청을 도와주시고 너희가 내 안에 머물면 나도 너희 안에 있겠다.'라고 하시는 말씀을 깨닫는 것은 하느님께 기쁨이 되는 것입니다. 말뿐만 아니라 우리의 모든 지향, 모든 충동, 모든 생각은 그분께 영광을 돌리게 됩니다. 그리고 우리 자신의 구원은 그분 안에서 가치를 가지게 되는 것입니다. 이러한 하느님의 무한한 사랑은 후한 보상을 주십니다.

하느님의 사랑은 우리의 어떠한 행동에 합당한 은총보다는 백배 천배 더한 은총을 주십니다. 형제님께서 만약 아주 적은 자선을 베푼다면, 하느님께서는 형제님에게 황금으로 갚아주실 것입니다. 형제님의 목적이 하느님 아버지께로 나아가는 것이라면 그분은 형제님을 영접하실 것입니다. "주님, 이 죄인을 불쌍히 여기시고 받아주십시오."라고 아주 짧은 말 한마디를 진심으로 한다면 하느님께서는 형제님의 목을 끌어안고 입맞춤을 해주실 것입니다. 하느님 아버지의 사랑은 우리처럼 보잘것없는 이들을 향해 있는 것입니다. 하느님께서는 바로 이러한 사랑으로 아무리 작은 것이라도 구원을 향한 그 어떠한 행위라면 기뻐하십니다.

형제님, 이를테면 형제님께서 기도를 조금 하셨다고 합시다. 그리고 즉시 온갖 분심 잡념이 정신과 마음을 복잡하게 한다면 그 기도가 주님께 무슨 영광이 되겠는가 하는 의문도 생길 것입니다. 그리고 열심을 더하여 어떤 기도문을 정성 되게 외우거나 몇 가지 선행을 하거나 호흡을 조절하면서 예수기도〉를 실행하거나 어떤 선한 일에 주의를 기울이거나 금식을 하거나 침묵 속에서 어려움을 참고 견디는 것이 하느님께 무슨 영광이 되겠으며 자기 자신을 위해 무슨 큰 이득이 되겠으며 자신의 구원을 위해서 아무 열매도 맺지 못하는 것이 아닌가 하는 마음도 들 것입니다. 그렇지만 아무리 사소한 일이라도 헛된 것은 하나도 없습니다. 만물을 꿰뚫어 보시는 하느님께서 작은 일도 축복하시고 하느님의 영광을 위해서 행하는 모든 일을 굽어보시고 축복해 주십니다. 그리고 주님을 위해서 행하는 작은 일들이 영생의 상급을 받게 될 것으로 믿습니다.

성 요한 크리소스톰40)은 '사소한 모든 일까지도 주님의 의로운 심판을 받게 됩니다. 이것은 선행의 경우에도 해당합니다. 모든 죄가 상세히 밝혀지게 된다면 우리들의 생각이나 말이나 행동, 욕들도 모두 심판을 받아야 할 것입니다. 그다음에 아무리 작은 일이라도 선한 행위들은 일일이 고려될 것이며 사랑이 가득한 우리의 심판자이신 주님 앞에서 우리의 좋은 점은 재평가받게 될 것입니다.'라고 말했습니다. 제가 작년에 목격했던 한 사례를 말씀드리겠습니다. 제가 살았던 베사라

---

40) 성 요한 크리소스톰: 5세기 초, 콘스탄티노플의 총대주교, 그의 설교는 너무 유명해져서 "황금의 입(크리소스톰, 金, Golden Mouth)"이라는 별명이 붙었다. 그는 AD 347년에 시리아의 안티오키아에서 출생하였다. 성 요한은 50세 되던 해에 콘스탄티노플의 총대주교좌에 올랐다. 그는 당대의 위대한 교회 학자였으며 사목자였다. 그가 제정한 거룩한 성찬예배 의식은 정교회에서 1500년 이상 애용되고 있다. 그는 불의와는 타협할 수 없는 설교자였기에 바른 말만 하였다. 당시 성 요한에게 라이벌 의식을 하고 있던 알렉산드리아의 주교 테오필로스와 황녀 에브도끼아는 성 요한을 총대주교좌에서 두 번이나 축출하였다. 노도와 같이 성난 시민들은 성 요한 총대주교를 부당하게 축출한 데 대하여 항의 궐기를 하였으며, 성 소피아 성당을 불 지르고 파괴해 버리기까지 하였다. 성 요한은 유배지 폰토스에서 교회를 위해 저술 활동을 하는 중에 안식하였다. 그의 사후에 동 □ 서방교회는 공히 그를 위대한 사상가로, 성인으로 추앙하고 있다.

비야 수도원에는 아주 착하게 살던 원로 수도자가 있었습니다.

어느 날 그 수도자는 고기를 먹고 싶은 유혹을 받기 시작했습니다. 정교회 수도자는 육식을 평생 하지 않는 것이 관례였는데 그 수사는 고기를 먹고 싶은 욕구를 억제할 수 없었습니다. 그는 고기를 먹기 위해서는 수도원 안에서는 불가능하니 시장에 가서 고기를 사다가 먹어야겠다는 유혹에 시달리고 있었습니다. 본래 수도자는 수도원에서 제공되는 음식으로 만족해야 하고, 지나친 탐욕을 억제해야 하며, 유혹을 이기지 못하고 수도자가 수도복을 입은 채로 고기를 먹겠다고 시장에서 사람들 무리 속을 서성이며 고기를 산다는 일은 보기 흉한 행위가 되는 것입니다. 그 수사는 자기와의 내적인 투쟁에서 패하여 고기를 사러 시장을 향해 걷기 시작했습니다. 수도자는 허원식 때 받은 '쵸트끼'(양털실로 짠 묵주)를 늘 손에 쥐고 쉴새 없이 예수 이름을 부르는 기도를 하게 되어 있습니다. 휴식 시간이나 누구를 기다릴 때나 특히 먼 길을 걸을 때 쵸트끼로 기도한다는 것은 식사할 때 자연스럽게 수저를 잡는 것처럼 수도자의 손에는 묵주가 항상 쥐어져 있으며, 수도자에게 쵸트끼가 없다는 것은 상상하기 어렵습니다.

그 수사가 시장을 향하여 길을 따라 걷던 중에 자기의 손에 쵸트끼가 없다는 것을 깨달았습니다. 그는 스스로 중얼거렸습니다. 나는 총 없는 군인과 같구나! 나 자신이 어떻게 된 건가? 쵸트끼도 들지 않고 시장 바닥을 돌아다니는 수사를 신도들이 보면 어떻게 생각할까? 형편없는 수도자라고 비난하지 않을까?

아! 이 일을 어떻게 해야 하나? 내가 유혹에 빠지고 있는 것인가?' 그는 서둘러 가던 길을 되돌아서서 바쁘게 걸었습니다. 수도원에 놓고 온 죠트끼를 찾겠다는 마음은 더욱 강해졌습니다. 그는 혹시나 하는 마음으로 이 주머니 저 주머니에 손을 넣어 죠트끼를 찾아보았습니다. 손에 죠트끼가 잡혔습니다. 그는 너무나 기뻐하면서 죠트끼를 꺼내어 죠트끼를 쥔 손으로 성호를 긋고 예수기도를 하면서 편안한 마음으로 다시 시장으로 걸어갔습니다.

그가 시장 가까이 갔을 때 한 가게 옆에서 짐을 가득 싣고 출발신호를 기다리는 듯한 마차를 보았습니다. 그런데 말이 갑자기 무엇에 놀랐는지 모르지만, 말발굽 소리도 요란하게 있는 힘을 다하여 껑충 뛰면서 그 수사 앞으로 내달렸습니다. 그 마차가 어깨를 스치는 바람에 그는 길바닥에 내동댕이쳐져 나가떨어졌습니다. 그 마차는 뒤집혀서 짐은 길바닥에 흩어지고 마차도 많이 부서졌습니다. 그는 크게 다치지는 않았지만 너무나 놀라 얼른 일어났습니다. 그리고는 즉각 하느님께 감사했습니다. 분명 하느님께서 자기 생명을 구해주셨다는 확신으로 감탄하며 감사했습니다. 마차에 실렸던 짐 더미가 조금만 더 빨리 굴러떨어졌더라면 자신은 그 짐 더미에 깔려 죽었을 것으로 생각했습니다.

그리고 그는 그 일을 잊어버린 채 시장 안으로 들어가서 마른 생선 몇 마리를 사 들고 수도원으로 들어가서 그것을 맛있게 먹고 난 다음에 기도를 드린 후 잠이 들었습니다. 그가 잠이 막 들었을 때 꿈속에서 처음 보는 인자한 모습의 원로 수도자가 나타나서 그에게 말했습니다. "제 얘기 좀 들어보세요. 저는 이 집을 보호하는 수호자입니다. 저는 수사님께 교훈이 될만한 말씀을 드리겠습니다. 잘 기억하시길 바랍니다. 쾌락의 감정에 대한 미약한 노력, 그리고 절제하지 못한 나태는 악의 세력이 수사님을 공격할 수 있는 빌미를 준 셈입니다. 악의 세력은 수사님에게 치명적인 사건을 계획한 것입니다. 그러나 수사님의 수호천사는 악의 세력의 속셈을 알아차리고 '예수기도'를 하기 위한 쵸트끼가 수사님의 마음에 생각나도록 한 것입니다. 수사님이 영적으로 수호천사의 제안을 듣고 바로 묵주를 찾아 기도했기 때문에 갑작스러운 죽음의 흉악함 속에서 구원된 것입니다. 하느님께서는 사소한 일이라도 우리가 하느님께 마음을 돌리는 데 대한 보상을 하신다는 것을 수사님은 아십니까? 이 말을 마친 원로 수도자는 그 방을 떠났습니다. 그 수사는 원로 수도자의 발아래 엎드려 조언의 말씀을 듣던 그 자세로 잠이 깨었습니다. 그가 엎드린 위치는 침대 위가 아닌 문지방 앞이었습니다. 그는 이 영적 은혜를 다른 이들에게도 영적 체험으로 이야기해 주었습니다.

　우리 죄인들을 위한 하느님의 사랑은 정말 무한합니다. 그 수사는 단순히 쵸트끼를 주머니에서 꺼내어 손에 쥐고 한 매듭씩 넘기면서 "예수 그리스도"의 이름을 부르며 걸어갔을 뿐이었습니다. 그 수도자에게는 예수기도가 생활화된 것이었습니다. 순간적으로 혹에 빠져 나태함으로 시간을 낭비했어도 묵주를 찾아서 예수 그리스도의 이름을 부른 것이 얼마나 큰 보상을 받았는지 정말 놀랍습니다. 여기엔 진실로, 최선을 다하는 데 대한 보상이 있었던 것입니다. 형제님, 우리가 예수 이름을 부르는 기도를 실행할 때 예수님의 이름이 얼마나 위대하고 능력이 있는지를 알겠습니까?

　자애록에 보면 성 요한 카르파티스키는 "우리가 예수님의 거룩한 이름을 부르면서 죄 많은 우리를 불쌍히 여기소서'라는 청원 기도를 드리면 하느님께서 신비롭게도 '아들아, 너의 죄는 용서 받았다'라고 응답하신다고 했습니다. 그리고 우리가 기도드릴 때는 우리와 성인들은 차이점이 없다고 말했습니다. 왜냐하면 성 요한 크리소스톰(金口)이 말씀하셨듯이 우리가 비록 죄로 가득 차 있을지라도 '기도'는 즉시 우리를 깨끗하게 해주시기 때문입니다. 우리에 대한 하느님의 자비는 크시고 무한하지만, 하느님께 드리는 우리의 감사와 기도는 너무나 인색합니다. 단 한 시간만이라도 하느님과 함께하는 시간을 가질 수는 없을까? 그것은 사람들이 너무 바쁘기 때문이라고 합니다. 한 시간을 앉아서 기도할 여유도 없이 바쁜 생활, 근심, 온갖 잡념이 우리가 하느님께 향하는 것을 방해하는 것입니다. 그러므로 우리는 하느님으로부터 지혜를 받지 못하고 불행한 재난에 직면하게 되는 경우가 흔히 있는 것입니다. 세상의 인간을 지극히 사랑하시는 하느님의 섭리는 우리의 마음을 하느님께로 향하게 하도록 여러 가지 방법으로 이끄시는 것입니다.

그 예비 수사님이 이야기를 마쳤을 때 저는 그에게 말했습니다. "수사님의 말씀은 죄 많은 저에게 큰 위안이 되었습니다. 저는 당신의 발아래 엎드려 절하며 경의를 표하고 싶은 심정입니다."

"아! 형제님은 수도생활에 관한 이야기를 진정으로 좋아하는 분처럼 여겨집니다. 그러면, 제가 또 다른 이야기를 들려 드리겠습니다. 저는 '아가피아' 또는 '죄인들의 구원'이라고도 하는 책 한 권을 가지고 있습니다. 이 책 안에는 정말 놀라운 일이 많이 담겨 있습니다." 그 예비 수사님은 자기 주머니에서 그 책을 꺼내어 읽기 시작했습니다.

경건한 신앙생활을 하는 부모님 밑에서 자라난 '아가포니크'라는 사람은 어려서부터 매일 성모 마리아 이콘 앞에서 '하느님이신 예수 그리스도를 낳으신, 은총이 가득하신 동정녀 마리아여, 기뻐하소서.'[41]를 암송했습니다. 아가포니크가 성장하면서 차츰 그 기도를 암송하는 횟수는 줄어들었고 자기 일에 열중하는 중에 아예 그 기도하는 것을 잊어버리고 말았습니다. 어느 날 아가포니크는 한 순례자에게 하룻밤을 쉬어가도록 숙소를 제공해주었는데, 그 순례자는 아가포니크에게 말하기를 신비롭게도 티베트 출신 은수자라는 분이 자기에게 환상으로 나타나서 아가포니크를 찾아가서 성모님께 기도하는 것을 왜 멈추었는지 추궁하고 꾸짖으라고 말했다는 사실을 전해 주었습니다. 아가포니크는 그 기도를 줄곧 해봤지만 뭐 별다른 은혜를 받지도 못했기 때문이라고 대답했습니다.

그 순례자는 "눈멀고 감사할 줄도 모르는 형제여, 성모님에 대한 그 기도가 형제님을 얼마나 여러 번 도와주었으며 재난에서 구해주었는지를 생각해보시오. 당신이 어렸을 적에 물에 빠져 위험한 처지에 있었을 때 어떻게 구조되었는지를 기억하십니까? 그리고 당신이 친구와 함께 마차를 타고 달리다가 마차가 전복되는 바람에 당신의 친구는 다리가 부러졌고 당신은 무사했던 일을 기억합니까? 당신이 잘 아는 사람이 전에는 건강했었지만, 지금은 병석에 누워 고생하고 있는데도 당신은 계속 건강하다는 사실을 깨닫고 있습니까?"라고 아가토니크에게 다른 많은 기적 같은 일들을 상기시켰습니다.

---

41) 루가복음 1:42 참조.

"보십시오. 형제님이 그 짤막한 기도를 열심히 했기 때문에 하느님께서 들으시고 성모님을 통해서 도와주신 것입니다. 형제님은 매일 매일 기도로써 하느님과 일치하도록 마음을 하느님께로 더 높이세요. 이제는 주의하여 꾸준히 기도하세요. 그리고 성모님께 전구 기도하는 것을 잊지 마세요. 그분은 구세주 예수 그리스도의 어머니로서 하늘의 여왕이십니다. 그분께 기도하는 것을 포기하지 말기를 거듭 당부합니다." 그 예비 수사님이 그 책을 다 읽었을 때 집 주인은 우리를 저녁 식사에 초대했습니다. 우리는 영적, 육체적으로 힘이 생기고 새로운 기운이 생기는 것을 느끼면서 주인에게 감사의 인사를 드렸습니다.

이튿날, 우리는 각자 자신의 길로 떠났습니다. 자신이 찾는 곳을 향하여 순례의 길을 떠난 것입니다. 저는 약 5일 동안 걸었습니다. 벨라야 체르코프에서 훌륭한 예비수사님에게서 들은 이야기는 저에게 큰 힘이 되었고 기운이 솟아나서 키예프에 가까이 도착하게 되었습니다. 그런데 저는 갑자기 지루하고 무료한 느낌이 들기 시작했습니다. 우울해지면서 의기소침해졌습니다. 기도하는 것도 어렵게 되고 나태한 마음이 생겨나기 시작했습니다. 그래서 길가의 숲속을 살펴보면서 잠시 앉아 쉴 곳을 찾았습니다. 그리고는 자애록(필로칼리아, 도브로톨류비에)을 꺼내어 읽었습니다. 책을 읽는 중에 저의 무기력함은 진정되었고 제 영혼은 다시 생기가 나는 듯했습니다. 저는 더 조용한 장소로 옮겨 앉아서 도브로톨류비에(필로칼리아) 책의 〈카시안의 로만〉이라는 부분을 읽기 시작했습니다.

약 30분가량 기쁘게 책을 읽는 중에 약 100m 전방에 한 남자가 무릎을 꿇은 채로 움직이지도 않고 있는 모습이 시야에 들어왔습니다.

물론 그는 기도하고 있을 것으로 추측했고 저는 괜히 기뻤습니다. 저는 계속 책을 읽었습니다. 약 1시간 동안 책을 읽은 후 그쪽을 다시 힐끗 보았더니 그 남자는 계속 움직이지 않고 무릎을 꿇은 채로 기도하고 있었습니다. 저는 마음에 감동했습니다. 참으로 신심이 깊은 하느님의 종들이 여기저기에 있구나!" 제가 그를 보면서 감탄하고 있는데 갑자기 그 남자는 땅바닥에 쓰러져 드러누웠습니다. 저는 놀랐습니다. 그가 등을 제 쪽으로 돌리고 있어서 그의 얼굴은 보지 못했습니다. 저는 그가 누구인지, 어떤 상태인지 호기심이 나서 그에게로 조용히 걸어갔습니다. 그는 얕은 잠에 빠져 있었습니다. 그는 스물다섯 살 정도의 시골 출신으로 보이는 얼굴이 잘생긴 청년이었습니다. 그는 로프(밧줄 같은 것)로 허리띠를 한 농부의 옷차림을 하고 있었습니다. 그는 아무것도 가진 것이 없었습니다. 제가 부스럭대는 소리에 그는 잠이 깨어 일어나게 되었습니다. 저는 그에게 어디서 온 누구냐고 물었더니 그는 스몰렌스크 지역에서 사는 농부라고 대답했고 현재는 키예프로 가는 길이라고 했습니다.

"그렇지만 제가 갈 길은 분명하지 않습니다. 하느님께서 인도할 시는 곳으로 가야지요."

"집을 떠난 지 오래되었습니까?"

"예, 4년 넘었습니다."

"그전에는 어디에서 주로 생활했습니까?" "저는 이 성당에서 저 성당으로, 이 수도원에서 저 수도원으로 옮겨 다니면서 살았습니다. 저는 고아였습니다. 친척도 없고 다리도 절룩거립니다. 그래서 저는 이 넓은 세상을 방황하고 있습니다."

"하느님을 두려워하는 이들은 방황할 게 아니라 성지를 방문하는 게 좋습니다."

"예, 옳은 말씀입니다. 저는 본래 부모님이 계시지 않았기 때문에 마을에서 목동으로 일하면서 먹고 살았습니다. 열 살 때까지는 그래도 넉넉하게 잘 지냈습니다. 그런데 마을 양 떼를 몰고 마을로 돌 오던 어느 날 동네에서 가장 웃어른이 되는 분의 아주 좋은 양 한 마리가 없어졌다는 사실을 뒤늦게 알게 되었습니다. 그 웃어른 되는 분은 아주 고약한 농부였습니다. 제가 집에 돌아왔을 때 그는 저에게 달려와서 온갖 욕을 퍼붓고 윽박질렀습니다. 저더러 자기의 양을 찾아오지 못하면 저를 죽도록 두들겨 패고 다리를 부러뜨리겠다고 협박했습니다. 저는 그 사람이 얼마나 포악한지를 익히 알고 있었기에 두려운 마음으로 낮에 양들에게 풀을 먹이던 곳으로 그 양을 찾아 나섰습니다.

밤이 이슥하도록 양을 찾아서 사방을 헤매고 다녔습니다. 가을밤이라 밤은 칠흑같이 캄캄했습니다. 저는 그 양을 찾을 수가 없었습니다. 제가 숲속으로 더 깊이 들어갔을 때 갑자기 폭풍이 불기 시작했습니다. 캄캄한 밤중이라 나무들이 바위로 보였습니다. 저는 공포와 두려움으로 떨었습니다. 저는 너무나 무서웠습니다. 금방 기절할 듯했습니다. 저는 그만 땅바닥에 무릎을 꿇고 성호를 그었습니다. 그리고 진심으로 "주 예수 그리스도여, 저를 불쌍히 여기소서."라고 기도를 했습니다. 제가 그 기도를 하자마자 곧 고통과 공포가 없어지고 평화로움을 느꼈습니다. 마음이 가벼워져서 하늘을 나는 듯한 행복감 같은 것을 느꼈습니다. 저의 마음은 기쁨으로 변했습니다. 저는 그 짧은 기도 말을 그치지 않았습니다. 저는 폭풍이 어떻게 되었는지 밤이 어떻게 지나갔는지 전혀 몰랐습니다. 저는 무릎을 꿇었던 그 상태로 밤이 지났고 날이 밝아오기 시작했습니다. 저는 조용히 일어섰고 그 양을 찾지 못했다는 것을 깨달았지만 그냥 마을로 돌아왔습니다. 마음은 한없이 편안하여 "주 예수 그리스도여, 저를 불쌍히 여기소서."라고 계속 기도했습니다. 그런데 그 고약한 어른은 제가 양을 찾아오지 못한 것을 알고 저를 얼마나 두들겨 팼는지 저는 그만 쓰러지고 말았습니다. 보시다시피 제 다리는 그 포악한 농부가 부서지도록 때린 것입니다. 저는 움직일 수가 없어서 6주간이나 병상에 누워 고통을 받았습니다. 그러나 저는 기도를 깨달았기 때문에 기도로 위안을 받았습니다. 제 몸이 회복되기 시작했을 때 저는 이 세상에 살면서 여러 사람 속에서 이리저리 부딪히며 살 필요가 없다는 생각이 들어 이곳저곳으로 정처 없이 떠돌아다니게 된 것입니다. 이 숲에서 저 숲으로, 이 성지에서 저 성지로 옮겨 다니면서 지난 5년의 세월을 살아왔습니다."

저는 이 젊은이의 이야기를 들으면서 하느님께서 저렇게 착하고 훌륭한 사람을 만나게 해주셨다는 감사한 마음이 들었고 무척 기뺐습니다. 그리고 저는 그 젊은이에게 "형제님은 지금도 그 기도를 자주 하십니까?"라고 물었습니다. "기도하지 않고는 제가 존재할 이유가 없습니다."라고 대답했습니다. "제가 캄캄한 밤중에 공포에 떨면서 기도를 했을 때 저 스스로 무릎을 꿇은 것이 아니라 누군가가 제 뒤에서 저를 밀어 무릎을 꿇게 하고 기도하게 한 듯합니다. 저는 저의 기도가 하느님을 기쁘게 해드렸는지 어떤지는 전혀 모릅니다. 저는 기도하기 때문에 자주 행복한 마음을 갖게 됩니다. 왜 행복하게 되는지도 모릅니다. 그저 마음이 가볍고 고요하고 행복합니다. 그러나 어떨 때는 마음이 무겁고 처지는 느낌이 있습니다. 만, 저는 이러한 마음의 변화와는 관계없이 죽을 때까지 그치지 않고 계속 기도하게 되기를 바라고 있습니다."

"사랑스러운 형제님, 너무 괴로워하지 마세요. 기도할 때 일어나는 모든 현상은 하느님을 기쁘게 하며 우리의 구원에 유익한 것입니다. 그래서 거룩한 교부님들은 '마음이 가볍든지 무겁든지 모두가 문제가 되지 않는다. 다만 좋든 나쁘든 어떤 처지에서라도 기도하지 않는 것은 하느님께서 보시기에 좋지 않다'라고 말씀하셨습니다. 마음이 개운하고 따뜻하고 기쁘다는 것은 하느님께서 우리의 수고에 대해 위안을 주시고 보상해주신다는 것을 보여주시는 것입니다. 그리고 마음이 무겁고 답답하여 캄캄한 듯하거나 메마른 듯이 느껴진 것은 하느님께서 우리의 영혼을 깨끗하게 해주시며 강하게 해주신다는 것을 의미합니다. 이렇게 유익한 기도는 미래에 축복받을 행복한 기쁨을 누리기 위해 겸허하게 준비하는 것입니다. 이러한 것을 증거 하는 뜻으로 성 요한 클리마쿠스[42]가 쓴 내용 일부를 읽어드리겠습니다."

---

42) 성 요한 클리마쿠스: 그의 별명은 사다리이다. 하늘나라로 올라간다고 표현할 때 일반적으로 천사가 날개로 공중으로 날아 올라가는 것으로 묘사한다. 그런 데 성 요한 클리마쿠스는 하느님 나라를 보기 위해서는 사다리를 타고 올라가 야 한다고 했다. 물론 사다리는 영적이다. 영적 사다리는 그 층계를 계속 증가시켜야 하는 노력이 요구된다는 것이다. "완전한 사다리"는 하늘나라의 보좌를 향하여 훌륭하게 탐구하며 접근하는 형태로 현재 수도자들이 수행하는 서원과 같은 것이라 말할 수 있다.

사다리의 성 요한은 6세기 출생으로써 초기 16년간은 팔레스타인 성지에서 저는 그 책의 페이지를 찾아서 그에게 읽어주었습니다. 그는 주의 깊게 들었고 아주 기쁜 마음으로 저에게 고맙다고 했습니다. 그리고 우리는 헤어졌습니다. 그는 깊은 숲속 오른쪽으로 갔고 저는 다른 길로 갔습니다. 걸어가면서 저는 마음속으로 죄인인 제가 그에게 조금이나마 하느님에 대한 가르침을 줄 수 있게 해준 데 대하여 주님께 감사드렸습니다.

다음날, 저는 키예프 근교에 도착했습니다. 저는 성지에 도착한 것을 하느님께 감사하는 마음으로 먼저 금식을 한 후 고백성사를 보고 성체

보냈다. 그의 소망은 세계역사 속에서 가장 오래된 수도원인 시나이산에 있는 성 카타리나 수도원 생활이었다. 그는 그 후 그리스도교계에서 가장 탁월한 학자 수도자가 되었다. 성 카타리나 수도원의 자리는 모세가 떨기나무에서 활 활 타오르는 꺼지지 않는 불에서 하느님으로부터 직접 말씀을 받은 바로 그 자리이며, 여기서 명상과 기도로 인도된다. 바로 이 거룩한 성지에서 유대교, 이슬람교, 그리스도교 신도들이 순례를 한다. 사다리의 성 요한이 태어나기 300년 전에 콘스탄티누스 황제의 신심 깊은 어머니 성녀 헬레나가 이미 순례하였다. 고 한다.

사다리의 성 요한은 "완전한 사다리"의 스승 같은 저자일 뿐만 아니라 순결해지고 끊임없이 하는 지적을 하며 훌륭한 "예수기도"로, 숨을 쉬는 중에 예수님을 생각하고 기억하며 함께 하는 속에서 "헤시카즘" (고요함 중에서 하느님을 만나는 수행)의 참된 가치를 깨닫게 될 것이라고 일깨워 주었다. 사다리의 성 요 한은 헤시카즘의 시원(始原)과 같은 분이다. 그분은 강한 믿음과 열렬한 기도로 예수님의 거룩한 중재(intervention)를 통하여 내방자들을 치유해 주었다. 성 요한은 나사렛의 목수 예수님을 생각하면서 목수 일을 했다. 83세에 안식하였다.

성혈을 영하고자 마음을 준비하였습니다. 한 코사크인 노인의 안내로 저는 쉽게 성당 가까운 곳에 머물렀습니다. 그 독거노인의 오두막집에선 고요함과 평화가 깃들어 있음을 느꼈습니다. 토요일에 저는 고백성사를 보기로 했습니다. 고백성사를 보려고 지난 일들을 기억해냈고 모든 죄와 잘못을 성찰했습니다. 기억에 떠오른 모든 죄와 잘못을 종이에 적었습니다. 저는 키예프에서 약 20리 정도 떨어진 키타예바나 푸스티나 성당에 계시는 신부님께서 매우 현명하시고 이해심이 많으시며 금욕생활을 하신다는 소문을 들은 바 있습니다. 그분께 고백하러 오는 사람은 누구나 부드러운 분위기에서 고백성사를 보고 영혼의 구원과 평화에 대한 가르침을 받았다고 했습니다. 그래서 저도 그 신부님을 찾아갔습니다. 신부님의 영적 충고를 요청하면서 제가 기록한 고백 내용을 보여드렸습니다. 고백 신부님께서는 저의 기록을 다 읽어보신 후 저에게 말씀하셨습니다.

"사랑스러운 형제님, 이렇게 많은 내용을 쓴 것은 참 훌륭합니다. 그렇지만 잘 들어보시길 바랍니다. 먼저, 형제님이 이미 회개하고 용서받은 죄는 또다시 고백하지 않아도 됩니다. 그러한 죄를 되짚어보지 않는 것이 좋습니다. 왜냐하면 고백성사의 능력을 의심하는 꼴이 되기 때문입니다. 두 번째로는, 자기가 잘못한 죄와 관련하여 다른 사람을 끌어들이지 마시고 자기의 잘못만 고백하면 됩니다. 세 번째로는, 거룩한 교부님들께서는 우리가 죄를 짓게 된 어떠한 환경에 대해서도 말하는 것을 금하십니다. 그 대신 죄 그 자체를 일반적으로 시인하고 고백하도록 우리에게 말씀하십니다. 그것은 사제를 위해서나 우리 자신을 위해서 모두가 유혹을 피하도록 하기 위해서입니다. 네 번째로는 형제님은 회개하러 왔지만 회개할 수 없는 사실에 대하여는 회개하지 않고 있습니다. 다시 말씀드리면 형제님의 참회는 열의가 없고 조심성도 없습니다. 다섯 번째로 형제님은 자기의 죄에 대하여 구체적으로 성찰해왔지만 가장 중요한 점을 빠뜨렸습니다. 형제님은 아주 중대한 죄는 고백하지 않았습니다. 형제님은 하느님을 사랑하지 않으며 이웃을 미워하며 하느님의 말씀을 믿지 않으며 자만심과 야심으로 가득 차 있다는 것을 인정하지도 기록하지도 않았습니다. 영적 원수의 모든 것들과 우리의 모든 영적 악행은 바로 이러한 네 가지 죄 속에 있는 것입니다. 이러한 것들은 우리가 죄의 함정에 빠지게 되는 원인입니다.

저는 신부님의 충고 말씀을 듣고 매우 놀랐습니다. 즉시 저는 신부님께 용서를 청하며 제 의견을 말씀드렸습니다.

"존경하는 신부님, 저를 용서해주십시오. 하지만 제가 신부님께 한 말씀만 드리겠습니다. 우리의 창조주이시며 섭리 자이신 하느님을 사랑한다는 것이 정말 가능한 일입니까? 그리고 저는 저의 모든 이웃에게 잘 대해주고 있습니다. 그런데 제가 왜 그들을 미워하겠습니까? 저는 자랑할 것이 아무것도 없습니다. 게다가 저 자신은 수많은 죄를 지었고 칭찬받을 만한 내용은 전혀 없습니다. 저는 가난합니다. 그리고 제가 병들어 힘없게 된 몸으로 무엇을 어떻게 해야 하겠습니까? 물론, 만약 제가 교육받은 사람이거나 넉넉하게 사는 사람이라면 신부님께서 말씀하신 대로 저는 유죄가 될 것입니다."

"사랑스러운 형제님, 형제님이 저의 말뜻을 다 이해하지 못하니 애석합니다. 제가 이 노트 한 권을 형제님에게 드리겠습니다. 한 번 읽어보시길 바랍니다. 유익할 것입니다. 그 노트는 저 자신이 고백성사를 보기 위하여 사용해온 것입니다. 형제님은 이 노트에서 제가 드린 말씀에 대해서 정확한 근거를 충분히 찾을 수 있을 것입니다."

저는 그 신부님이 주신 노트를 읽기 시작했습니다.

내적 인간을 겸손으로 인도하는 고백

오늘날까지 살아온 과거를 조심스럽게 되돌아보고, 나의 내적 상태를 성찰해보면, 나는 하느님을 사랑하지 않았으며 나의 이웃들에 대한 사랑도 없으며 종교적 신념도 변변치 못하며 자만심과 쾌락을 뒤쫓는 마음으로 가득 차 있었다는 것을 경험으로 나 스스로 입증해왔다. 이러한 모든 것은 나 자신 안에서 내 느낌과 행동에 대한 구체적인 고찰의 결과로 깨닫게 되었다.

1. 하느님을 사랑하지 않는다는 것을 깨달았다.

만일 내가 하느님을 진심으로 사랑한다면 끊임없이 그분을 생각할 것이다. 내가 계속 하느님을 생각한다면 그분은 나에게 기쁨과 즐거움을 주실 것이다. 그러나 내 생각은 세상일에 정신이 팔려있어서 하느님께 대해서 냉담하며 하느님을 생각한다는 것이 어렵게 된다. 내가 하느님을 사랑한다면 기도로 하느님과 대화를 하는 것이 나에게 영양분이 되고 기쁨이 될 것이므로 하느님께 완전한 기도를 드리게 될 것이다. 그러나 나는 기도를 해도 아무 기쁨도 얻지 못하며 심지어 기도는 하나의 노력이라고 여기곤 했다. 나는 나태해지고 불안정하며 별로 중요하지도 않은 일에 집착한다. 그래서 기도하는 것을 간단히 끝내고 내 영혼에 별로 유익하지도 못한 일에 시간을 허비하고 하느님의 현존을 느끼지 못하므로 기도와는 거리가 멀어지게 되었다. 그러나 내가 하느님의 현존을 의식하거나 나 자신을 내어 맡길 때는 한 시간 한 시간이 마치 일 년처럼 중요하고 가치 있는 시간으로 여겨졌다.

어떤 청년이 한 소녀를 사랑한다면, 그 청년은 끊임없이 종일 그 소녀를 생각할 것이고 마음으로 그녀를 염려하고 어떤 환경에서든지 사랑하는 사람을 절대로 잊지는 않을 것이며 사랑받는 자는 그 청년의 마음 안에 있을 것이다. 그런데 나는 종일 하느님을 생각하고 하느님의 말씀을 명심하고 하느님을 사랑하는 마음가짐을 단 한 시간조차도 갖지 못한다. 반면에 내가 즐기는 우상에 대해서는 적어도 하루에 23시간 이상을 기꺼이 바친다. 나는 내 영혼의 지위를 떨어뜨리는 하잘 것없는 문제와 일에 대해 잡담하는 것을 은근히 바란다. 나는 거기서 쾌락을 느끼는 것이다. 내가 하느님께로 돌아서면서 내 안을 성찰해 볼 때 나는 정말 메마르고 게으른 것을 알 수 있다. 나는 내 영혼의 이익이 되는 대화에 참여하고 이끌림을 받을 때 곧바로 나의 욕구를 충족시키기 위한 쾌락 위주의 대화로 마음을 돌리곤 했다.

나는 도시에서 일어나는 일에 계속해서 관심을 기울인다. 특히 정치적 변동이나 사건들에 관심을 둔다. 나는 내 욕구 충족을 위해 관대하며 예술이나 내가 좋아하는 것들을 얻거나 얻는 방법에 몰두한다. 그러나 하느님의 말씀에 관한 공부, 하느님을 아는 것과 교회에 대한 많은 지식은 나에게 감동을 주지 못하고 내 영혼의 공허함을 메우지 못한다. 이러한 성경 공부나 교회에 관한 배움은 그리스도교인에게 필수적인 것은 아니며 여가에 할 수도 있는 부가적인 일 중의 하나라고 생각했다. 다시 말해서 하느님에 대한 사랑이 계명을 지킴으로써 인정된다면 "네가 나를 사랑한다. 면 내 계명을 지켜라."고 하신 예수 그리스도의 말씀을 지키지 않을 뿐 아니라 지키려는 시도도 해보지 않았다. 결론은 내가 하느님을 사랑하지 않는다는 것이다.

성 대 바실리[43]는 '인간이 하느님과 예수 그리스도를 사랑하지 않는

---

43) 성 대 바실리: 성 대 바실리를 말할 때, 대(大, Great)자를 그 이름 앞에 붙인다. 그분은 모세의 겸허함, 엘리야의 열성, 베드로의 믿음, 신학자 사도 성 요한의 유창한 화술, 바울로의 헌신을 모두 갖추었기에 역사상의 그 어떠한 인물보다. 도 뛰어나고 넉넉한 인물이었기에 후대에 붙여진 것이다. 성 대 바실리는 AD 330년에 소아시아 케사레아에서 출생하였다. 바실리는 비범하고도 헌신적인 부모 설하에서 양육되었다. 그는 콘스탄티노플의 왕립문화센터와 아테네 대학에서 공부하였다. 370년 그는 고향 케사레아로 돌아와서 주교로 서품을 받았다. 그는 동방정교회 수도생활 규칙을 만들었고 거룩한 성찬예배 의식(성 대 바실리의 성찬예배)을 만들었다. 이 예배의식은 1600년 동안 동방정교회에서 율리우스력으로 1월 1일(성 바실리 축일), 성탄절, 사순절 기간의 주일 등 년 10회에 걸쳐 집전된다(년 중 42주일, 주간에는 성 요한 크리소스톰의 성찬예배 의식이 집전된다), 성 대 바실리는 신학자로서 후진을 양성하면서 당시 성행했던 이단들에 대처하는 저술도 많이 하였다. 예로써 성령에 대하여〉는 오늘날까지 동방정교회 안에서 애독되고 있다. 그는 교회사에서 동방정교회 신앙의 수호자로서 중요한 역할을 수행하였다. 수도자로서 수도회를 창설하였으며 사회적으로도 높은 인격의 소유자였다. 그는 고아들을 양육하는 고아원들, 병든 이들을 치료해 주는 병원들, 나이 들어 의지할 곳 없는 이들을 위한 양로원들을 세우고 운영하였다. 성 바실리의 수도자 형제들, 수도자 자매들, 사제들, 주교들 그리고 간호사들, 봉사자들 모두는 주 예수 그리스도 포도나무의 충실한 가

다는 증거는 인간이 하느님의 계명을 지키지 않는 사실이다.'라고 말했다.

2\. 나는 이웃을 사랑하지 않는다는 것을 깨달았다.

나는 성경 말씀에 따르지 않았다. 내 이웃의 이익을 위해 나의 생활을 뒤로 미룰 수 없으며 나의 행운과 안녕, 평안 그리고 이익을 절대로 희생하지 않는다. 성경 말씀처럼 이웃을 내 몸같이 사랑한다면 이웃의 불행을 슬퍼해야 할 것이고 이웃의 행복에 나도 기뻐할 것이다. 그러나 나는 그렇지 못했다. 이웃의 불행을 관심 있게 듣지만 나는 괴로워하지 않는다. 어떤 경우에는 이웃의 불행에서 일종의 쾌감 같은 것을 느끼기까지 한다. 내 형제의 결점을 사랑으로 덮어주지 않고 비난으로 나타낸다. 이웃의 안녕과 명예, 그리고 행복 이 나 자신의 것처럼 기쁘지 않고 이방인의 것처럼 나에게 아무런 기쁜 느낌도 주지 않는다. 심지어 이웃들에 대하여 묘하게도 질투와 경멸의 감정들을 불러일으키기도 한다.

지들이었다. 성 바실리는 교회의 신앙적이고 사회적인 양면을 잘 조화 발전시켰다. 성 바실리는 379년에 주님 안에서 안식하였다. 그의 기념 축일은 1월 1일이다(러시아 정 교회에서는 구 달력, 율리우스력을 사용하므로 신 달력, 그레고리안력 보다 14일 늦다. 그러므로 성 대 바실리의 축일은 신 달력으로 1월 14일이다).

3. 나는 종교적 신념이 없다.

나는 영생이나 성경에 대한 믿음이 없다. 무덤 저편에 영원한 생명이 있고, 이 세상 삶에 대한 보상이 있다는 것을 의심 없이 확실하게 믿는다면 나는 이러한 것에 대하여 끊임없이 생각해야 한다. 영생에 관한 생각 자체로 나는 두려운 마음을 가지고 본향(本鄕)으로 돌아갈 준비를 하는 이방인의 자세로 이 세상 삶을 살아야 한다. 그러나 나는 영생에 대하여 생각조차 하지 않으며 이러한 현세적 삶의 종말을 내 존재의 한계로 여기고 있다. 내가 죽음에 이르게 된다는 것을 누가 모르겠는가? 내가 영생을 믿는다면 그것은 내 주관적인 생각일 뿐이지 확신과는 거리가 먼 것이다. 그것은 나의 현세적 삶을 만족시키려는 나의 탐욕과 행동 그리고 끊임없는 근심 걱정들로서 폭넓게 입증되는 것이다.

성경이 하느님의 말씀으로써 내 마음에 믿음으로 받아들여진다면, 나는 끊임없이 성경에 몰두해야 하고 성경을 공부해야 하며, 성경에서 평화를 찾아야 한다. 성경 안에는 지혜와 자비와 사랑의 보화가 숨겨져 있다. 그러므로 성경은 나를 행복으로 이끌 것이고 나는 밤낮으로 하느님의 법을 공부하는 데서 기쁨을 찾아야 한다.

성경에서 나는 매일 일용할 양식과 영양분을 찾아야 하고 나의 마음은 성경의 가르침을 지키도록 인도되어야 할 것이다. 그러면 세상의 그 어떠한 힘도 나를 성경에서 등을 돌리게 할 수는 없을 것이다. 그러나 지금 내가 하느님의 말씀을 읽고 듣는다고 해도 단지 필요나 지적 욕구로 세심한 주의 없이 성경에 접근하기 때문에 성경은 금방 지루하고 흥미롭지 못한 것이 된다. 그래서 언제나 아무런 유익도 없이 성경 읽기를 그만두게 되고 세상의 내용을 담은 흥미롭고 쾌락적인 내용에 관한 독서를 하며 만족감을 찾는다.

4. 나는 자만심과 이기애(利己愛)로 가득 차 있다.

나의 모든 행동은 자만심과 자기애로 가득 차 있음을 확신한다.

나는 스스로 훌륭하다고 여겨지는 점을 남에게 드러내어 다른 사람들 앞에서 자랑하거나 외적으로 겸손해 보이면서도, 내적으로는 자만으로 가득 차 있다. 나는 모든 일에 내가 훌륭하다고 생각하며 돌리고 나 자신을 다른 사람보다 우월하게 여기거나 적어도 다른 사람보다 나쁘지는 않다고 여긴다.

나는 나 스스로 결점을 발견한다면 나는 그것을 변명하려고 노력한다. "어쩔 수 없었어.", "나는 비난받고 싶지 않아", 그리고 "나는 나를 존경하지 않는 사람들이나 감사할 줄 모르는 사람들에게는 화가 난다"라고 말하면서 나 자신의 결점을 은폐한다. 그리고 나는 나의 재능을 자랑한다. 즉 나는 어떤 일을 수행하는 중에 실패를 개인적인 모욕으로 여긴다. 나는 나의 적들의 불행에서 고소함을 느낀다. 내가 어떤 선한 일을 위해 노력한다면 그것은 영적인 자기 찬양 또는 현세적 위신을 내세우려는 방향으로 기울어지게 된다. 다시 말해서 나는 끊임없이 나 자신을 스스로 높이고 나 자신의 감각적 열정과 욕망 그리고 쾌락을 유지하기 위한 자양분을 얻으려 노력한다.

이러한 모든 것들을 검토해 볼 때, 나는 자신을 자랑스럽고 어른스럽게 여기며 하느님에 대한 사랑도 없으며, 믿음도 없으며, 이웃을 미워하는 것이다. 이보다 더 죄 많은 상태가 있을 수 있겠는가? 내 영혼의 상태는 소위 암흑 중에 있다는 영혼의 상태보다 못한 것이다. 비록 암흑 중에 있다는 영혼들이 하느님을 사랑하지 않고 이웃을 미워하며 사람들을 증오하며 자만심에서 산다고 할지라도 그들은 적어도 하느님을 믿으면서 두려움에 떤다. 그러나 나는 어떠한가? 나는 스스로 나 자신을 대하는 것이 너무나 두려운 생각이 든다. 나는 조심성도 없고 어리석은 삶을 살고 있으니 내게 어떠한 선고가 내려질지 정말 무섭다.

저는 신부님께서 주신 고백성사에 대한 교훈서를 읽으면서 두려운 마음이 생겼습니다.

"이거 큰일이군! 지금까지 내 안에 숨어있는 죄가 얼마나 많이 있는지를 몰랐으니 말이다." 저는 죄로부터 깨끗해지려는 바램과 또 죄의 근원을 알아내고 그러한 죄를 용서받고 치유되는 방법을 가르쳐 주신 신부님께 감사하면서 다시 고백성사를 보는 마음으로 그분 앞에 앉았습니다.

신부님께서는 영적인 훈계의 말씀을 해주셨습니다.

"보십시오, 사랑하는 형제님, 하느님을 사랑하지 않는 이유는 믿음의 부족이고, 믿음의 부족은 확신의 부족으로 생기며 확신이 부족한 이유는 경건하고 진실한 지식을 찾는 데에 실패하고 영혼의 빛에 무관심했기 때문입니다. 즉 형제님이 믿지 않는다면 형제님은 사랑할 수 없는 것입니다. 형제님이 확신이 없다면 형제님은 믿을 수 없습니다. 그리고 확신에 도달하기 위해서는 형제님 앞에 있는 그 사건에 대한 완전하고 정확한 지식을 얻어야 합니다. 하느님의 말씀을 묵상하고 공부하며 형제님의 체험에 주의함으로써 형제님은 영혼 깊은 곳에서부터 갈등과 열망을 느끼게 될 것입니다. '경외감'이란 마음의 상태는 일들을 훨씬 자세하고 완전하게 하며 그 본질로 더 깊이 들어가서 열렬한 소망을 형제님에게 가져다줄 것입니다. 어떤 영성 작가는, 사랑은 대개 지식과 함께 성장하고 지식의 깊이와 정도가 클수록 사랑은 더욱 깊어질 것이고 마음이 훨씬 온화하게 되어 하느님의 사랑으로 가득하게 될 것입니다. 왜냐하면, 인간에 대한 하느님의 무한하신 사랑은 신성한 지혜의 완전함과 아름다움을 보여주기 때문입니다."라고 말했습니다.

그래서 형제님이 읽은 그 교훈서에서, 죄의 원인은 영적인 일에 게으르고 영적인 일에 관한 생각이나 감정 자체를 억누르는 게으름 때문이라는 것을 이제 깨달았을 것입니다.

형제님께서 게으름이라는 적을 극복하는 방법을 알기를 원한다면 형제님 스스로 영혼의 계몽을 위해서 노력을 하고 하느님의 말씀에 관해서 공부해야 합니다. 묵상과 영적 상담을 통해서 그리고 예수 그리스도 안에서 현명한 사람들과의 영적 대화로서 적을 이겨 내야 합니다.

사랑하는 형제님, 우리가 우리의 영혼을 위하여 하느님의 말씀을 통한 진리를 구하는 일에 대해 게으르다는 단 하나의 이유로 얼마나 많은 곤란을 겪었습니까! 우리는 주야로 하느님의 법도를 공부하지 않고 부지런히 그리고 쉬지 않고 기도하지 않습니다. 우리가 영적으로 춥고 굶주려 있어서 올바름과 구원의 길을 담대하게 걸어갈 수 없는 것입니다.

주님께서는 사랑하는 우리를 여러 가지 방법을 이용하여 우리의 영적 문제를 해결하도록 하시며 가능한 자주 하느님 나라의 일들에 관한 생각들을 우리의 마음에 가득 채우십니다. 그러면 높은 데로부터 우리 마음에 내려온 하느님의 사랑이 우리 안에서 불꽃처럼 일어날 것입니다. 우리는 함께 기도하게 될 것이고 자주 기도 하게 될 것입니다. 왜냐하면 기도는 우리에게 평화롭고 새로운 삶을 가져오기 때문입니다. 우리는 거룩한 교회가 가르치는 말씀대로 기도하게 될 것입니다.

"오 하느님, 제가 과거에는 죄를 사랑하였지만, 이제는 주님을 사랑하기에 합당하게 해주십시오."

저는 신부님의 말씀을 주의 깊게 잘 들었습니다. 저는 신부님의 말씀에 크게 감동하여 고백성사를 다시 보고 성체성혈을 하고 싶다고 말씀드렸습니다.

다음 날 아침, 저는 기쁜 마음으로 리뚜르기야(성찬예배)에 참여하여 성체성혈을 영했습니다. 그리고 홀가분한 마음으로 키예프 시내로 향해 길을 떠나려 했습니다. 신부님께서는 수도원 본원에 며칠 동안 출장을 다녀올 것이라면서 저더러 신부님 집에 머물러도 된다고 했습니다. 저는 감사하는 마음으로 침묵 속에서 아무 방해도 받지 않고 기도에 전념할 수 있었습니다. 저는 며칠 동안 마치 천국에 와있는 듯한 느낌을 가지고 지냈습니다.

저는 비록 미천한 몸이지만 원로 수도자들의 기도와 그분들이 체험한 평화를 맛보면서 마음은 아주 기쁜 상태였습니다. 기도는 저의 마음속 깊이 평안하고 행복하게 흘러 들어와서 잡념을 모두 없애버리고 오직 예수 그리스도만이 저의 마음 안에 계셨습니다.

3일 후, 신부님께서 돌아오셨습니다. 저는 신부님께 정처 없이 떠돌아다니는 순례자인 저를 축복해 주시고 또 제가 어디로 가는 것이 좋겠는지 충고해달라고 부탁했습니다.

신부님은, 먼저 포카예프로 가서 지극히 순결하신 성모님의 "기적의 발자국44)"을 순례하면 성모님께서 평화의 길로 인도해 주실 것이라고 말씀하셨습니다. 그래서 저는 신부님의 충고와 축복을 받고 포카예프로 향해 출발했습니다.

저는 약 20리쯤 걸어가는 동안에 마음이 편치 못했습니다. 왜냐하면 길가에는 선술집들이 많이 있었고 유대인 마을들이 쭉 늘어 있는데 그리스도교인들의 집은 한집도 찾아볼 수 없었기 때문이었습니다.

저는 한 농장 근처에서 러시아 그리스도인 여인숙을 발견했습니다. 저는 몹시 기뻤습니다. 저는 그 여인숙에서 하룻밤을 지내고 또 일용할 빵을 구하기 위해 그 여인숙 쪽으로 발길을 재촉하였습니다. 제가 지닌 러스크(딱딱하게 구운 빵)가 벌써 다 떨어졌습니다. 저는 복스럽게 생긴 노인 주인을 만났습니다. 그 노인과 저는 고향이 같았습니다. 그 노인이 제게 제일 먼저 던진 질문은 "여보시오, 댁의 종교는 무엇입니까?"라는 것이었습니다.

"예, 저는 러시아 정교회 그리스도교 신자입니다."라고 대답했더니 그 노인은 "정말 정교회 신도입니까?"라고 웃으면서 말을 하기 시작했습니다.

---

44) 성모 마리아께서 성인들에게 둘러싸여 영광스럽게 목동들에게 나타나셨다는 전설이 13세기 이래로 전해 내려오고 있다. 성모님이 서 계셨던 바위 위에는 성모님의 발자국이 새겨졌고, 그 후 거기서 치유의 성수(聖水)가 흘러나왔다. 바로 그 자리에 수도원이 세워졌고 "기적의 발자국"은 아직도 수도원 지하 성당에 보존되어 있다.

"당신들은 말로만 정교회 신도입니다. 이거 보세요. 당신은 이교도나 마찬가지입니다. 한때 저도 유식한 신부님의 인도로 정교회 신도가 될 뻔했습니다. 여섯 달 정도 정교회 성당에 나가서 리뚜르기야(성찬예배)에 참석도 했고 많은 것을 배웠습니다. 그러나 그것은 모두 함정이었습니다. 정교회 예배 중에 봉독자들은 신도들이 알아듣지도 못하는 것들을 읽어대고 있었습니다. 그리고 성가라고 불러대는 것은 술집에서 부르는 유행가만도 못했습니다. 신도들은 예배 중에 잡담하고 산만하게 주위를 돌아보며 이리저리 걸어 다니고 있었습니다. 정말 평화롭고 고요한 중에 기도할 분위기가 못 되었습니다. 당신은 그러한 예배 분위기를 어떻게 생각하십니까? 그곳에 참된 예배가 진행된다고 여기십니까? 그것은 죄입니다, 죄!

그렇지만 현재 우리에게는 신성한 예배가 있습니다. 당신은 예배 중에 진리를 들을 수 있고 성가는 최고로 활력이 넘치며 사람들은 조용히 서서 경배드릴 것이 무엇인지 또 언제 경배드리는지를 압니다. 정말 잘못된 것이라고는 찾아볼 수 없지요. 당신이 우리 교회에 들어온다면 당신은 정말 하느님께 드리는 참된 예배를 체험할 수 있을 겁니다."

그 노인이 장황하게 설명하는 것으로 보아서 분명 완고한 라스콜니크[45]라는 것을 알았습니다. 저는 그와 토론하여 그의 마음을 변화시킬

---

45) 17세기 러시아정교회의 예식 중심 개혁에 반대해서 분리된 한 분파이다. 모스크바의 총대주교 니콘의 그리스 성향의 예배형식 개혁을 반대하였다. 이 분파는 아바쿰 신부가 주도하였다. 개혁파는 정치권력을 이용하여 아바쿰과

수는 없다는 생각이 들었습니다.

　교회의 예배가 우리 속에서 올바로 집전되고 성직자들이 모범을 보여줄 때까지는 진정한 교회에 대하여 이해시킨다는 것은 불가능하다고 생각되었습니다. 그 라스콜니크는 영적, 내적 생활에 대해서는 아무것도 모릅니다. 그는 외적인 것들에만 관심을 두고 의존하고 그러한 외형적인 것만 보고 우리가 부주의하다고 비판하는 것입니다.

　그래서 저는 이 하숙집을 떠나려고 복도를 지나면서 문이 열린 쪽 방안을 힐끗 보았는데 러시아 사람으로 보이지는 않는 이가 손짓으로 자기에게 좀 가까이 와보라고 했습니다. 그는 벽에 비스듬히 누워서 한 손에 책을 들고 있었습니다. 제가 그 사람 가까이 갔더니 그는 제가 누구이며 무엇 하는 사람인지를 물었습니다.

　저는 그에게 저 자신을 간단히 소개했더니 그는, "형제님, 저는 아토스산(山)[46]에서 온 정교회 수사 신부입니다. 저는 우리 수도원을 위하여 러시아로 모금하러 가던 중에 넘어져서 다리를 다쳤습니다. 저는 지금 다리가 너무 아파서 걸을 수가 없습니다. 그래서 저는 이 방을 차지하여 묵는 중입니다. 그러니 형제님이 바쁘지 않다면 한 일주일만 저를

그 지지자들을 광신도로 몰아서 짐승 이하로 취급하고 화형에 처하였다. 아바쿰의 후예들은 아직도 당당하게 러시아 전통의 구 의식을 지키고 있다. 미트로뽈릿을 수좌로 본부가 모스크바에 있고 전 러시아에 산재해 있다. 비성직파는 성직자를 세우지 않고 교회를 운영한다.

　46) 그리스 땅에 있는 산(山)으로써 남성들만의 수도원들이 많다. 세계 여러 나라 사람들이 모여와 수도생활을 한다.

좀 도와주십시오. 그러면 제가 걸음을 걸을 수 있겠습니다. 형제님은 하느님의 종이십니다. 거절하시지 마시길 바랍니다. 형제님의 수고의 대가는 꼭 내겠습니다. 저를 좀 도와주십시오."라고 부탁했습니다.

"저에게 무엇을 내시든지 그런 것은 상관없습니다. 저는 하느님의 이름으로 제가 할 수 있는 한 최선을 다해서 기쁜 마음으로 수사님을 돌봐드리겠습니다."

저는 그의 청원을 승낙하고 그와 함께 머물기 시작했습니다. 저는 우리 영혼의 구원에 관하여 그 수사님께 많은 것을 배웠습니다.

그 수사님은 아토스 성산(聖山)에 대해서, 위대한 뽀드비지니크[47]에 대해서, 은수자들에 대해서 저에게 소개했습니다. 그리고 그 수사님은 희랍어판 필로칼리아와 시리아의 이사악의 저서 한 권을 가지고 있었습니다. 그 수사님과 저는 파이씨 벨리치코프스키가 번역한 러시아어 도브로똘류비에를 원본과 대조하면서 읽었습니다. 도브로똘류비에는 필로칼리아 원본과 다른 점이 하나도 없었습니다.

저는 그 수사님이 늘 기도하고 있으며 내적인 기도에도 숙달되어 있음을 알아차렸습니다. 그 수사님은 러시아말도 완벽하게 했습니다. 그 수사님은 저에게 필로칼리아에 대해 해설해주셨고 저는 열심히 잘 들었습니다. 그 수사님의 말씀 중에서 꼭 기억해두고 싶은 내용은 노트에 적어두었습니다. 그리고 그 수사님은 '예수기도'의 위대한 능력에

---

47) 뽀드비지니크: 위대한 업적을 이룬 사람을 지칭한다. 여기서는 기도의 생활과 금욕적인 수행에 있어서 영적으로 높은 영적인 깨달음을 지닌 수도자를 말한다.

관해서도 설명해주셨습니다.

"예수기도의 능력은 참으로 위대합니다.

예수기도는 두 부분으로 구성되어 있지요. 앞부분의 "하느님의 아들 주 예수 그리스도여"는 우리를 예수 그리스도의 삶으로 이끕니다. 그리고 그것은 성경 전체를 요약한 것입니다.

뒷부분에는 '죄 많은 저를 불쌍히 여기소서'인데 이는 죄 속에 사는 우리 자신에게 영적인 각성을 일으켜 구원에 이르게 하는 것입니다. 즉 나의 삶 전체를 하느님이신 구세주 예수 그리스도께 내어 맡기도록 이끄는 것입니다. 죄 많고 미천한 영혼의 소망과 청원이 '저를 불쌍히 여기소서'라는 표현보다 더 현명하고 명확하고 정확하게 표현될 수는 없을 것입니다. 그 어떠한 말도 이토록 만족스럽고 완전하지는 못할 것입니다.

예를 들어서, 어떤 사람이 '저를 용서해 주십시오. 저의 죄를 잊어주시고 깨끗하게 해주십시오.'라고 말한다면 그것은 오직 한 가지 청원만을 하는 표현입니다. 즉 벌을 겁내는 소심하고 생기 없는 영혼이 자유롭게 되기를 요청하는 것입니다.

그러나 '저를 불쌍히 여기소서'라고 말하는 것은 두려운 마음으로 용서를 구하는 것일 뿐만 아니라, 하느님께 희망을 거는 진정한 인간적 사랑의 외침입니다. 그 외침은 우리가 나약하다는 것을 겸손하게 인정하는 것이며 주님의 보호를 요청하는 것입니다. 그것은 하느님의 인자하심과 은총을 구하는 외침이기도 합니다. 그러한 기도를 통해서 유혹에 대항하고 죄로 가득한 우리의 성향을 극복할 수 있는 능력이 우리에게 주어지는 것입니다. 이는 마치 무일푼의 채무자가 인정 많은 채권자에게 빚을 탕감해 줄 것을 간청할 뿐만 아니라 자신의 지독한 가난에 대해서도 동정을 구하는 것과 비슷합니다.

'저를 불쌍히 여기소서.'라는 이 심오한 말은 '은혜로우신 주님, 저의 죄를 용서해주시고 저를 올바르게 살도록 도와주십시오. 제 영혼에 주님의 명령을 따르려는 강한 충동을 일으켜 주십시오. 저의 모든 죄를 용서하시고, 저의 부주의한 마음을 바꾸어 늘 주님께 향하도록 변화되는 주님의 은총을 내려주소서.'라는 말과 같습니다."

저는 그 수사님의 지혜에 탄복했습니다. 죄 많은 저에게 가르침을 주신 데 대해서 수사님께 감사했습니다. 수사님은 저에게 또 다른 많은 가르침을 해주셨습니다. 그 수사님은

"형제님께서 좋으시다면, '예수기도'에서 표현되는 어조에 대해서 말씀드리겠습니다. 저는 하느님의 말씀이 하느님을 두려워하는 많은 그리스도교인에게 명하는 것으로써 성스러운 교회의 전통에 따라서 예수기도 하는 것을 알게 되었습니다. 많은 그리스도교인은 개인적으로나 공동으로 예수기도를 합니다.

예수기도의 기도 말에 대해서 형제님께서 주의 깊게 들어본다면 그 조용한 기도 말이 기도하는 사람에 따라서 다양하다는 것을 알게 될 것입니다. 어떤 이는 '주 예수 그리스도여'라고 말할 때 '예수'라는 이름에 힘을 주어 부릅니다. 또 어떤 이는 처음부터 끝까지 평이하게 기도 말을 합니다. 그리고 또 어떤 이들은 '저(우리)를 불쌍히 여기소서'라는 기도 말에서 힘을 줍니다.

'예수기도'를 할 때 어디에다가 강세를 주든지 그것은 상관없습니다. 기도는 하나이며 다 같습니다. 정교회 신도들은 하나인 같은 신앙을 고백합니다. 예수기도의 내용 안에는 주 예수 그리스도에 대해서 그리고 그분을 향한 호소가 들어 있습니다. 사람들이 예수기도를 할 때 똑같은 기도 말을 외우거나 강세를 줄 때 정해진 단어에서만 힘을 주지 않고 각 개인에 따라서 (어떨 때는 공동체에 따라서) 다양하게 기도 말을 외우거나 강세를 붙이는 것은 아주 자연스러운 현상입니다. 예수기도 안에서나 그 기도하는 사람에게서나 기도말을 듣는 사람 모두에게 표현하기 어려운 어떤 고귀한 내용이 숨겨져 있을 것입니다.

우리가 어떻게 기도해야 할지 모를 때 성령께서는 말할 수 없는 탄식으로 우리를 위해 기도해 주십니다. 사람들이 예수 그리스도의 이름으로 성령 안에서 기도한다면 사도들이 말씀하신 것처럼 성령께서 신비롭게 역사하시어 기도하는 사람의 부족함을 채워주시고 그분의 자비로운 선물을 풍성히 주실 것입니다. 먼저 하느님을 향한 경건한 마음을 주실 것이고, 그다음에는 사랑과 확고한 믿음을 주실 것이며 품위 있는 겸손을 선물로 주실 것입니다.

이러한 선물을 받게 되는 이들은 전능하신 하느님의 능력을 경외하고 찬양하게 됩니다. 그들은 자신의 기도 속에서 '주님'을 강조할 것이며 세상 만물을 창조하신 그분의 위대함과 능력을 체험하게 될 것입니다. 그리고 마음 깊은 곳에서 사랑의 신비에 대해서도 체험하게 될 것입니다.

예를 들어, 한 수도자의 신분으로서 사랑이나 충만한 기쁨도 없이 일상생활에서 예수님의 이름을 말하거나 들을 수도 없이 무미한 생활을 하다가 어느 날부터 '예수 그리스도'의 이름을 쉴새 없이 부르게 되고 듣게 된다면 분명 그의 마음속 깊은 곳에서부터 충만한 기쁨이 샘솟아 나올 것입니다.

'하느님의 아들'이라는 기도 말을 함으로써 하느님 아버지의 신성(神性)과 똑같은 신성을 지니신 예수 그리스도에 대한 믿음이 더욱 굳건하게 될 것입니다. 겸손의 선물을 받은 이는 자신의 나약함을 인식하면서 '저를 불쌍히 여기소서'라는 기도 말을 강조합니다. 그는 하느님의 인자하심에 의탁하고 하느님께 희망을 걸면서 죄에 빠지는 것을 아주 두려워합니다.

예수님의 이름을 부르는 기도(예수기도)에는 다양한 내용과 방법이 있을 수 있습니다. 제 생각으로, 형제님께서 가능하다면, 예수기도를 하는 사람들이 하느님의 영광에 대해서, 하느님으로부터 받은 교훈, 감동 그리고 다양하게 받은 영적 선물에 대하여 기록해 둘 수 있으면 좋겠습니다.

어떤 사람들은 왜 예수기도 안에 숨겨진 영적 선물이 모두 다 함께 하나로 나타나지 않는지에 대해서 질문하기도 합니다. 그렇지만 저의 의견으로는 성경에서 보듯이 하느님의 은총은 사람의 능력에 따라 하느님의 지혜안에서 분배되는 것입니다. 인간의 유한 한 지혜로 하느님을 이해할 수는 없을 것입니다. 옹기장이가 진흙으로 자기 마음대로 만들고 싶은 여러 가지 그릇을 만들지 않습니까?"

저는 이 원로 수사신부님과 5일을 지냈는데 시간은 정말 빨리 지나갔습니다. 지난 5일간은 저에게 너무나 유익한 시간이었습니다. 우리는 그 작은 방안에서 고요한 가운데 오직 예수 이름을 부르는 기도를 하거나 내면의 기도에 대한 주제로 대화를 나누었습니다.

어느 날 한 나그네가 우리를 만나러 왔습니다. 그는 유대인들에 대해서 심한 불만을 털어놓더니 욕까지 퍼부었습니다. 그는 유대인 마을에서 잠시 머물렀는데, 유대인들은 배타적이었고 나그네를 속여먹기까지 했다는 겁니다. 그는 유대인들에 대해서 있는 욕을 퍼부었습니다. 그는 유대인들은 이 세상에 존재할 가치도 없는 족속들이라고 비난했습니다. 그는 유대인들에 대한 혐오를 참기 힘들었다고 말했습니다. 원로 수사신부님은 그 나그네의 불만을 참고 듣다가 그의 말이 끝나자 다음과 같이 말씀했습니다.

"여보시오, 형제님, 형제님은 유대인들에게 욕하고 저주할 권리가 있다고 생각하십니까? 하느님께서 우리를 만드신 것과 같이 유대인들도 만드셨습니다. 형제는 유대인들을 저주할 것이 아니라 그들에게 사과해야 합니다. 그리고 그들을 위해 기도해야 합니다. 제 얘기를 잘 들어보세요. 형제가 유대인들에게 느끼는 혐오감은 형제가 하느님의 사랑 안에 있지 않다는 사실을 나타내는 것이고 내면의 기도가 없다는 것입니다. 다시 말해서 형제님에게는 내적인 평화가 없다는 것입니다. 교부들의 말씀에 따르면, "내적으로 하느님과 일치를 이루는 영혼은 기쁨 중에 착하고 단 순한 마음을 가진 어린이와 같이 됩니다. 그는 그리스인, 유대인, 이교도, 죄인 누구도 비난하지 않습니다. 그들은 깨끗해진 눈으로 모든 사람을 똑같이 봅니다. 세상 모든 사람(그리스인이든 유대인이든 이교도들이든 죄인이든 간에)과 함께 기쁜 마음으로 하느님을 찬양하기를 원합니다."

이집트의 성 마카리오스는 내적 묵상에 잠기는 사람은 커다란 사랑으로 타올라서 가능한 한 모든 사람을 그 안에 살게 하여 악하고 선한 것 사이에 아무런 차별도 없게 할 것이라고 말했습니다.

형제님, 형제님은 교부님들의 가르침을 잘 이해하고 있는 줄로 믿어집니다. 그래서 저는 형제가 그러한 사나움을 포기하고, 모든 것을 다 아시는 하느님께 의지하고 인내심과 겸손이 부족한 자신을 꾸짖기를 바랍니다. 그렇지 않으면 하느님의 진노에 언제 직면하게 될지도 모를 일입니다."

이제 일주일이 지났습니다. 그 원로 수사신부님은 건강이 회복되었습니다. 저는 그분이 저에게 주셨던 모든 축복과 교훈에 대해서 진심으로 감사하면서 작별 인사를 했습니다. 그 원로 수사님은 회복이 되어 집으로 돌아갔고 저는 계획된 길을 떠났습니다.

1917년 무신론 공산주의 혁명 전 포카예프 대수도원

저는 포카예프를 향하여 열심히 걸었습니다. 한 100리쯤 지나고 있는데 젊은 군인 한 사람이 저를 앞질러 걷고 있었습니다. 저는 그 군인에게 어디로 가는지 물어보았습니다. 그는 자기 고향 까메네츠 뾰돌스크로 가는 길이라고 대답했습니다. 우리는 서로 아무 말 없이 한참 걸었습니다. 저는 그 군인의 눈치를 살펴보니 무엇인가 고민스러며 걱정과 슬픔에 싸여 있는 듯했습니다. 그는 한숨도 쉬곤 했습니다. 저는 다

시 그 군인에게 말을 걸었습니다. 무슨 말 못 할 고민이 있는지를 물어봤습니다. 그 군인은,

"예, 제가 어떤 문제로 근심하고 있는지를 눈치를 채셨다면 저의 문제에 대하여 말씀드리겠습니다만 비밀을 지켜주시기를 바랍니다. 요즘 저는 죽게 되었습니다. 그래서 제 고민을 누구에게 호소할 데도 없고 해서 이렇게 한숨만 쉬고 있는 것입니다.

저는 원래 농부였는데 어느 날 군대에 나가게 되었습니다." 그가 자기 이야기를 꺼내는 중에 나는 직감으로 그가 그리스도교 신자라는 것을 느꼈습니다. 나는 속마음으로 같은 그리스도교 신도를 만나서 그의 근심 걱정을 푸는데, 조금이라도 도움을 줄 수 있게 되어 정말 기쁜 마음이 생겼습니다. 저는 그 군인의 이야기를 열심히 들었습니다.

저는 군대 생활을 5년간 했습니다. 군대 생활이 너무 고달프고 힘들어서 술을 한잔하기도 했고 어떨 때는 과음하여 술에 취하기도 했습니다. 군인이 술에 취하여 건들거리게 되면 채찍으로 사정없이 매를 맞게 됩니다. 한번은 술에 만취했습니다. 그래서 너무 많이 매를 맞았습니다. 그 후 저는 기회를 보아서 탈영하겠다고 결심했지요.

끝내 저는 군대에서 탈영하였고 탈영병이 된 지 15년이 흘렀습니다. 처음 6년 동안은 숨어다니면서 도둑질을 했습니다. 농장, 식품 창고, 일반창고 같은 데로 숨어 들어가서 물건들을 훔쳤습니다. 어떨 때는 말을 여러 마리 훔쳐서 팔아먹기도 했습니다. 저는 언제나 혼자서 도둑질을 했습니다. 훔친 물건들을 팔아서 늘 술을 마셨습니다. 그리고 죄가 되는 모든 짓을 다 했지만, 아직도 살아있습니다.

꼬리가 길면 밟힌다는 말과 같이 결국 저는 체포되어 감옥신세를 지게 되었습니다. 그러나 도망칠 기회를 엿보다가 또다시 다행스럽게도 감옥을 탈출했습니다. 그 후 뜻밖에 한 제대 군인을 만났는데 그는 고향으로 돌아가고 있었습니다. 그는 몹시 아팠기 때문에 걸음걸이가 아주 불편했습니다. 그래서 저는 그에게 자청하여 가까운 마을 하숙집으로 인도하였습니다. 경찰이 우리를 발견하고는 친절하게도 건초더미를 쌓아두는 창고에서 하룻밤을 쉬어가라고 허락했습니다.

제가 아침에 잠을 깨어보니 밤새 신음하면서 앓던 그 제대군인이 숨을 거두었고 사지는 이미 싸늘하게 굳어 있었습니다. 저는 급히 그의 주머니를 뒤져서 그의 여권을 찾아냈습니다. 그리고 그의 제대증도 찾아냈습니다. 그의 나이는 저와 비슷했습니다. 그리고 그의 지갑에는 상당히 많은 돈이 들어 있었습니다. 아직 이른 아침이라서 사람들의 눈을 잘 피할 수 있다고 생각하여 그 건초더미 창고에서 빠져나와서 오솔길을 따라 숲속으로 일단 도망쳤습니다. 저는 너무나 기뻤습니다. 저는 이제 죽은 자의 여권과 제대증으로 신분을 위장하고 제가 가는 길로 떳떳하게 걸어갔습니다.

저는 아스트라칸이란 지역에서 일자리를 얻게 되었는데 주인은 과부가 된 딸과 같이 살았습니다. 제가 한 1년 동안 성실하게 일한 끝에 주인장 노인의 딸과 결혼을 했습니다. 그 후 얼마 안 되어서 그 주인장 노인은 돌아가셨습니다. 우리 부부는 주인장 노인이 하던 사업을 운영할 능력이 못 되었습니다. 그래서 저는 다시 술을 많이 마시게 되었고 저의 처도 저처럼 술을 많이 마셨습니다.

다시 1년이 지나면서 우리 부부는 끝장이 났습니다. 저의 처는 병이

나서 시름시름 앓다가 죽었습니다. 저는 집과 재산을 모두 다 팔아서 탕진했습니다. 저는 먹고 살길이 막혔습니다. 그래서 하는 수 없이 옛날에 하던 대로 도둑질을 하고 훔친 물건을 팔아서 생계를 유지했습니다. 저는 여권이 있었기 때문에 도둑질에 더 대담해졌습니다. 약 1년 동안 그렇게 악한 짓을 해오다가 이제 더는 할 수 없는 운명에 처하게 되었습니다.

저는 한 시골에서 늙고 볼품없는 말 한 필을 훔쳤습니다. 그다음 그 늙은 말을 도살업자에게 팔아넘겼습니다. 돈이 생긴 저는 술집에 가서 술을 마셨습니다. 술을 마시면서 귓전으로 들은 정보는 마침 근처 큰 마을에 결혼 잔치가 있다는 소문이었습니다. 저에게 떠오른 생각은 결혼 잔치 다음에는 모두가 술을 마실 것이고 한밤중이 되면 모두가 깊은 잠에 빠져 있을 것이므로 밤에 그 동네로 들어가서 무엇이든지 훔쳐야겠다는 것이었습니다.

저는 아직 해가 지기 전에 숲속으로 들어갔습니다. 그 숲속에 드러누워서 밤에 할 일을 위해서 잠을 자두는 게 좋다고 생각하여 잠을 청했습니다. 저는 깊은 잠에 빠졌습니다. 그리고 꿈을 꾸었습니다. 넓고 아름다운 초원에 저 자신이 홀로 서 있는 모습을 보았습니다. 갑자기 시커먼 구름이 하늘을 떠다녔습니다. 천둥소리가 나고 땅이 흔들렸습니다. 어떤 큰 힘이 저의 어깨를 짓누르는 것 같았습니다. 그 검은 구름은 저를 무섭게 하였으나 갑자기 땅속으로 사라졌습니다.

그 대신 땅속에서, 20년 전에 돌아가신 저의 할아버지가 올라오셨습니다. 제 할아버지는 대쪽 같이 곧은 분이셨습니다. 그분은 생전에 우리 마을에서 30년간 아주 열심히 신앙생활을 하셨습니다. 할아버지는 화가 나신 모습으로 저에게로 가까이 오셨습니다. 저는 무서워 떨었습니다. 그간 제가 도둑질했던 물건들이 저의 주위에 둥그렇게 놓여있었습니다.

할아버지께서는 첫 번째 물건을 손으로 가리키시면서 "그 물건을 돌려주어라."고 명령하셨습니다. 그러자 갑자기 어떤 힘이 나를 조였습니다. 저는 조여드는 자신을 어찌할 줄 몰랐습니다. 고통이 심하여 견딜 수 없어서 신음하기 시작했습니다. 할아버지는 두 번째 물건을 가리키면서 "저것은 무엇이냐? 이놈을 좀 더 심하게 다루어라."고 말씀하시니 어떤 힘이 저를 못살게 짓눌렀고 죄었습니다. 저는 그 고통을 참다못해 비명을 질렀습니다. 그때 제가 당한 고통은 이 세상에서는 가장 심한 고통이라고 느꼈습니다.

할아버지께서는 또 지난밤에 훔쳤던 그 늙은 말을 몰고 와서 "이 말은 어디서 났느냐? 이 말을 주인에게 돌려주어라."고 명령했습니다.

저는 온몸이 비틀리면서 조여지는 고통을 당했습니다. 그 고통은 말로 표현하기 어렵습니다. 마치 힘센 사람이 저의 양 볼을 잡아당기고 저의 살갗을 집게로 집어서 당기는 듯한 고통 때문에 저는 숨이 막힐 지경이었습니다. 그때 제가 당한 고통은 정말 참기 어려웠으며 금방 기절할 듯했습니다. 그 말은 뒷발로 저를 찼습니다. 그리고 한쪽 볼은 정말 찢기고 말았습니다. 저는 완전히 공포 속에서 잠이 깨었습니다. 온몸에 식은땀이 흐르고 저 자신의 몸을 가눌 수 없도록 한기가 들어서 와들와들 떨었습니다.

때는 벌써 새벽녘이 되었습니다. 먼동이 트기 시작했습니다. 저는 저의 볼을 만져보았습니다. 꿈에서와 똑같이 정말 피가 흐르고 저의 볼은 찢어져 있었습니다. 저는 당황했습니다. 고통 중에서 찢어진 볼을 꿰매야 하겠다고 황급히 바늘을 찾았습니다. 저는 대충 저의 볼을 바늘로 꿰매었습니다.

저는 몸을 움직일 수 없었습니다. 저의 볼의 상처는 오래갔습니다. 보십시오. 지금도 그 상처 자욱이 있지 않습니까? 그 후로 저는 자주 무서움과 공포에 휩싸이곤 했습니다. 지금도 저는 신체적으로 고통 중에 있습니다. 그리고 정신적으로는 제가 해야 할 일도 모르고 완전히 방황하는 상태에서 허우적거리고 있습니다. 저는 그 무섭고 고통스러웠던 꿈의 현상이 잊히지 않아서 더 심한 정신적, 신체적 고통을 당하고 있습니다. 모든 사람이 제가 저지른 과거의 죄악을 다 알고 있는 듯해서 두려워 떨고 있습니다.

그 이후로 저는 먹지도 못하고 마시지도 못하며 죽음을 향해 걸어가는 느낌이 듭니다. 저는 정신이 혼미해지고 있습니다. 그래도 문득문득 떠오르는 생각은 저의 옛 부대로 돌아가서 모든 것을 고백하고 어떠한 처벌이라도 받는 게 낫지 않겠나 하는 것입니다.

지금 제가 당하는 고통이 하느님이 내리신 벌이라면 하느님은 저의 죄를 용서하셨을 거라는 생각이 듭니다. 그렇지만 저는 두렵습니다. 그리고 세상을 살아갈 용기를 다 잃었습니다. 하느님이 저의 죄에 대해서 더 큰 형벌을 내릴까 저는 공포에 떱니다. 그래서 차라리 저는 목매달아 죽어버리는 것이 낫다고 생각했습니다. 어차피 죽을 몸 더 큰 고통을 받기 전에 자살하는 것이 낫다고 생각하고 있습니다.

저는 이제 곧 죽을 것입니다. 더는 살 힘이 없어서 이제 죽는 길만이 남았습니다. 죽기 전에 집에 가서 집안사람들 얼굴이라도 보고 죽으려고 지금 열심히 집으로 가는 길입니다. 저의 집에는 조카가 살고 있는데 지금 그 조카가 사는 집을 향하여 6개월째 걸어왔습니다.

저는 절망과 고통 속에서 헤매고 있습니다. 보십시오. 저는 더는 견딜 수가 없습니다. 죽는 길 이외에는 방법이 없습니다. 보십시오. 제가 어떻게 무엇을 할 수 있겠습니까? 저는 이제는 버틸 수 없습니다.

저는 이 모든 사연을 자세히 들었습니다. 참으로 놀라운 사건이었습니다. 그리고 곧 하느님의 지혜와 선하심에 찬양했습니다. 선하신 하느님께서 다양한 방법으로 죄인을 구원의 길로 인도하시기 때문입니다. 저는 그에게 다음과 같이 말했습니다.

"형제님, 형제님께서는 공포와 고통을 당하는 동안에 하느님께 기도를 드렸어야 했습니다. 기도하셨다면 형제님께 닥친 어려운 문제들이 풀렸을 텐데요."

그는 대답하기를, "예, 제가 기도를 했습니다. 그렇지만 저는 하느님께서 저를 파멸시킬 것이라는 생각을 했습니다."

"형제님, 그것은 어리석은 소리입니다. 그러한 생각은 사탄의 유혹입니다. 사탄이 순간적으로 형제님의 생각을 그렇게 유도한 것입니다. 하느님의 인자하심은 무한합니다. 죄인들을 불쌍히 여기시고 회개하는 이들을 용서하십니다. 형제님께서 예수기도를 알았더라면 좋았을 텐데… 예수기도는 아주 간단합니다. "주 예수 그리스도여, 저를 불쌍히 여기소서"라고 말하면 됩니다. 이 기도를 계속해보십시오. 꼭 실천해 보세요. 하느님의 은혜가 분명히 형제님에게 내리실 것입니다."

"예, 물론, 저도 예수기도를 압니다. 도둑질할 때는 용기를 얻기 위해서 예수기도를 하곤 했지요."

"자, 이거 보세요, 형제님, 형제님은 무엇인가 잘못 생각한 것입니다. 형제님께서 기도했을 때 형제님은 파멸하지 않았습니다. 이제 형제님이 잘못한 점을 뉘우치고 다시 기도를 시작해 보세요. 사탄이 형제님을 파멸로 이끌 수 없습니다. 제 말을 믿으시고 기도를 해보세요. 그러면 어떠한 나쁜 생각이 떠오르든, 나쁜 마음이 생기든 상관없이 금방 그러한 유혹 등은 물러가고 맙니다. 그리고 형제님은 곧 평안해질 것입니다. 모든 두려움과 긴장은 사라질 것이고 마침내 형제님은 평화로 충만해질 것이며 신심이 깊은 사람으로 변화될 것입니다. 그리고 죄를 짓고자 하는 생각이나 마음은 없어질 것입니다. 틀림없습니다. 저는 꼭 그렇게 되리라고 확신합니다."

저는 예수기도의 능력을 체험한 사례 몇 가지를 그 형제에게 들려주었습니다. 저는 그 젊은 군인 형제를 설득하여 포카예프 성모 마리아 성당으로 동행하게 되었습니다. 그는 나의 이야기를 주의 깊게 들었고 고백성사를 볼 것과 성체성혈성사를 받을 것을 약속했습니다.

우리 둘이 포카예프로 걸어가는 도중에 침묵 중에서 서로에게 한마디 말도 건네지 않고 오직 예수기도만을 반복했습니다. 우리는 종일 걸었고 다음 날도 종일 걷는 중에 그는 마음이 편안해졌다고 말했습니다. 3일째 되는 날 우리는 포카예프에 당도했습니다. 저는 그에게 잠을 자지 않는 한 예수기도를 중단하지 말도록 당부했습니다. 그리고 "예수"라는 이름은 우리들의 영적 원수들에게는 견딜 수 없는 강한 능력을 갖추고 있으며, "예수 이름을 계속 부르는 자 분명히 구원을 받는다고 그에게 확신을 심어주었습니다.

저는 우리가 꾸준히 예수기도를 해왔다 할지라도 성체성혈을 영하기 위해서는 예수기도로 준비하는 것은 아주 필요하다고 기록된 부분을 자애록(慈愛錄)에서 읽어주었습니다. 그는 저의 조언을 잘 받아들였습니다. 결국 그는 고백성사를 보고 난 다음 리뚜르기야(성찬예배)에서 성체성혈을 영했습니다. 그는 때때로 악한 생각들이 떠오르고 분심 잡념이 생길 때 예수기도를 함으로써 다 물리쳤다고 했습니다.

그는 주일 아침예배[48]에 일찍 참석하기 위하여 일찍 잠자리에 들면서 예수기도를 계속했습니다. 저는 촛불 옆에서 자애록을 읽었습니다. 약 1시간쯤 지났습니다. 그는 잠이 들었고 저는 기도하고 있었습니다. 그런데 잠을 자고 있던 그는 갑자기 놀란 모습으로 깨었습니다. 그는 침대 위에서 벌떡 일어나서 제 앞으로 바싹 다가와 앉으면서 눈물을 흘렸습니다. 그의 행위와 눈물은 행복이 넘치는 듯했습니다. 그가 저에게 말했습니다.

"오, 형제님, 저는 지금 너무나 행복하고 평화롭습니다. 하느님께서 죄 많은 저를 불쌍히 여기시어 모든 잘못을 용서하신다는 것을 저는

---

48) 주일 아침예배: 안식일 다음 날 이른 아침에 부활하신 주 예수님을 찬양하며 죽음의 질곡에서 영원한 생명으로 건너가는 빠스카를 축하하는 부활 대축제이다. 러시아말로는 "우뜨레냐"라고 하는 주일 아침예배에서는 부활복음이 매주 봉독된다. 성령강림 절기와 성탄 절기를 제외한 연중 모든 주일 아침예배에서 부활복음이 봉독된다. 보통 주일 아침예배에 이어 성찬예배가 봉헌된다. 어떤 경우에는 토요일 저녁(밤)에 저녁예배 (베체르냐)에 이어 아침 예배를 드리는 (심야예배의 형태) 경우도 있다.

믿습니다. 오, 주님께 영광 돌립니다. 주님께 영광!"

저는 정말 놀랐습니다. 저는 그에게 어떠한 평화와 행복을 느꼈는지 자세히 말해주기를 청했습니다. 그랬더니 그는 다음과 같이 설명했습니다.

"저는 곧바로 잠이 들었지요. 그리고 꿈을 꾸었는데 저를 괴롭히던 그 숲속에 서 있는 저 자신을 보았습니다. 처음에는 섬뜩하고 끔찍한 느낌이 들었지만 금방 구름은 걷히고 밝은 태양이 비치기 시작했습니다. 온 숲과 초원은 태양의 빛을 받아 빛나는 것을 보았습니다. 그리고 저는 그 자리에 선 채로 푸른 잔디와 빨간 꽃들을 보았습니다.

그런 후 갑자기 저의 할아버지께서 저에게 가까이 오셨습니다. 할아버지께서는 그 어느 때보다도 인자하신 모습으로 친절하게 저를 맞아 주셨습니다. 그리고 저에게 성 게오르기 쥐토미르 성당으로 가라고 지시하셨습니다.

"그곳에서는 너를 보호해줄 것이니 거기서 평안히 살도록 해라. 그리고 기도하는 일을 게을리하지 말고 항상 기도해라. 하느님께서 너에게 은혜를 베풀어 주실 것이다."

할아버지께서 이렇게 말씀하시고는 저에게 십자성호를 그어주시면서 축복기도를 했습니다. 그리고는 사라지셨습니다. 제가 체험한 행복한 느낌을 어떻게 표현할지 모르겠습니다. 마치 양어깨에 지워진 무거운 짐을 내려놓고 하늘을 날 수 있는 듯 가벼워진 느낌이 들었습니다. 제가 잠에서 깨어났을 때 온 정신과 마음은 너무나 평안했고 기쁨으로 충만해서 무엇을 어떻게 해야 할지를 모르겠습니다. 그러니 저는 지금 어떻게 해야 좋겠습니까? 할아버지의 지시대로 쥐토미르로 곧장 출발

할까 합니다. 저는 기도하면서 가면 더욱 평안해질 것 같습니다."

"그렇지만 형제님, 잠깐 기다립시다. 컴컴한 밤중에 길을 떠난다는 것은 바람직하지 못합니다. 조금 더 기다렸다가 아침예배를 드리고 기도한 다음에 하느님과 동행하십시오."

그래서 우리는 이런 대화를 나눈 후에, 더는 잠을 청하지 않았습니다. 우리는 아침 예배에 참석했습니다. 그는 눈물을 흘리면서 열심히 기도했습니다. 그는 매우 평화롭고 기쁜 상태로 보았습니다. 그는 예수기도를 쉬지 않고 하게 되면 스스로 행복할 수 있다는 확신을 가진 듯 계속 예수기도를 했습니다.

그는 성찬예배에서 성체성혈을 받아 영했습니다. 그리고 예배 후에 우리는 함께 음식을 나누어 먹고는 쥐토미르로 가는 길목까지 함께 걸어갔습니다. 우리는 갈림길에서 눈물을 흘리면서 기쁜 마음으로 작별을 했습니다.

그와 작별을 한 후 '나는 어디로 갈까? 하는 생각으로 저 자신의 앞길에 대해서 생각해보았습니다.

한참 생각해본 끝에 저는 키예프로 가야겠다고 결심했습니다. 그리고 예루살렘이나 아토스산으로 순례를 계속하는 도중에 그리스 도의 정신과 사랑으로 충만한 주님 안의 형제들을 만나게 되리라 생각했습니다.

저는 포카예프에서 한 주간을 보냈습니다. 그동안 여행 도중에서 만난 사람들에게서 배운 모든 것을 회상하면서 유익했던 많은 일을 기록하는 데 많은 시간을 보냈습니다. 그리고 나서 또다시 순례의 길을 떠나기 위해서 짐을 챙겨 메고서 성당으로 갔습니다. 예배드리는 중에 성모 마리아와 모든 성인처럼 저 자신을 주님께 맡겼습니다. 특별히 성모님의 보호를 요청했습니다.

예배가 끝난 후 저는 성당 바깥벽에 서 있었습니다. 그때 어떤 남자가 저에게 다가와서 양초를 어디서 파느냐고 물었습니다. 그 남자는 옷차림과 외모를 보아서 부유한 귀족으로 보였습니다. 저는 양초 파는 곳을 알려주고 성당을 떠나서 제가 갈 길을 걸어갔습니다.

길을 따라서 한 참 걸어가는 중에 한 집의 창문이 열려 있고 그 안에 어떤 사람이 소리 내어 책을 읽고 있었습니다. 저는 바로 그 창문 옆으로 지나가면서 책 읽는 사람을 힐끗 쳐다보았는데 그 사람은 성당에서 양초 파는 곳이 어디냐고 저에게 물어보았던 바로 그 남자였습니다. 저는 모자를 벗고 목례를 하면서 지나가는데, 그 남자가 저를 보고 자기에게 오라고 손짓을 했습니다. 그 남자는, "여보세요. 제 생각에 댁은 순례자로 보입니다. 틀림없지요?"라 고 말했습니다. 저는 "예"라고 대답했습니다.

그는 저를 집 안으로 들어오게 했습니다. 그리고 제가 누구이며 어디로 가고 있는지를 질문했습니다. 저는 숨김없이 저 자신에 대해서 다 말했습니다. 그는 저에게 따뜻한 차를 대접하면서 이야기를 시작했습니다.

"비둘기같이 사랑스러운 형제님, 제 얘기를 좀 들어보세요. 제 생각에는 형제께서 소롤베츠키 수도원으로 가 보시는 게 좋으리라 생각 듭니다. 거기에는 안제르스키라는 아주 평화로운 스케테(작은 암자와 같은 수도원) 가 있지요. 거기는 제2의 아토스산(山)이라 고들 하는데 누구든지 환영한답니다. 그곳의 수도자들은 하루에 4시간을 시편 봉독을 하지요. 저는 그곳으로 가는 길입니다. 저는 걸어서 간다는 다짐을 하고는 지금까지 걸어왔지요.

우리는 함께 걸어갈 수 있습니다. 제가 형제님과 함께 걸어간다면 더욱 안전하게 갈 수 있다는 생각이 듭니다. 혼자 걸어가기는 너무나 쓸쓸한 길이지요. 저에게는 약간의 돈이 있으니 가는 길에 음식을 사 먹는 것은 제가 부담할 수 있지요. 헤어지지 말고 끝까지 함께 가십시다. 우리 둘이서 독서를 하거나 묵상을 하며 함께 걸어가는 것입니다. 한번 잘 생각해 보세요. 같이 걸어간다는 것은 형제님께도 득이 되고 가치가 있을 것입니다.

저는 뜻밖의 이런 제안을 받은 것에 대해서 성모님께 감사했습니다. 그 일은 제가 순례의 길을 걸으면서 성모님께 축복의 길을 열어 달라고 기도했기 때문이었습니다. 저는 깊이 생각할 겨를 없이 바로 그분의 제안에 동의했습니다.

다음 날 우리는 함께 길을 떠났습니다. 우리는 앞에서 또 뒤에서 조금 떨어져 걸으면서 3일 동안 순례의 길을 걸었습니다. 걷는 도중에 우리는 약속한 대로 책을 읽거나 묵상을 했지요. 독서하는 일과 명상하는 일은 밤낮 그치지 않았지요. 그런데 그분은 읽는 책을 손에서 놓지를 않았습니다. 저녁식사 시간에도 그는 책을 읽으면서 식사를 하였습니다. 저는 그 책이 성경책이라는 것을 알게 되었습니다. 그래서 저는 그에게

"왜 밤낮없이 성경을 손에서 놓지를 않습니까? 왜 늘 그 성경책을 지니고 다니십니까?"라고 물어보았더니 그는,

"예, 저는 성경 안에서 끊임없이 가르침을 받기 때문입니다."라고 대

답했습니다.

저는 계속해서 "무엇을 그렇게 쉴새 없이 배우십니까?"라고 질문을 했더니 그는 대답을 길게 했습니다.

"그리스도인의 생활은 한마디로 기도 생활이라고 말할 수 있습니다. 제 생각으로는 기도는 구원의 필수적 요건이며 그리스도인들의 첫째가는 의무라고 여깁니다. 기도는 신앙생활의 첫 번째 단계이며 또한 신심생활의 정점이기도 합니다. 그 이유는 성경 말씀이 쉬지 않는 기도를 말하기 때문입니다. 어떤 신앙 활동은 그 자체의 시간이 따로 있겠지만 기도는 그 시간이 따로 분리되어 있지 않지요. 기도 없는 선행은 무의미합니다. 그리고 성경의 말씀을 모르고는 기도를 잘 배울 수 없지요. 내적 신앙생활로 구원에 이르고자 하는 이들이나, 하느님의 말씀을 전하는 전도자들이나 은수자들 그리고 하느님을 공경하는 모든 이들은 성경 말씀을 끊임없이 읽는 중에 하느님의 가르침을 받은 것입니다. 그들 중 많은 이들이 그들의 손에서 성경책을 떼지 않았고 늘 지녔으며 구원에 대한 가르침과 충고를 받았던 것입니다.

형제님, 형제님 스스로 홀로 조용한 방에 앉아서 성경을 읽고 또 읽어보세요. 그러면 제가 성경을 소중히 여기는 까닭을 깨닫게 될 것입니다."

저는 기도에 대해서 성경을 바탕으로 하는 그의 이야기를 들을 때 마음이 너무나 기뻤습니다. 그래서 저는 성경 말씀에 대하여 계속 질문을 했습니다. 그는 대답하기를,

신약 성경을 처음부터 순서대로 읽으세요. 저는 성경 말씀(마태오. 마

르코, 루가, 요한에 의한 복음)을 오랫동안 읽어 왔습니다. 제가 말씀을 읽는 중에 그 깊은 의미가 받아들여졌습니다. 그리고 성경 안에는 기도에 대한 가르침에 순서와 연결고리가 있다는 것을 알게 되었습니다.

그리고 성경 말씀은 처음 저자(성 마태오)로부터 시작해서 순서대로 체계적으로 저술되었다는 것도 이해하게 되었습니다. 예를 들어서 먼저 기도에 대한 가르침과 소개가 기술되어 있습니다. 말하자면 기도의 형태나 표현양식이 성경 말씀 안에 기술되었다는 것도 알게 되었습니다.

더 나아가서, 우리가 기도를 배우는 의미와 기도로 나타나는 사례들로서 기도의 필수적 조건들을 알게 되었습니다. 끝으로, 예수 그리스도의 이름을 부르며 영적이고 내적인, 쉬지 않고 하는 기도는 형식적인 기도보다 더 고귀하고 유익한 것이었고, 그다음에는 축복의 결실이 따르게 되는 것입니다. 한마디로 말해서, 성경 안에 서는 완전하고 상세하게 처음부터 끝까지 체계적이고 연속적으로 기도 훈련에 관한 지식을 깨닫게 됩니다."

그러한 말씀을 듣던 중에 기도와 성경 말씀에 대해 좀 더 상세하게 물어보겠다는 마음이 생겼습니다.

저는 그 어떠한 것보다도 기도에 대하여 더 자세히 설명을 듣고 싶습니다. 제가 기도에 대한 가르침을 더 받고 신비스러운 비밀의 열쇠를 갖게 된다면 정말 행복할 것 같습니다. 그러니 하느님의 사랑 안에서 저에게 성경 속의 기도에 대한 모든 것을 좀 가르쳐 주세요."

그는 저의 청에 기꺼이 찬성하면서 다시 가르침을 시작했습니다.

"자, 우선 성경을 펴보십시오. 먼저 마태오복음 6장을 보십시오. 그리고 5~9절까지를 정독하십시오." 그는 연필을 저에게 건네주시면서 그 구절을 기록하라고 했습니다.

"여기서 우리는 요란하게 기도할 것이 아니라 혼자만의 장소에서 고요함 속에서 기도를 시작해야 하며 하느님과 더 좋은 관계를 위해서 또 자신의 죄의 용서를 위해 기도해야 합니다. 이방인들처럼 세상 사물에 대해서 많고 불필요한 청원을 하지 말아야 한다는 가르침을 알게 됩니다.

그러고 나서 같은 장 9~14절까지를 읽어보십시오. 여기서 기도의 형식이 우리에게 주어집니다. 거기서 바로 형제님은 위대한 지혜 속에서 우리 생활을 위해서 필요한 모든 것들을 함께 다 지닐 수 있게 되는 것입니다. 그다음에 14~15절을 계속 읽어보십시오.

그리고 형제님은 기도의 효과가 나타나게 하기 위해서는 반드시 지켜야 하는 필수적인 조건들이 있다는 것을 알게 될 것입니다. 우리가 우리에게 상처 입힌 사람들을 용서하지 않는다면 하느님께서도 우리의 죄를 용서하시지 않는다는 것입니다.

자 7장으로 넘겨봅시다! 7장 12절을 읽어보시면 기도에서 성공하는 방법과 희망 속에서 담대해지는 방법을 알아낼 수 있을 것입니다. '구하라! 찾아라! 두드리라!'라는 강한 표현들은 기도와 기도를 실행하는 절박함 속과 자주 기도를 해야 함을 나타내는 것입니다. 기도는 행동과 함께 이루어져야 할 뿐만 아니라 심지어는 행동 보다 기도가 먼저 이루어져야 합니다. 이는 기도의 주된 특성을 구성하는 것입니다.

마태오복음 14장 32-40절까지는 기도의 실행에 관한 한 사례를 볼 수 있습니다. 거기서 예수 그리스도께서는 같은 기도 말씀을 되풀이하십니다. 루가복음 11:5-13에서는 한밤중에 친구에게 찾아가 빵을 얻으려는 한 우화로서 되풀이하는 기도의 비슷한 사례를 보여줍니다. 그리고 루가복음 18장 1-8절까지는 끈질긴 과부의 계속적인 요청을 사례로 보여주십니다.

이 구절은 우리가 항상, 언제나 어떠한 장소에서도 기도해야 하고 실망하지 않아야 한다는 것을 가르치시는 것입니다. 다시 말해서, 기도하는데 게으름 피지 말아야 한다는 것을 예수 그리스도께서는 명령으로 설명하시는 것입니다.

이러한 자세한 가르침 다음에 요한복음에서 마음의 비밀스러운 심장의 기도에 대한 핵심적인 가르침을 우리에게 보여주십니다. 먼저 한 장소에서 예수 그리스도께서 사마리아 여인과의 심오한 대화 속에서 하느님께서 원하시는 참되고 영적인 내적인 예배가 계시되고 있는 것입니다. 그리고 이러한 예배는 마치 영원한 생명으로 흐르는 물처럼 진실한 기도는 끊임이 없는 것입니다.(요 4:5-25)

더 나아가서, 요한복음 15:4-8까지는 우리를 위해서 훨씬 더 분명하게 내적인 기도의 필요성과 그러한 기도의 힘과 능력을 보여주고 있습니다. 이 구절은 하느님 아버지를 끊임없이 기억하면서, 그리스도 안에서 영혼이 현존하게 된다는 말씀입니다. 끝으로 요한복음 16:23~25까지 읽어보십시오. 여기엔 하나의 신비가 계시되어 있습니다. 형제님께서는 예수 그리스도의 이름으로 바치는 기도 또는 예수기도"로 알려진, "주 예수 그리스도여, 저를 불쌍히 여기소서."라는 기도 말을 이해하게 될 것입니다. 이 기도를 자주 되풀이할 때 기도의 위대한 능력을 알게 되며 아주 쉽게 마음이 열리게 되어 축복을 받는 것입니다.

  이 기도의 능력은 사도들의 경우에서 아주 분명하게 드러났습니다. 사도들은 예수님의 제자가 되었습니다. 그들은 예수님에게서 하늘에 계신 "우리 아버지"라고 말하는 "주의 기도"를 배웠습니다. (우리는 사도들을 통해서 "주의 기도"를 배웠습니다) 그렇지만 예수 그리스도께서는 고난을 받으시기 전에 제자들이 기도에 대해서 잘 이해하지 못했던 신비를 가르쳐 주었습니다. 제자들의 기도가 성공적인 단계로 나아가도록 결정적인 가르침을 주셨습니다.

  "정말 잘 들어 두어라. 너희가 내 이름으로 아버지께 구하는 것이면 아버지께서 무엇이든지 주실 것이다. 지금까지 너희는 내 이름으로 아무것도 구해본 적이 없다. 구하여라 받을 것이다. 너희는 기쁨에 넘칠 것이다."(요 16:23-24)

  사도들이 예수 그리스도의 이름으로 기도하는 법을 배운 이후 예수 그리스도의 이름으로 기도함으로써 많은 놀라운 일들을 행하게 되었고 그리스도의 풍부한 빛이 그들에게 비추어지게 되었던 것입니다.

  이제 형제님은 성경 말씀 안에서 기도에 대한 가르침들이 그처럼 넘치는 지혜로 완전하게 연결되어 있다는 것을 아시겠습니까? 그리고 형제님께서 계속해서 사도행전을 잘 읽게 된다면, 형제님은 기도에 대해서 서로 연결된 가르침을 또 발견하게 되실 겁니다.

  제가 이미 형제님에게 드렸던 말씀들을 계속 이어가기 위해서 저는 기도의 특성들을 설명해주는 몇 구절을 보여드리겠습니다. 사도행전에는 기도의 실행에 대해서 잘 기록되어 있습니다. 즉, 부지런하게 쉬지 않고 드리는 기도를 실천한 초기의 그리스도인들은 예수 그리스도 안에서 그들의 믿음으로 기도에 대하여 통달하게 된 것입니다(행 4:31 참조).

기도의 열매는 쉬지 않고 기도하는 결과로 성령이 넘치도록 충만하게 되며 또 성령의 선물을 받게 되는 것입니다. 사도행전 16장을 읽어보시면 잘 이해될 것입니다. 특히 25~26절을 잘 읽어보세요. 그런 다음에 사도들의 편지(서간경)에서 순서에 따라서 기도를 하시면 다음과 같은 사실들을 알게 되실 것입니다.

(1) 기도는 어떠한 처지에서도 꼭 필요한 것이다(약 5:13-16). (2) 성령께서 우리가 기도하는 것을 도와주신다(유 20~21, 롬 8:26). (3) 성령 안에서의 기도는 아주 절실하다(엡 6:18). (4) 기도에 있어서 고요함과 내적 평화는 아주 필수적이다(빌 4:6-7). (5) 쉬지 않고 하는 기도를 해야 한다(살전 5:17). (6) 우리 자신을 위해서 기도해야 할 뿐만 아니라 모든 이들을 위해서 기도해야 한다(딤전 2:1-5).

그리고 우리가 기도의 깊은 의미를 알아내기 위하여 아주 주의 깊게 오랜 시간을 묵상함으로써 하느님의 말씀 안에 숨겨진 비밀스러운 계시들을 더 많이 발견할 수 있게 됩니다. 그런데 어떤 이가 하느님의 말씀을 급하게 빨리 읽어 버린다면 하느님의 계시를 피해버리는 꼴이 되는 것입니다.

제가 지금까지 형제님께 일러주고 보여 준 대로, 어떠한 지혜와 체계로 신약 성경이 기도에 대해서 우리 주 예수 그리스도의 가르침을 드러내는지 그리고 우리가 어떻게 밝혀 왔는지를 조금 이해 하게 되었습니까? 전체 4복음서 중에 이러한 주님의 가르침이 놀랍게도 순서대로 잘 나타나 있다는 것을 아시겠습니까?

마태오 복음에서는 기도에 대한 소개, 기도의 실제적인 형식, 기도의 조건 등이 있습니다. 더 나아가서 마르코 복음에서는 사례들을 발견하게 됩니다. 루가복음에서는 우화를 발견하고 요한복음에서는 내적 기도의 비밀스러운 실행을 발견하게 됩니다. 사도행전에서는 기도의 실행과 기도의 결과들을 우리에게 잘 보여주고 있습니다. 사도들의 편지(서간경)와 요한계시록(묵시록)에서는 기도의 실행과 밀접하게 관련된 많은 특성이 쓰여 있습니다. 그리고 형제님께서는 구원을 위한 여러 가지 방법 중에서 오직 성경만이 진정한 스승으로서 만족을 줄 수 있다는 이유를 알게 될 것입니다.

그분이 저에게 성경 말씀을 일일이 제시하면서 가르쳐 주시는 동안에 저는 저의 성경책에 밑줄 그으면서 말씀들을 되새겼습니다. 저에게는 너무나 소중한 교훈이 되었으며 정말 감사했습니다.

그리고 나서 우리는 침묵 중에 5일간을 계속 걸어갔습니다. 그런데 저의 동행 순례자는 발병이 났습니다. 그는 먼 여행길에 익숙하지 못했기 때문인 듯했습니다. 그는 한 쌍의 말이 끄는 마차 한 대를 임대하여 저와 함께 타고 갔습니다. 우리는 동행 순례자가 잘 아는 마을에 도착하여 3일간을 머물렀습니다. 3일 동안 휴식을 취하고 나니 그의 발병도 나았습니다. 우리는 동행 순례자의 목적지인 안제르스키(Anzersky) 스케테(수도원)를 향하여 다시 걸어가기 시작했습니다.

원로 수사신부님: 형제님의 친구는 훌륭하게 여겨집니다. 그는 신앙심이 깊고 교양 있는 분 같군요. 한번 만나보고 싶습니다.

순례자: 예, 저희는 같은 장소에 머물고 있습니다. 내일 그를 모셔오

겠습니다. 밤이 늦었습니다. 안녕히 계십시오.

성 세라핌 수사 신부님은 광야의 숲속에 손수 오두막집을 짓고 은수자처럼 살았습니다. 그는 예수기도를 열심히 했고, 한때는 바위 위에서 무릎을 꿇은 채 첫날(1,000일)을 계속 기도하기도 하였습니다.

2.

순례자: 어제 제가 약속드린 바와 같이 제가 존경하는 저의 동행 순례자를 모셔왔습니다. 이분은 영적 대화로서 저의 순례길에 많은 도움을 주셨습니다. 이분도 신부님 뵙기를 원했습니다.

원로 수사신부님: 반갑습니다. 제가 뵙기를 바랬는데 두 분 다 함께 저를 찾아 주시니 정말 기쁩니다. 이제 선생님의 체험담을 듣게 되면 우리들의 영혼에 크게 도움이 될 것으로 믿습니다. 저는 여기서 고명하신 대 원로 수사님과 훌륭하신 신부님과 함께 있습니다. 예수 그리스도의 이름으로 둘이나 셋이 모이면 예수님께서도 함께 하신다고 예수님께서 약속하셨습니다.

우리는 지금 예수님의 이름으로 다섯 명이 모였으니 예수 그리스도께서는 분명히 넘치도록 풍성한 축복을 우리에게 내려주실 것입니다.

사랑하는 형제님, 어제 형제님의 동행 순례자와 함께 나누었다는 성경 말씀에 대한 타오르는 듯한 그 열정은 정말 명심해야 할 교훈적인 이야기였습니다.

이러한 위대하고 축복받은 비밀이 형제님께 드러났음을 알아본다는 것은 아주 흥미 있는 일입니다.

교수: 만물을 사랑하시고 온 인류가 구원받게 되고 진리에 대한 지식을 알게 되기를 바라시는 하느님께서는 그 어떠한 인간의 중재도 없이

놀라운 방법으로 그분의 위대하신 자애(慈愛)를 저에게 드러내셨습니다.

저는 5년 동안 교수직에 있었습니다. 그러나 저는 예수 그리스도의 가르침에 따르지 않고 세상의 헛된 철학에 사로잡히면서 어두운 생활에 빠져들게 되었습니다. 저는 신심 깊은 어머니와 사려 깊고 성실한 여동생과 함께 살았기 때문에 다행히도 죽음의 길에서 돌아서게 되었습니다.

하루는 제가 공원의 가로수를 따라서 산책하는 중에, 스스로 프랑스 사람이라고 말하는 잘생긴 젊은 남자를 만나게 되었습니다. 그는 파리에 도착한 지 얼마 안 되는 학생인데 가정교사 자리를 찾고 있다고 했습니다.

저는 그의 높은 학구적인 열정에 아주 기뻤습니다. 그리고 저는 그에게 우리 집에 한번 오라고 했습니다. 그리고 우리는 서로 친구가 되었습니다. 그 후 두 달 동안 그는 우리 집에 자주 왔고 우리는 자주 만날 수 있게 되었습니다. 우리는 가끔 함께 산책하면서 부도덕한 생각을 멀리하고 즐겁게 대화를 나누었습니다. 하루는 그가 저를 어떤 곳으로 초대하겠다고 했습니다. 그는 저를 초대하기 위하여 아주 명랑하고 즐겁게 그 모임에 대해 칭찬하면서 저를 빨리 설득하려 했습니다.

그는 이런저런 여러 가지 이야기를 꺼내더니 갑자기 저의 서재에서 나가 거실에서 이야기하자고 했습니다. 그래서 저는 의아해하며, 그가 저의 서재에 있기 싫어한다는 것을 전에도 눈치챈 적이 있었는데 그 이유가 무엇인지 그에게 물었습니다. 그리고 저는 거실은 어머니와 누이가 있는 방과 가까우므로 우리끼리의 대화를 하기에는 적절하지 못하다고 말했습니다.

하지만 그는 서재를 확실히 떠나고 싶어 하며 말하기를,

"책꽂이를 보니 성경책이 있군요. 저는 성경책이 있으면 성스럽지 않은 이야기를 못 합니다. 그러니 그 성경책을 제발 치워 주세요. 그러면 우리는 자유롭게 대화가 진행될 수 있습니다."

저는 어리석게도 웃으면서 책꽂이에서 성경책을 꺼내 들고 와서 그에게 건네주면서 말했습니다. "왜 진작 이야기를 하지 않았습니까. 자, 이 성경책을 가져가셔서 방안 아무 데나 놓으세요."

성경책이 그의 몸에 닿자마자, 그는 벌벌 떨었고 사라져 버렸습니다. 저는 너무 놀라서 정신을 잃고 바닥에 쓰러졌습니다. 이 소리를 듣고, 우리 가족이 저에게로 달려왔고, 30분 동안 그들은 제가 정신이 들도록 할 수 없었습니다. 결국, 제가 정신이 들었을 때, 저는 놀랐고, 비틀거렸으며 매우 혼란에 빠졌다는 것을 느꼈습니다. 저의 수족이 다 마비되어 움직일 수 없었습니다. 의사가 왔을 때, 저는 큰 충격으로 놀래서 몸이 마비되었다고 진단했습니다. 저는 그 후에 일 년 동안 누워있었고, 많은 의사의 지극한 관심에도 저는 조금도 낫지 않았습니다. 저는 병 때문에 저의 직장을 그만두어야 할 것처럼 보였습니다. 저의 어머니께선 연로하셔서 제가 앓던 중에 돌아가셨습니다. 그리고 저의 누이는 수녀원에 들어갈 준비를 하고 있었습니다. 이러한 모든 것이 저의 병을 더욱더 악화시켰습니다. 저는 병든 동안에 한 가지 위안만이 있었습니다. 성경을 읽는 것이었는데, 성경은 제가 아팠을 때부터 결코 제 손을 떠나지 않았습니다. 그것은 저에게 일어난 일종의 놀라운 일의 표시였습니다. 어느 날, 모르는 은수자가 저를 보기 위해서 왔습

니다. 그는 자기의 수도원을 위해서 모금을 하고 있었습니다. 그는 저에게 매우 설득력 있게 얘기했습니다. 기도는 육체적, 영적인 모든 병을 고치는 가장 강력한 방법이므로 너무 약에만 의존하지 말라고 했습니다. 제가 탄식을 하며 물었습니다.

"제가 어떠한 공경도 드릴 힘도 없고, 성호를 긋기 위해서 손을 올릴 힘도 없는 이와 같은 처지에서 어떻게 기도할 수 있습니까?"

그 은수자는 "글쎄요. 어쨌든, 어떻게 해서든지 기도하세요."라고 대답해 주었을 뿐 더는 말을 하지 않았고, 제가 실제로 기도하는 방법을 설명해주지도 않았습니다.

저의 방문객이 저를 떠났을 때, 저는 저도 모르게 기도와 기도의 능력과 효력에 대해 생각하기 시작했습니다. 제가 학생이었을 때 공부한 오래전의 종교적인 지식에 대하여 회상하기 시작했습니다. 이것은 저를 매우 행복하게 했고 종교적인 문제들에 대한 저의 지식을 마음속으로 되새겼습니다. 그리고 그것은 저의 마음을 따뜻하게 했습니다. 동시에, 저는 제 병의 공격 속에서, 어떠한 구원을 느끼기 시작했습니다.

성경책이 언제나 저와 함께했고, 기적적으로 성경에 대한 믿음이 생겼습니다. 강의에서 들었던 기도에 대한 전체적인 내용이 성경책에 기초를 두었다는 것을 기억했기 때문에, 저는 가장 훌륭한 일은 성경의 가르침 안에서만 기도와 그리스도인의 헌신에 대해 연구해야 한다고 생각했습니다. 그러한 의미를 깊이 생각하며, 저는 풍부한 샘물처럼, 구원의 생활과 진실한 내면적인 기도의 완전한 체계를 성경에서 발견했습니다. 저는 경건하게 이 주제에 관한 모든 구절을 표시했습니다. 그리고 그때부터 저는 이 신성한 가르침을 배우려고 노력해왔고, 어려움도 있었지만, 모든 힘을 다해서 그것을 실행에 옮기도록 최선을 다했습니다.

이후로 저의 건강은 회복되었고, 영혼은 많은 것을 깨닫게 되었습니다. 저는 혼자였기 때문에 저는 하느님의 자애로우심에 감사드리기로 다짐하고 제 누이의 본보기를 따라서, 방해받지 않으며, 하느님의 말씀 안에서 영원한 생명을 얻기 위해, 마음을 다스리며, 홀로 조용히 사는 생활에 저 자신을 바치기로 했습니다. 이렇게 해서 제가 지금 여기까지 오게 되었고, 백해의 솔로베르스키 수도원에 있는 고적한 스케떼(암자)로 향하고 있습니다. 그곳은 안제르스키라고 불리는데, 그곳은 명상 생활을 위해 가장 적절한 장소로 명성이 있다고 들어왔습니다.

또, 말씀드리고 싶은 것이 있습니다. 성경은 여행길에 저에게 커다란 위안을 주었고, 저의 무딘 정신에 깨달음을 주었고, 저의 냉담한 마음을 따뜻하게 해주었습니다. 저는 성스러움과 구원을 이루기 위해서 요구되는 조건들, 즉, 헌신과 철저한 자기 부정, 금욕적 수행, 그리고 성경이 명하는 가장 심오한 겸손, 등이 저의 나약함과 과거의 죄로 인해 상처받은 영혼의 상태로는 달성하기가 불가능하다는 생각이 듭니다. 그래서 저는 지금 절망과 희망 사이에 서 있고 앞으로 저에게 무슨 일이 생길지 모릅니다.

장상수사: 하느님의 특별하고 기적적인 명백한 증거로 볼 때, 그런 불안정하고 부정적인 생각은 우울함에 항복하는 것일 뿐만 아니라 하느님의 보호와 도우심에 대해서 의심하기조차 하는 것입니다. 성(聖) 요한 크리소스톰(5세기 초 콘스탄티노플의 총대주교)께서 이에 대해서 말씀하신 것을 아십니까?

그분께서는 "어느 누구도 우울해하지 않아야 합니다. 그리고 성경의 가르침들이 실행 불가능하다는 것은 거짓입니다. 인간의 구원을 운명 짓는 하느님께서는 물론, 인간을 위반자로 만들려고 계명을 주시지 않았습니다. 그렇습니다. 우리를 영원한 삶으로 축복하시고 미덕의 생활을 하기 위해서 계명들은 신성하고 필요한 것입니다."라고 말씀하십니다.

물론, 하느님의 계명들을 철저하게 따른다는 것은 우리의 타락한 본성으로는 어렵습니다. 그러므로 구원은 쉽게 달성되는 것이 아닙니다. 계명들을 내리시는 항상 동일한 하느님의 말씀은 수행뿐만 아니라 수행하는데 위안을 주는 수단들도 제공합니다.

이러한 것들이 처음에는 신비의 베일 뒤에 숨겨져 보이지 않는데, 그 이유는, 우리가 겸손하게 열렬히 기도하게 하기 위한 것이고, 하느님 아버지의 도움에 의지하게 하여 마침내 하느님과의 유대에 이르는 것입니다. 여기에 바로 구원의 비밀이 있는데 그것은 인간의 노력에 있지 않고 하느님께 의지하는 것에 있습니다.

순례자: 나약하고 미약한 제가 어떻게 그러한 비밀을 알게 되어서 어느 정도까지 하느님의 영광과 저 자신의 구원을 위해서 저의 게으른 생활을 올바르게 할 수 있을까요.

장상수사: 친애하는 형제님, 형제님은 자애록(慈愛錄)을 통해서 이미 그러한 신비에 대해 알고 계십니다. 그 신비의 열쇠는 형제님이 열심히 읽고 또 그토록 열정적으로 수행하여 위안을 찾았던 "쉬지 않고 하는 기도"에 놓여있습니다.

순례자: 존경하는 수사님, 한 가지 부탁드리겠습니다. 하느님의 사랑

과 구원의 신비로 이끄는 내적 기도에 대한 수사님의 말씀을 듣고 싶습니다. 저는 다른 어떤 무엇보다도 제게 힘을 주고 죄 많은 저의 영혼을 위로해 주는 기도에 대하여 읽기와 듣기를 좋아합니다.

장상수사: 저는 이러한 존귀한 주제에 대해 형제님의 소망을 만족시킬 수 없습니다. 왜냐하면 저 자신의 경험은 너무나 적기 때문입니다. 그러나 이러한 주제에 관해 영적인 작가들이 기술한 훌륭한 글들이 있습니다. 여러분 모두가 좋아하신다면, 저는 지금 그 글을 읽어드리겠습니다.

다함께: 존경하는 신부님, 그렇게 해주세요. 우리에게 그런 구원의 지식을 알려주십시오.

쉬지 않는 기도로 드러나는 구원의 신비

인간은 어떻게 구원될까요? 이러한 경건한 질문은, 진실과 정의를 추구하는 본성과 상처받고 약해진 본성에 의해 모든 그리스도인의 마음속에 자연적으로 일어납니다. 영원한 삶과 내세에서의 보상에 대해서 어느 정도 믿는 이들조차도 때로는, "내가 어떻게 구원될까?", 하는 의심하게 됩니다.

인간이 하늘나라를 향해 눈을 돌리고 이러한 문제의 해결책을 찾으려고 노력할 때, 우리는 현명하고 교양 있는 사람들에게 물어봅니다. 그런 다음, 그들의 안내에 따라 이런 주제에 관해 영적인 작가들의 교훈적인 책들을 읽습니다. 그리고 그들이 이해한 진리와 규칙들을 확고하게 따르고자 노력합니다.

이러한 모든 가르침에서 구원의 필수적인 조건들로서 경건한 생활과 자신과의 영웅적인 투쟁을 통한 단호한 자기 부정을 하기 위해 노력합니다. 이렇게 하여 선행을 하고, 하느님의 법을 계속 완수하며, 흔들리지 않는 확고한 믿음을 증언하게 되는 것입니다.

더 나아가서 영적인 작가들은, 구원의 모든 조건은 가장 깊은 겸손과 서로의 일치 안에서만 수행되어야 한다고 설교합니다. 모든 선한 일들을 위해서, 태양 광선들이 유리를 통해 한 지점에 초점이 맞추어질 때만 불꽃이 타오르는 힘을 발휘하는 것처럼, 서로 의지하고 도우며 서로를 완전하게 하고 격려해야 합니다. 성경 말씀에, 작은 일에 정성을 다하지 못하면 큰일에도 정성을 다하지 못합니다.

게다가, 이러한 미덕의 필요성을 완전히 확신시키기 위해서, 미덕에 부여되는 고귀한 칭찬과 악의 비참함에 대해서도 듣습니다. 이러한 모든 것은 다가올 삶에서 큰 보상과 영원한 행복 또는 영원한 고통의 형벌과 비참함으로 마음에 새겨집니다. 이러한 것은 현대 설교의 특별한 특징입니다.

이러한 가르침을 듣고 방법으로 인도되어, 구원을 열렬하게 원하는 사람은 그가 배워온 것을 수행하기 위해서 그리고 그가 듣고, 읽어 온 것을 경험하기 위해서 모든 것을 기쁘게 시작합니다. 그러나 안타깝게도 첫 번째 단계에서 인간은 그의 목적을 성취하는 것이 불가능하다는 것을 깨닫습니다. 손상되고 미약한 본성이 마음의 확신을 누르고, 자유의지는 더는 자유롭지 못해서, 죄스러운 행동을 하게 되어 영혼의 힘은 지쳐버리게 된 것을 알게 됩니다. 그는 당연히 계속 생각합니다. 즉, 구원과 성스러움을 이룩한 성인들이 실천한 대로, 하느님의 법을 실천하며 그리스도적 헌신적인 삶으로 완전함에 이르게 되는 좋은 방법들은 없을까? 이런 결과로써 그의 인간적 나약함과 이성, 양심의 요구 사이에서 해결책을 찾기 위해 그는 한 번 더 구원의 설교자에게 질문을 합니다.

어떻게 제가 구원될 수 있을까요? 구원의 조건들을 수행하기에 이토록 무능력한데 어떻게 합니까? 그렇게 설교하는 분들은 그들이 가르치는 것을 행하여 성취하는 힘을 가지고 있습니까?

"하느님께 구하세요. 하느님께 기도하면 하느님께서 도와주실 겁니다."

그러고 나서 질문을 하는 사람은 결론 짓습니다: 만약 제가 모든 환경에서 그리스도교인의 헌신이 요구하는 모든 것을 수행하는 힘으로써 기도에 대한 연구를 한다면, 더 결실이 있지 않겠습니까? 그리고 그것에 의해 구원이 달성될까요? 그래서 그는 기도에 관한 연구를 계속합니다. 그는 읽고 묵상하며 그런 주제에 관해 써 온 사람들의 가르침을 연구합니다. 진실로 그는 그런 가르침에 많은 명료한 생각을 발견하고 심오한 지식 그리고 위대한 능력의 말씀들을 발견합니다. 한 작가는 기도의 필요성에 대해 강조하고 다른 분은 기도의 능력과 은혜, 기도의 임무와 필요조건-열의, 관심, 마음의 따뜻함, 정신의 순수함, 적들과의 화해, 겸손, 회개-에 대해서 쓰고 있습니다.

그러나 기도는 본질적으로 무엇입니까? 일반인은 실제로 어떻게 기도합니까? 이런 질문들에 대해서 모든 사람에 의해서 이해될 수 있는 정확한 대답, 말하자면, 가장 기초적이고 대답을 찾기는 몹시 어렵습니다. 그래서 기도에 대한 열렬한 탐구자는 신비의 베일 앞에 다시 남겨집니다. 이런 일반적인 독서의 결과로 아무리 기도가 성스러운 지라도, 단지 외적인 기도의 모습만을 생각하게 됩니다. 그리고 기도는 교회에 가서 성호를 긋고 경배를 드리며 무릎을 꿇고, 시편, 찬양가, 찬미가를 읽고 노래하는 것이라는 결론에 도달합니다.

이러한 것은 내적인 명상의 기도에 대한 성 교부의 글을 알지 못하는 사람들이 일반적으로 생각하는 방식입니다.

마침내 그 열렬한 탐구자는 자애록(慈愛錄)이라고 불리는 책을 우연히 접하게 되었는데 그 책에서는 25명의 성 교부들이 진리와 마음의 기도의 핵심에 대한 과학적인 지식을 알기 쉽게 설명합니다. 이제 구원과 기도의 신비의 베일이 걷혀지기 시작합니다. 그는 진정으로 기도한다는 것은, 마음과 정신이 끊임없이 하느님을 기억하는 것이며, 하느님의 신성한 현존 속에서 걸으며, 깊이 명상을 함으로써 하느님의 사랑을 깨닫고, 호흡과 심장의 고동에 맞추어 예수님의 이름을 부르는 것이라는 것을 알게 됩니다. 그는 모든 장소에서, 언제나, 어떤 일을 하는 중에도 끊임없이 예수 그리스도의 이름을 부르게 됩니다.

이렇게 알기 쉬운 진리가 마음을 일깨우고, 기도의 배움과 성취의 길로 인도하고, 이러한 현명한 가르침을 지체 없이 따르도록 확신을 줍니다. 하지만, 경험 있는 스승이 자애록에 있는 기도의 신비를 그에게 명쾌하게 설명해주고 내적 기도의 완성과 구원을 위한 가장 유일하고 강력한 것은 바로 "기도의 지속성"이라는 것을 알려주기 전에는, 그는 계속 주기적인 어려움에 빠집니다. 기도의 지속성 모든 영적 수행의 기본이 됩니다. 신신학자(神學者) 성 시메온은 "쉬지 않고 기도하는 사람은 모든 선한 것을 이 한 가지, 즉, 기도하는 것으로 합일시킨다."라고 말씀하십니다. 이러한 계시의 진리를 증거 하기 위해, 스승은 다음과 같이 설명합니다.

구원에 필요한 첫 번째 조건은 진실한 믿음입니다. 성경은, "믿음 없이는 하느님을 기쁘게 해 드릴 수 없습니다."(히 11:6)라고 말씀하십니다. 믿음이 없는 사람은 심판을 받을 것입니다. 그러나 겨자씨와 같이 작은 믿음이라도 우리 인간 스스로는 믿음이 생기게 할 수 없고 믿음은 하느님의 선물이고, 영적인 선물은 성령에 해 주어진다고 성경에 쓰여 있습니다.

그렇다면, 어떻게 해야 합니까? 어떻게 우리는 믿음의 필요성과 우리 스스로 믿음을 만들 수 없다는 점을 극복해야 합니까? 성경은 그 방법을 알려주고, "구하라 그러면 받을 것이다."라고 확신을 주십니다. 사도들은 그들 스스로 완전함에 이르게 되는 믿음이 생기도록 할 수 없었기에 예수 그리스도에게, "주여, 우리의 믿음을 강하게 해주소서."라고 기도를 합니다. 이것은 믿음을 얻는 예이며, 여기서 우리는 믿음이 기도로서 얻어진다는 것을 알게 됩니다.

구원을 위해서 믿음 이외에 필요한 조건은 선행입니다. 왜냐하면, "선행이 없는 믿음은 죽은 믿음이기 때문입니다." 인간은 믿음으로만이 아니라 행동으로 판단됩니다. "…살인하지 말라. 간음하지 말라. 도둑질하지 말라. 거짓 증언하지 말라. 부모를 공경하라. 그리고 네 이웃을 네 몸같이 사랑하라"(마 19:17-19). 이러한 계명은 모두 함께 다 지켜져야 합니다. 왜냐하면, 사도 야고보가 말씀하시기를, "누구든지 계명을 다 지키다가도 한 조목을 어기면 계명 전체를 범하는 것이 됩니다"(약 2:10)라고 말씀하시기 때문입니다. 사도 바울로는 인간의 약함에 대해서 다음과 같이 말씀하십니다. "그러므로 율법을 지키는 것으로는 아무도 하느님과 올바른 관계를 가질 수 없습니다. 율법은 단지 무엇이 죄가 되는지를 알려줄 따름입니다"(롬 3:20), "우리가 아는 대로 율법 자체는 영적입니다. 그런데 나는 육정을 따라 사는 사람으로서 죄의 종으로 팔린 몸입니다. 나는 내가 하는 일을 도무지 알 수가 없습니다. 내가 해야겠다고 생각하는 일은 하지 않고 도리어 해서는 안 되겠다고 생각하는 일을 하고 있으니 말입니다. 내 몸속에는 내 이성의 법과 대결하여 싸우고 있는 다른 법이 있다는 것을 알고 있습니다"(롬 7:14-15, 22-23), 인간의 약함으로 인해 하느님의 법을 따를 힘이 없는데 어떻게 계명들을 지킬 수가 있을까요?

이러한 계명들을 지킬 수 있도록 기도하기 전까지, 우리 인간은 계명을 지키는 것이 불가능합니다. "여러분이 얻지 못하는 까닭은 하느님께 구하지 않기 때문입니다"(약 4:2). 그리고 예수 그리스도께서는 , "나를 떠나서는 너희가 아무것도 할 수 없다"라고 말씀하십니다. 예수님을 통한 우리의 삶에 대하여, "누구든지 나에게서 떠나지 않고 내가 그와 함께 있으면 그는 많은 열매를 맺는다"(요 15:4, 5). 예수 그리스도 안에 있다는 것은 끊임없이 예수님의 현존을 의식한다는 것으로써 쉬지 않고 예수님의 이름을 부르는 데 있다: "너희가 내 이름으로 구하는 것이면 무엇이든지 다 내가 이루어 주겠다"(요 14:14). 그러므로 선행의 가능성은 기도를 통해서 실현됩니다. 이것은 사도 바울로의 예에서 볼 수 있는데, 그는 고통을 없애달라고 하느님께 세 번 기도했고, 무릎을 꿇고 내적인 강함을 구했으며 원하는 모든 것을 쉬지 않고 구하라는 말씀에 인도되었습니다. 위에서 본 바와 같이, 인간의 구원은 기도에 달려 있으며 기도는 최상의 중요성을 가집니다. 기도는 우리에게 믿음을 주고 모든 덕의 근원이므로, 기도는 그 어떠한 것보다 더 필요한 것입니다. 한마디로 말해서, 기도는 모든 좋은 것을 가져오고, 기도 없이는 아무런 그리스도적 헌신의 선행도 이루어질 수 없습니다. 이러한 이유에서 쉬지 않는 기도와 규칙적인 기도는 무엇보다도 중요합니다. 다른 미덕들은 제각기 정해진 시간에 이루어질 수 있습니다. 그러나 쉬지 않고 방해받지 않고 하는 기도는 우리에게 부여된 명령입니다. 우리는 항상, 언제나, 어디서나 기도해야 합니다.

진정한 기도에는 몇몇 조건이 있습니다. 기도는 순수한 정신과 마음, 뜨거운 열정, 집중, 경의, 그리고, 깊은 겸손과 함께 드려져야 합니다. 그렇지만, 이러한 조건들을 만족하기에는 아주 부족하며, 자연스럽고 기쁜 기도에 대한 순수한 사랑에서 기도하기보다는, 필요 때문에 기도한다고, 누가 인정하지 않겠습니까? "인간의 마음은 태어날 때부터 악하다."라고, 성경은 인간이 자신의 영혼을 견고히 할 힘이 없으며 나쁜 생각에서 자신의 마음을 깨끗하게 할 수 없다고 말합니다. "의지와 행동 둘다" 하느님으로부터 나오기 때문에, 오직 하느님만이 우리에게 순수한 마음과 견고한 영혼을 주실 수 있습니다. 사도 바울로는, "기도하는 것은 내 심령뿐이고 내 이성은 작용하지 않습니다"(고전 14:14). 그리고, "우리는 어떻게 기도해야 할지 모릅니다"(롬 8:26)라고 말씀하십니다.

그렇다면, 이렇게 약한 인간이 어떻게 구원을 받을 수 있을까요? 인간은 스스로 믿음을 가질 수도 없고, 기도 없이는 선행을 할 수도 없으며, 또한, 자신의 힘으로는 기도도 제대로 할 수가 없습니다. 그러면 도

대체 구원을 위해서 인간이 자유롭게 할 수 있는 일의 범위와 한계는 무엇입니까? 멸망되지 않고 구원되기 위해서 인간이 할 수 있는 일이 과연 있는 걸까요?

  모든 일에는 완전함이 있으나 하느님께서는 이 완전함을 하느님의 의지에 두셨습니다. 그리하여, 인간이 하느님께 의지해야 함을 확실히 인식하고 진정한 겸손을 배우도록, 하느님께서는, 구원을 위해서 인간이 할 수 있는 자유와 능력으로 오직 "쉬지 않고 하는 기도"만 부여하셨습니다. 하느님은 우리에게 쉬지 말고, 언제나 어디서나 기도하라고 명령하십니다. 여기에 진정한 기도, 믿음, 계명의 수행, 그리고 구원의 비밀이 있습니다. 인간은 규칙적이고 자주 기도할 수 있는 능력이 있습니다. 교부들은 이 점에 대해 명확히 말씀하십니다. 성 마카리오스는, "자주 기도하는 것은 우리의 의지에 놓여있으나, 진심으로 기도하는 것은 하느님의 은총의 선물이다."라고 말씀하십니다. 성 이시키는, "기도의 지속성은 하나의 습관이 되어 제2의 본성이 된다. 예수 그리스도의 이름을 자주 부르지 않고 마음을 정화한다는 것은 불가능하다."라고 말씀하십니다. 성 칼리스토스와 성 이그나티오스는 자주 하는 기도는 부주의한 기도를 완전한 것으로 변화시키므로, 모든 기도의 수행과 선한 행동에 앞서서 될 수 있으면 자주, 방해받지 않고 예수 그리스도의 이름 안에서 기도하기를 권합니다. 복자 디오도크는, "인간이 주님의 이름을 자주 부르면 부를수록, 죄에 빠지지 않을 것이다."라고 말씀하십니다. 이러한 교부의 가르침은 얼마나 지혜와 경험으로 가득하며, 마음을 따뜻하게 합니까? 교부의 단순성은 경험에서 우러나온 것이며, 교부들은 완전함에 이르는 길과 그 방법에 빛을 비추어 줍니다.

 이러한 교부의 가르침들과 이론적인 이성에 의한 도덕적인 교훈은 얼마나 대조적입니까? 이성은 다음과 같이 말합니다: 이런저런 선행을 하라, 용기를 가지고, 의지의 힘을 발휘하라, 도덕적 삶의 행복한 결실을 생각하도록 하며, 즉, 정신과 마음을 정화하고, 선행하라, 그러면 존경받을 것이고 양심이 너를 이끌어 줄 것이다. 그러나 이것은 너무도 어리석은 생각입니다! 이러한 모든 이성적인 힘은 쉬지 않는 기도와 그러한 기도의 능력 없이는 목적을 이룰 수가 없습니다. 우리의 영혼을 정화하는 것에 대한 교부의 가르침을 다시 보도록 합시다. 사다리의 성 요한 클리마코스는 말씀하시기를, "깨끗하지 못한 생각으로 마음이 어두워질 때는, 계속해서 예수 그리스도의 이름을 부름으로써 극복할 수 있다. 고 하십니다. 그리고 시나이의 성 그레고리는, "인간은 아무도 자기 생각을 통제할 수 없다는 것을 깨달으시오. 그러므로 부정한 생각이 마음속에 일어나면, 예수 그리스도의 이름을 자주 부르시오. 그러면 그러한 나쁜 생각들이 잠잠해질 것입니다."라고 말씀하십니다. 이 얼마나 경험에 의한 단순하고 실질적인 방법입니까? 그리고, 자신의 노력으로 순수함에 도달하려는 이론적인 교훈과 얼마나 대조적입니까? 이러한 교부의 가르침을 생각하고, 경험으로 시도하며, 우리는 구원과 영적인 완성에 이르는 가장 유력한 방법은, 아무리 미약하다 하더라도, 방해 없이, 쉬지 않고 드리는 기도에 있다는 결론에 도달합니다.

 오, 그리스도교인의 영혼이여! 만약 당신이 영적으로 참되게 하느님을 경배할 힘이 없다면, 내적이고 정신적 기도의 따뜻함과 기쁨을 마음으로 느끼지 못한다면, 당신의 힘과 의지에 놓여있는 기도를 하도록 하십시오. 먼저 당신의 입술이 자주 방해받지 않는 기도를 하는 데 익숙해지도록 하고, 지속해서, 아무 방해 없이 예수 그리스도의 이름을 부르십시오. 이것은 대단한 노력이 필요한 것이 아니고 누구에게나 가능한 것입니다. 성 사도 바울로는 자신의 풍부한 경험에서, 다음과 같이 말씀하십니다. "그러므로 우리는 예수의 이름으로 언제나 하느님께 찬미의 제사를 드립시다. 하느님의 이름을 우리의 입으로 찬양합시다"(히 13:15), 지속적인 기도는 확실히 습관이 되고 제2의 본성이 되어, 언젠가는, 정신과 마음이 건전한 태도를 가지게 될 것입니다. 이것을 상상해 보십시오: 만약 어떤 사람이 바로 이 하나의 가르침, 즉, 쉬지 않고 하는 기도를 철저하게 지킨다면, 이 기도로 그는 다른 모든 가르침을 완수하게 될 것입니다. 왜냐하면, 비록 처음에는 어려움이 있겠으나, 언제나 어디서나 무엇을 할 때나, 성스러운 예수 그리스도의 이름을 조용히 부른다면, 그는 죄스러운 육체적 쾌락을 좇을 시간이 없을 것입니다. 모든 나쁜 생각들은 그의 생각에서 일어나기도 전에 눌려질 것입니다. 모든 죄스러운 행동에 관한 생각은 금방 없어져 버리고, 불필요한 잡담들도 사라질 것이고 모든 잘못은 주님의 이름을 자주 부르는 은총에 의해서 즉시 깨끗하게 될 것입니다. 쉬지 않고 하는 기도의 훈련은 영혼을 죄에서 멀리하게 하고, 기도에 필요한 지식을 주며 하느님과 일치하게 해줄 것입니다. 이제 쉬지 않고 드리는 기도가 얼마나 중요하고 필요하고 중요한지 알겠습니까? 이것은 순수하고 진실한 기도를 위한 유일한 방법이자 최상의 준비이고, 기도의 목적을 달성하고 구원에 이르는 가장 확실한 방법입니다.

쉬지 않고 기도를 해야 하는 이유와 그 결실에 대해 확신하기 위해서는, (1) 기도에 대한 모든 열망과 모든 생각은 성령이 우리 안에서 하시는 일이고 우리를 보호해주는 수호천사의 음성임을 기억하십시오. (2) 기도에서 불리는 예수 그리스도의 이름은 그 자체로 영광스러운 힘을 가진다는 것도 기억하십시오. (3) 당신의 기도가 불완전하고 메마르다고 해서 방해받지 마십시오. 인내를 가지고 성스러운 이름을 쉬지 않고 부를 때 생겨날 결실을 기다리십시오. 쉬지 않고 부르는 기도가 무의미하고 공허한 말들로 가득 하다는, 미숙하고 헛된 세상적인 사람들의 말을 귀담아듣지 마십시오. 그들의 생각과는 정반대로, 성스러운 주님의 이름의 힘은, 우리가 자주 부르면, 아주 적절한 때 그 결실을 드러낼 것입니다. 어떤 영적 작가는 이런 것에 대해 아주 아름답게 표현했습니다. "이른바 많은 영적인 체하거나 그리 현명하지 못한 철학자들은 이성과 자만심의 눈에 고상한 듯이 보이는 거짓된 위대함과 행동들을 추구하며, 자주 하는 기도가 중요하지 않거나 불필요하다고 봅니다. 그러나 그들은 불행하게도 중대한 과오를 범하는 것이며, 다음과 같은 예수님의 가르침을 잊어버린 것입니다: "나는 분명히 말한다. 너희가 생각을 바꾸어 어린이와 같이 되지 않으면 결코 하늘나라에 들어가지 못할 것이다."(마 18:3)

그들은 이성의 불안정한 토대 위에 기도의 지식을 만듭니다. 우리가 '하느님의 아들, 주 예수 그리스도여, 저를 불쌍히 여기소서'라고 열렬히 기도하기 위해서 많은 학식과 사고, 지식이 필요합니까? 이러한 기도가 바로 우리의 스승이신 주님께서 칭찬하시는 것이 아닙니까? 아! 그리스도인의 영혼이여, 용기를 내어 주님의 이름을 부르는 것을 멈추지 마십시오! 비록 그것이 진심으로 내적이지 못하고 세상적인 일들로 채워져 있더라도 걱정하지 마십시오. 오직 기도를 계속하여 주님의 이름 부르기를 멈추지 말고 평정을 찾도록 노력하십시오. 왜냐하면, 계속되는 기도 그 자체가 우리의 기도를 정화하기 때문입니다. 결코 다음과 같은 주님의 말씀을 잊지 마십시오: "여러분 안에 계시는 그분은 세상에 와 있는 그 적대자보다 더 위대하십니다. 또한 사도들은, "하느님은 우리의 양심 위에 계시며, 모든 것을 아십니다."라고 말씀하십니다.

그러므로 쉬지 않는 기도는 인간의 나약함에도 불구하고, 아주 강한 힘을 가지고 있으며, 우리 자신의 의지 안에 놓여있다는 것을 확실하게 설명해줍니다. 처음엔 단 하루만이라도 이러한 기도를 하도록 결심하게 합니다. 쉬지 않고 예수 그리스도 이름을 부르도록 노력하고, 세속적인 일보다도, 기도로 더 많은 시간을, 하루 24시간을 다 채울 정도로 기도를 해보십시오. 그러면, 기도로서 보낸 그 하루가 없어진 것이 아니라 구원에 한 발 더 가까이 가게 해주었다는 것을 알게 될 것입니다. 신성한 심판의 척도 안에서 쉬지 않고 드리는 기도는 당신의 약점과 악행을 능가하고 생명의 책에서 그날의 죄를 지우고 속죄하게 합니다. 그것은 당신을 정의의 길로 걷게 하고 성스러움과 영원한 생명에 대한 희망을 부여하게 됩니다.[49]

---

49) 러시아어 원본에는 이 글이 도브리 수도원의 암브로스 신부에게서 받은 내용이라는 설명이 있다.

순례자: 덕망이 높으신 신부님, 진심으로 감사를 드립니다. 그 말씀은 저의 죄 많은 영혼에 즐거움을 주셨습니다. 하느님의 사랑에 대해서, 신부님께서 읽으셨던 것을 제가 베껴 쓰도록 허락해 주십시오. 그리고 그것은 성 교부들께서 동일한 주제로 다루어 오셨던 자애록과도 같이 저의 어리석은 마음에도 아주 이해할만하고 명확합니다.

예를 들면, 자애록의 제4권에서 요한 카르파띠스키께선 또한 "자기 조절을 위한 힘과 금욕적인 성취를 위한 힘이 없다면, 기도를 통하여 하느님께서 우리에게 기꺼이 해주십니다."라고 말씀하십니다. 신부님의 노트에 묘사된 모든 것이 얼마나 아름답고 알기 쉬운지요. 저는 우선 하느님께 감사드립니다. 그리고 제가 그 내용을 듣도록 허락해주신 신부님께도 감사드립니다.

교수: 존경하는 신부님, 저도 신부님의 원고를 큰 관심과 즐거움을 가지고 들었습니다. 이 모든 엄격한 논리는 저에게는 큰 기쁨이 되었습니다. 하지만, 그러한 논리들은 쉬지 않는 기도는 아주 조용하고, 고독한 환경에 의존하는 것처럼 보입니다. 저는 끊임없이 쉬지 않고 드리는 기도가 모든 헌신과 성화(聖化)에 있어서 하느님의 도움을 얻는 강력하고 독특한 수단이라는 데에 동의합니다.

하지만, 그러한 기도는 홀로 침묵할 수 있을 때만 가능한 것 같습니다. 사업과 근심 걱정들, 산만함으로부터 멀리 떨어져 있다면, 자주 심지어는 쉬지 않고 기도할 수 있습니다. 그때에는 자신의 게으름과 산만함과 투쟁해야겠지요. 그렇지만, 우리가 해야만 하는 일로 계속 바쁘고 소란한 주위 여건을 피할 수가 없다면, 아무리 쉬지 않고 기도하려는 소망이 열렬하여도, 부득이한 주위의 산만함 때문에 이러한 기도를 수행할 수는 없다고 생각합니다. 따라서 쉬지 않는 기도는 그러한 기도를 할 수 있는 순조로운 환경들에 의해 좌우되기 때문에 모든 사람에게 적절한 것은 아니며, 모든 이들에게 해당하지 않는다고 봅니다.

원로 수사: 교수님의 결론은 무의미합니다. 교수님은, 내면의 기도에 익숙한 마음은 항상 기도할 수 있고, 어떠한 때라도, 즉, 신체적이든 정신적이든 그리고 어떠한 소란 속에서도 방해받지 않고 하느님의 이름을 부를 수 있다는 사실을 잊어버리셨습니다. 그러한 기도를 하는 사람들은 경험으로써 알고 있으며, 그렇게 쉬지 않는 기도를 드리지 못하는 사람들은 점진적인 훈련을 하면 됩니다. 어떤 외적인 산만함도 기도를 진정으로 원하는 사람에게는 기도를 방해할 수 없다고 확실하게 얘기할 수 있습니다.

왜냐하면 인간의 깊은 내면적인 사고는 외적인 환경에 좌우되지 않고, 본질적으로 환경으로부터 자유롭기 때문입니다. 그러한 내적인 사고는 언제나 조절될 수 있고 기도를 향할 수 있습니다. 즉, 심지어는 외부적으로 일을 하면서 사람들 앞에서 소리 내지 않고 우리의 입술과 혀는 조용히 기도할 수 있습니다.

게다가, 사실상 우리가 하는 일이나 대화 도중 내적으로 예수 그리스도의 이름을 빈번하게 부를 수 없을 만큼, 그다지 중요하거나 흥미롭지 않으며, 쉬지 않는 기도에 단련되어 있지 않더라도 항상 기도하는 것은 가능한 것입니다. 물론, 고독함과 산만한 일로부터의 회피가 집중력 있고, 쉬지 않는 기도를 위해 필요한 조건입니다.

우리가 이러한 침묵과 고요의 조건을 만족시키지 못하더라도 우리는 기도를 자주 하지 않는 우리 자신을 반성해야 합니다. 왜냐하면, 기도에 많은 시간을 할애하는 것과 기도를 자주 하는 것은 건강하거나 아프거나 모든 사람에게 가능하기 때문입니다. 기도는 사람들 각자의 의지 안에 놓여있습니다. 이러한 것을 입증하는 예들은 책임, 혼란스러운 의무, 걱정, 근심 그리고 일로 잠긴 사람들도 항상 예수 그리스도의 성스러운 이름을 부를 뿐만 아니라 심지어는 이런 방법 속에서 끊임없는 내면적인 마음의 기도 (심장의 기도)를 배우고 달성합니다.

총대주교 성 포티오스[50]는 콘스탄티노플의 거대한 관구를 통치하는 동안, 하느님의 이름의 기도 속에서 계속 인내하였습니다. 게다가, 마음에서 저절로 우러나오는 '심장의 기도'의 높은 경지에 이르셨습니다. 성 아토스산의 갈리스토스께서는 요리사로서 바쁘게 주방 일을 하면서도, 쉬지 않는 기도를 배웠습니다. 그토록 깨끗한 마음을 지닌 나자로는 형제애를 위한 계속적인 일을 짊어진 채, 방해받지 않고, 소란한 업무들 속에서도 예수기도를 되풀이하여 평화로웠습니다. 그리고 다른 많은 사람도 이와 비슷하게 하느님의 이름을 계속 부르는 기도를 실천해 왔습니다.

---

50) 성 포티오스: 세계역사 속에서 비잔틴 문화가 가장 빛을 발할 때 그는 출생하였다(AD 820년), 그는 858년에 콘스탄티노플 총대주교좌에 올랐다. 그러나 그는 동·서방 교회의 정치적 바람에 두 번이나 총대주교좌에서 축출당했으며 말년에는 은퇴하여 아르메니아의 〈보르디 수도원〉에서 수도자로서의 삶을 마감하였다. AD 891년, 그가 안식한 후 동, 서방교회에서는 그를 위대한 사상가, 탁월한 정치가, 외교관으로 높이 기리었다.

혼란스러운 일 도중이나 다른 사람들과의 사교 속에서 기도하는 것이 불가능한 것이라면 쉬지 않는 기도가 우리에게 명령되지 않았을 것입니다. 성 요한 크리소스톰께서는 기도에 대한 그의 가르침 속에서 다음과 같이 말씀하십니다. "어느 사람도 세상적인 걱정들과 교회에 갈 수 없다는 핑계로, 쉬지 않고 기도하는 것이 불가능하다고 생각해서는 안 됩니다! 어디에서나 당신 자신을 찾을 수 있고, 기도를 통해서 당신의 마음속에 하느님의 제단[51]을 만들 수 있습니다."

우리가 여행할 때나 시장에서 물건을 사거나 팔려고 기다릴 때, 간단한 일을 할 때는 기도하기가 편리하며, 언제 어디에서나 기도하는 것은 가능합니다. 정말로, 우리가 부지런하게 자신에게 주의를 기울인다면, 그리고 기도가 우리의 중요한 업무를 대신하고, 모든 일에 앞서서 기도를 해야 한다고 확신한다면, 모든 장소에서 기도를 할 수 있을 것입니다. 여기서 기도가 우리의 일을 대신한다는 것은, 우리가 지혜롭게 일을 하게 된다는 의미를 지닙니다. 즉, 사람들과 불필요한 대화보다는 간결한 대화를 하게 되어 더욱 고요함을 유지하게 되는 것입니다. 이런 모든 방법으로, 기도하게 되는 사람은 고요한 기도를 위해 좀 더 많은 시간을 발견할 것입니다. 그런 생활의 질서 속에서 그는 하느님의 이름을 부르는 능력에 의해서 모든 일에 성공할 것입니다. 그리

---

[51] 알타르: Altar라는 말은 서방교회에서는, 동방교회의 보좌 또는 제단(Throne 또는 Holy Table)을 지칭하지만, 동방정교회에서 알타르라 말할 때는 지성소(Sanctuary)라 일컫는 제단을 중심으로 한 이코노스타시스(성화상 칸막이) 안을 말한다.

고 예수 그리스도 이름의 연속적인 기도로 자신을 훈련시켜서 쉬지 않는 기도가 구원의 유일한 수단이며, 인간의 의지로 달성할 수 있으며, 언제 어디서나 기도할 수 있고, 이러한 기도가 정신과 마음으로 하는 기도로 발전한다는 것을 경험으로 알게 될 것입니다. 바로 거기서, 우리 안에 하느님의 왕국이 열릴 것입니다.

교수: 저는 반복적인 일을 하는 동안, 기도하는 것이 가능하고 심지어는 쉬지 않고 기도하는 것이 어렵지 않다는 것에 동의합니다. 왜냐하면 반복적이고 육체적인 일은 심오한 정신적 훈련이나 대단한 사고를 요구하지 않기 때문입니다. 그러므로 일이 계속되는 동안, 저의 정신은 쉬지 않는 기도 속에 열중될 수 있고, 저의 입술은 동일한 방법으로 따라 합니다. 그러나 예외적으로, 제가 지적인 일에 종사해야 한다면, 예를 들어, 주의 깊은 독서나 어떤 깊이 있는 일들을 숙고하는 것 또는 문학적인 작문 등을 하게 될 때 제가 어떻게 정신과 입술로 기도할 수 있겠습니까? 기도는 특히나 정신적인 활동의 일들입니다. 어떻게 동시에 제가 한 가지 정신으로 다른 일을 할 수 있겠습니까?

원로 수사: 교수님의 문제에 대한 해결책은 쉬지 않고 기도하는 사람들이 세 가지 계층으로 나누어진다는 것을 고려하기만 한다면, 전혀 어렵지 않습니다. 첫 번째로, 초심자들입니다. 두 번째로는 약 간의 발전을 한 사람들입니다. 그리고 세 번째로는 완전하게 훈련된 사람들입니다. 초심자들은 심지어 정신적인 일에 종사할 동안에도 하느님을 향해 정신과 마음의 일시적인 감정을 자주 경험할 수 있고, 입술로 짧은 기도를 되풀이할 수 있습니다. 약간의 진전을 보인 사람들과 정신의 확실한 안정상태에 이른 사람들은 기도의 기초인, "하느님 현존의 끊

임없는 인식" 속에서 묵상하거나 글을 쓸 수 있습니다.

　예를 들어서 설명해드리겠습니다. 아주 무섭고 엄격한 한 임금님이 교수님께 어떤 난해한 주제에 관한 글을 그 왕의 면전에서 쓰도록 명령하는 것을 상상해 보세요. 아무리 교수님이 글을 쓰는 일에 완전히 몰두하여도, 교수님의 목숨을 좌지우지할 권위를 가지고 있는 왕의 현존 그 자체는, 한순간도 교수님이 글을 쓰는 동안 혼자가 아니라는 생각을 잊지 않게 할 것입니다. 오히려, 교수님은 글을 쓰는 도중에 왕에 대한 특별한 공경과 존경, 그리고 예절을 동시에 갖추게 되는 것입니다. 이처럼 왕의 현존에 대한 아주 실질적인 인식은 지적인 작업을 하는 동안에도 끊임없는 내면의 기도를 할 수 있는 가능성을 아주 명확하게 보여줍니다.

　오랜 습관에 의해 또는 하느님의 자비를 입은 사람들은 정신의 기도에서 발전하여 마음의 기도(또는 심장의 기도)[52]에 다다릅니다. 그들은

---

[52] "마음의 기도", "심장의 기도", 또는 "예수기도" 라고도 하는 이 기도는 침묵과 고요 속에서 마음을 가다듬고 "하느님의 아들 주 예수 그리스도여, 이 죄인을 불쌍히 여기소서"를 반복하는 기도이다. 잡념을 없애고 예수님의 이름만을 되새기며 호흡과 심장의 고동소리에 맞추어서 온 마음과 심장과 영혼이 예수 그리스도와 하나가 되도록 하는 것이다. 이러한 기도의 훈련이 어느 정도 단계에 오르면 심장으로 드리는 기도로 변하게 되어 잘 때나 깨어 있을 때나 말할 때 나 활동할 때도, 마치 쉬지 않고 심장이 뛰듯이, 그리고 쉬지 않고 호흡을 하듯 이, 쉬지 않고 기도를 하는 경지에 이르게 된다. 간단히 "마음의 기도"의 방법을 소개하면 다음과 같다. ① 조용한 장소에 앉거나 선다. ② 자신을 되돌아보고, ③ 예수님을 생각하며, "주 예수 그리스도여, 저를 불쌍히 여기소서"를 조

심오한 정신적인 일들이나 심지어 잠자는 동안에도 그들의 쉬지 않는 기도를 중단하지 않습니다. 많은 현자는 우리에게 말씀해 왔습니다. "나는 잠을 자고 있지만, 나의 마음은 깨어 있습니다."(아 5:2). 이렇게 마음으로 하는 기도의 방법을 성취한 많은 이 들은 신성한 이름을 부르는 방법을 터득하게 되어 저절로 기도하도록 자기 자신을 일깨울 것이며 기도하는 사람이 자신을 발견하는 어떤 조건에서든 아무리 추상적이고 지적인 것에 대해 몰두하더라도 쉬지 않는 기도의 충만함에 대해서 정신과 온 영혼을 기울일 것입니다.

사제: 존경하는 신부님, 저도 한 가지 말씀드리고 여쭈어보고 싶은 것이 있습니다. 신부님께서 읽어주신 원고는 구원과 완전함에 이르는 유일한 수단이, 아무리 보잘것없이 드려진다고 해도 "쉬지 않는 기도"에 있다고 강조하고 있습니다. 저는 쉽게 이해하지 못하겠으며, 제가 입술로만 끊임없이 하느님의 이름을 부르면서, 제가 말한 것에 주의를 기울이지 않고, 제가 말한 것을 이해하지 못한다면 무슨 소용이 있겠습니까? 그것은 단지 헛된 반복에 불과할 것입니다. 그리고 이렇게 하는 기도로 오히려 묵상에 방해를 받으며 마음은 혼란해질 것입니다.

하느님께서는 말들을 요구하시는 것이 아니라 주의 깊은 정신과 순수한 마음을 요구하십니다. 그것이 짧은 기도, 심지어 드물게 하거나

용히 입술로, 또는 마음으로 천천히 경건하게 반복한다. ④ 잡념을 물리치고 기도에 집중하도록 노력한다. ⑤ 인내심을 가지고 평화롭게, ⑥ 음식과 잠을 절제하며, ⑦ 침묵을 유지한다. ⑧ 성경과 교부들의 어록집(자애록)을 읽는다. ⑨ 가능한 한 기도에 방해가 되는 일은 피한다.

정해진 시간에만 기도하는 것이 더 좋다는 그것보다는 관심, 열정, 마음의 따뜻함 그리고 적절한 이해를 하고 기도하는 것이 더 낫지 않겠느냐 하는 것입니다. 그렇지 않고, 비록 신부님께서 주야로 기도를 한다고 할지라도, 신부님은 마음을 순수하게 하지 않고, 헌신적인 일을 수행하지 않으며, 구원을 위한 어떤 것도 성취하지 않고 있는 것입니다. 신부님은 단지 외적인 잡담에만 의존하고 있습니다. 결국, 그로 인해 기도 안에서 신부님의 믿음은 완전히 냉담해지고, 이러한 기도를 포기하게 되는 것입니다. 성서에도 입으로만 하는 기도의 헛됨이 나타나 있습니다. "이 백성이 입술로는 나를 공경하여도 마음은 나에게서 멀리 떠나 있구나!"(마 15:8), "나더러, '주님, 주님'하고 부른다고 다 하늘나라에 들어가는 것은 아니다"(마 7:21), 교회에서 남을 가르치기 위해서는 이상한 언어로 일만 마디의 말을 하느니보다는 차라리 내 이성으로 다섯 마디의 말을 하고 싶습니다"(고전 14:19). 이러한 모든 것은 입으로 하는 외적이고 부주의한 기도의 헛됨을 보여줍니다.

원로수사: 입으로 기도 말을 암송하는 중에 그것이 끊임없이 되도록 노력하지 않고는, 예수 그리스도의 이름으로 하는 기도가 저절로 나오는 힘을 지니지 못하며, 끊임없는 실천의 결과로 기도 자체에 집중하며 열망에 이르지 못한다면, 신부님의 생각 속에 뭔가 있을지도 모릅니다. 그러나 의문이 되는 점은 빈번성, 시간의 정도, 기도의 연속성입니다. 기도가 처음엔 산만하거나 메마르게 수행될지라도 말입니다.

좀 더 자세하게 그 문제를 검토해보도록 합시다. 한 영적 작가는 빈번한 기도의 위대한 가치와 결실을 다음과 같이 강조했습니다. "소위 많은 유식하다는 사람들은 기도를 자주 하는 것을 헛되게 여기고, 심지어는 하찮은 것으로 여기며, 단순한 사람들의 생각 없는 기계적인 기도로 여깁니다. 그러나 불행히도, 그들은 습관적이고 반복적인 실천의 결과로 나타나는 비밀을 모릅니다. 즉, 그들은 이렇게 입술로 하는 기도가 어떻게 해서 마음의 진정한 호소로 변화되고, 마음속 깊이 자리 잡아, 자연스러운 기도로 되어 우리 영혼을 풍성하게 하고 깨달음을 얻게 하여 하느님과 하나가 되게 하는지 알지 못합니다."

빈번한 기도에 대해 비판적인 사람들은 "가, 나, 다를 읽는 방법을 배우는 아이들과 같습니다. 그들은 이 공부에 싫증을 내며 다음과 같이 말할 수 있습니다. 연필로 종이 위에 '가, 나, 다'를 종일 계속 되풀이하며 쓰는 것보다 아버지처럼 낚시나 하러 가는 것이 낫지 않을까요?" 그들이 글자들을 계속 쓰면서 지루한 연습을 하지 않으면 터득할 수 없는, 읽을 수 있다는 것의 가치와 독서가 가져오는 깨달음이 아이들에게 있어서는 하나의 숨겨진 비밀입니다. 동일한 맥락에서 볼 때, 하느님의 이름을 순수하게, 쉬지 않고 부르는 것은 그런 기도의 결과와 위대한 가치에 대해 모르는 사람들에게는 하나의 신비인 것입니다. 그런 사람들은 자신들의 미숙하고 근시안적인 이성의 힘으로 믿음의 행동을 평가하여 인간이 두 가지 본성을 가지고 있다든지, 서로 간에 간접적인 영향을 준다든지, 인간이 육신과 영혼으로 창조되었음을 망각하고 있는 것입니다.

왜 신부님은 영혼을 순수하게 하고자 할 때 무엇보다도 몸을 깨끗이 하고 단식을 합니까? 그것은 물론, 영혼을 더 좋게 하기 위해서입니다. 영혼과 정신의 깨달음을 촉진하는 수단들이 되게 하려고, 육체적인 배고픔은, 내적인 완전함과 덕을 수행하고자 하는 의지를 되새기게 해줌니다. 신부님은 육체의 외적인 단식을 통해서 정신의 내적인 정화, 마음의 평화를 달성할 수 있다는 것을 경험으로 깨닫습니다. 따라서 외적인 단식으로 내적이고 영적인 이익을 얻습니다. 입술로 쉬지 않고 하는 기도에 대해서도 이런 식으로 이해해야 합니다. 즉, 지속적인 기도로 마음의 내적인 기도를 끌어내고, 하느님과의 정신적인 일치를 촉진한다는 것을 말입니다.

이해의 부족으로 이런 외적인 기도의 노력을 전부 소용없는 그것으로 포기할 수밖에 없을 것으로 생각하는 것은 어리석은 일입니다. 전혀 그렇지 않습니다. 쉬지 않는 기도의 경험은 오히려 그 반대라는 것을 우리에게 정확하게 보여줍니다. 이 기도를 실천해 온 분들은 쉬지 않는 기도를 다음과 같이 확신시켜 줍니다.

예수 그리스도의 이름을 끊임없이 부르는 것, 동일하게, 끊임없이 예수기도 실천을 결심해 온 사람들은 물론, 첫 번째로, 어려움을 깨닫고, 게으름에 투쟁하는 것입니다. 결국엔, 입과 혀가 저절로 기도하는 능력을 얻어서 심지어는 어떠한 노력도 없이 저절로 당연하게 행동하고 소리를 내지 않고 기도를 하는 것입니다. 동시에, 목 근육은 기도에 자연스럽게 적응이 되어 오히려 기도를 멈출 때마다 뭔가 부족한 것처럼 느껴지는 것입니다. 그것은 차례대로, 그의 정신이 외치기 시작하고, 입에서 무심결의 기도를 듣기 시작하게 됩니다. 마음의 기쁨과 진정한 기도의 근원은 집중으로 생겨납니다. 당신은 여기에서 계속적이거나 쉬지 않고 하는 기도의 진실 되고 은혜가 많은 능력을 봅니다. 정확하게 말하면, 전혀 노력하지 않고, 그런 기도를 이해하지 못하는 사람들의 기도와는 반대입니다.

신부님이 반론으로 표명했던 것을 성서 속의 구절들에 관련지어 적절한 검토를 한다면, 이렇게 설명될 것입니다. 입으로 하느님께 드리는 경배 또는 경배의 겉치레 또는 "주님, 주님" 외침 속에서의 불성실한 찬양이라고 예수 그리스도께서 그런 이유를 드셨는데, 바리새인들이 입으로만 하는 기만적인 믿음은 조금도 그들의 양심을 바르게 하지도 그러한 양심의 존재를 인정하지도 못했다는 것입니다. 이러한 일들은 바리새인들에게 말씀하신 것입니다.

바리새인들이 기도하는 것에 대해 언급하지 않은 데 비해서, 예수 그리스도께서는 기도하는 것에 대해 직접적이고 명백하게, "너희 들은 믿음이 약해지지 않도록 항상 기도하라"라고 말씀하셨습니다. 이와 비슷하게 사도 바울께서는 말씀하시길, 교회 안에서 생각 없는 무수한 말들이나 이상한 언어 또는 방언을 말하기보다는 이해할 수 있는 다섯 마디 말을 하는 것이 낫다고 하십니다. 그는 특별하게 기도에 관해서가 아니라 일반적인 가르침에 대해 말하고

있는 것입니다. 그가 확고하게 말한 주제에 관해서, "어느 예배소에서나 남자들이 성을 내거나 다투거나 하는 일 없이 깨끗한 손을 쳐들어 기도하길 바랍니다"(딤전 2:8), "늘 기도하십시오"(살전 5:17).

이제 쉬지 않고 단순하며 열렬하게 하는 기도가 얼마나 결실이 있는지를 깨달으셨습니까? 그리고 이러한 기도를 이해하기 위해서는 성경을 정확하게 해석해야 한다는 것도 알게 되셨는지요?

순례자: 아주 진실하시고, 존경하는 신부님, 저는 아주 순수하게, 어떤 교육의 혜택도 없이 심지어 집중이 무엇인지도 모르고 그들의 입으로 끊임없이 예수 기도를 하는 많은 사람을 봐왔습니다. 저는 그들의

입과 혀가 기도를 삼갈 수 없는 단계에 이르렀다는 것을 알았습니다. 그 기도는 그들에게 행복과 깨달음을 가져왔고, 약하고 태만한 사람들을 교부(教父)들과 같이 미덕의 승리자들로 변화시켰습니다.

원로수사: 말하자면, 기도는 사람에게 새로운 탄생을 가져다줍니다. 기도의 능력은 너무나 커서 어떤 고통도 기도에 대항하여 견딜 수 없을 것입니다. 여러분들이 좋으시다면 제가 가진 짧지만, 흥미 있는 글을 읽어드리겠습니다.

모두: 우리는 모두 아주 즐겁게 듣겠습니다.

기도의 능력에 관해

원로수사: 기도는 너무 강력하고 능력이 있어, "기도하시오. 그리고 당신이 하고자 하는 것을 하시오."라고 할 정도입니다. 기도는 당신이 올바르고 정당한 행동을 하도록 이끌 것입니다. 하느님을 기쁘게 해드리기 위해 사랑보다 더 필요한 것은 없습니다. 성 아우구스티노께서 말씀하시기를, "사랑하시오. 그리고 당신이 하고자 하는 것을 하시오. 왜냐하면 진실로 사랑하는 사람은 그가 사랑하는 이를 기쁘게 하지 않는 것을 하지 않을 것이기 때문입니다. 기도는 마음에서 흘러나오는 것이며, 사랑의 실천이기 때문에, 다음과 같이 말할 수 있습니다. 구원을 위해 쉬지 않는 기도보다 더 필요한 것은 없습니다. 기도하십시오. 그리고 당신이 하고자 하는 것을 하십시오. 그러면, 당신은 기도의 목표에 이르게 될 것이고 기도로서 성스러움과 깨달음을 얻을 것입니다.

이런 문제에 대한 우리의 이해를 좀 더 자세히 끌어내기 위해 몇 가지 예를 들겠습니다.

(1) 기도하시오. 그리고 당신이 하고자 하는 것을 생각하시오."

당신의 생각들은 기도로 정화될 것입니다. 기도는 당신에게 마음의 깨달음을 가져다줄 것이며, 모든 사악한 생각을 없애버릴 것입니다. 이것은 시나이의 성 그레고리에 의해서 단언된 것입니다. 만약 당신이 생각들을 떨쳐버리고 마음을 정결하게 하고 싶다면, "기도로 생각들을 떨쳐버리시오"라고 충고하십시다. 왜냐하면, 어떤 것도 기도만큼 생각들을 조절할 수는 없기 때문입니다. 사다리의 성 요한도 말씀시기를, "예수의 이름으로, 당신의 마음속에 있는 적을 이겨 내십시오. 마음의 적과 싸우는 데 이보다 더 좋은 무기는 없을 것입니다.

(2) "기도하시오. 그리고 당신이 하고자 하는 것을 하시오."

당신의 행동은 하느님을 기쁘게 해 드리고, 여러분 자신들에게는 유익하고 건전할 것입니다. 쉬지 않고 드리는 기도는 그것이 어떤 형태이든 결실이 없지는 않습니다. 왜냐하면 기도에는 은총의 능력이 있기 때문입니다. "왜냐하면, 주의 이름을 부르는 자는 구원을 받으리라"(행 2:21). 예를 들면, 기도의 응답을 받지 못하고 헌신 없이 기도를 한 사람이 이 기도를 통해서 하느님을 명확히 이해하게 되고, 회개에 대한 부르심을 받았습니다. 즐거움만을 좋아하고 행복하게 살기만을 바라던 어떤 소녀가 집으로 돌아가는 길에 기도했고, 그 기도는 그녀에게 동정의 삶과 예수 그리스도의 가르침에 대한 순명을 보여주었습니다.

(3) "기도하시오. 그리고 당신 혼자만의 힘으로 당신의 열정들을 극복하려고 애쓰지 않도록 하시오."

 기도는 당신 마음속의 정념들을 없애버릴 것입니다. 왜냐하면, 여러분 안에 계시는 성령은 세상에 속한 자에게 있는 영보다 더 강하기 때문입니다."라고 성경은 말씀하십니다(요일 4:4). 그리고 성 요한 카르파띠스키는 "만약 당신이 자기 절제의 능력이 없다면, 낙담할 것이 아니라, 하느님께서 당신이 열심히 기도하기를 원하신다는 것을 깨닫고 기도하게 되면 그 기도가 당신을 구원할 것"이라고 가르치십니다. 『교부의 삶』[53)]에 나오는 어느 원로 수도자는 죄에 빠질 때 절망하지 않고, 더욱 기도에 전념하여 기도로서 다시 평정을 되찾는다는 이야기는 적절한 예입니다.

(4) "기도하시오. 그리고 아무것도 두려워하지 마시오."

 어떤 불행이나 재난도 두려워하지 마십시오. 기도는 당신을 보호할 것이고, 재난과 불행을 막아줄 것입니다. 믿음이 없어서 물에 빠졌던 사도 베드로를 기억해 보십시오. 감옥에서 기도했던 성 바울로, 기도로 유혹의 공격에서 구원받은 한 수사, 기도의 결과로 나쁜 의도를 지닌 군인으로부터 구조된 소녀의 이야기, 그리고 유사한 경우들을 기억하십시오. 그것은 '예수 그리스도'의 이름으로 하는 기도의 힘, 능력.

---

 53) 러시아어 원제는 '오테끄니끄' 로 교부들의 삶과 교부들의 가르침을 모아놓은 책이다.

보편성을 보여줍니다.

(5) 어떠한 형태로든지 기도하십시오.

항상 기도하고 그 어느 것에 의해서도 방해받아서는 안 됩니다. 영적으로 활기차고 평화로운 마음을 갖도록 하십시오. 기도는 모든 것을 정돈시킬 것이고, 당신을 이끌 것입니다. 성 요한 크리소스톰과 성 마르코께서 기도의 능력에 대해 말씀하신 것을 기억하십시오. 그런 기도의 첫 번째 주장들은, 기도가 비록 죄로 가득한 우리가 올리는 기도지만, 기도는 즉시 우리를 깨끗하게 한다는 것입니다. 성 마르코는, "어떻게든 기도한다는 것은 우리의 능력 안에 있지만, 순수하게 기도한다는 것은 하느님 은총의 선물입니다."라고 얘기합니다. 그래서 당신의 능력 안에 있는 것, 즉, 어떤 형태로든지 기도하는 것입니다. 처음에는 우선 양적인 것(당신의 능력 안에 있는 것)을 하느님께 드리십시오. 그러면 하느님께서는 당신의 약함에 힘을 부어주실 것입니다. "메마르고, 산만한 기도라도 쉬지 않고 하도록 노력하면 하나의 습관으로 형성되어, 제2의 본성이 되며 순수하고, 눈부시게 빛나며, 가치 있는 기도로 변화될 것입니다."

(6) 기도를 하기 위해 주의를 가지고 깨어 있는 시간이 길어질수록 자연스럽게 죄스러운 행동은 물론이고 그러한 것에 대해 생각하는 시간조차도 없어질 것입니다.

자, 이제는 현자들의 심오한 생각을 아시겠습니까? "사랑하시오. 그리고 당신이 하고 싶은 대로 하시오, 기도하시오. 그리고 당신이 하고

자 하는 것을 생각하시오."라는 말씀은 나약함과 욕망의 짐을 메고 신음하는 모든 죄인에게 있어서 얼마나 편안과 위안을 주는 말씀입니까!

기도, 그 안에는 우리에게 주어진 구원을 위한 일반적인 수단들과 우리 영혼의 완성을 위한 성장에 필요한 모든 것이 있습니다. 쉬지 않고 기도하는 것은 하느님의 명령입니다. 기도는 그것이 쉬지 않고 드려질 때 가장 효과적인 힘과 결실을 보여줍니다. 자주 기도를 드리도록 노력하는 것은 우리의 의지에 속하고 정결한 마음, 기도에의 열정, 기도에서의 완성은 하느님 은총의 선물입니다.

그러므로 우리는 할 수 있는 한 자주 기도하는 것입니다. 비록 기도가 처음엔 산만할지라도 우리의 모든 생활을 기도로 신성화시킬 것입니다. 쉬지 않고 기도하는 것은 우리에게 주의력을 가르칩니다. 기도의 양은 확실하게 질적인 것으로 이끌 것입니다. "당신이 만약 무엇인가 배우자 한다면 무엇이든지 간에 당신이 그것을 가능한 한 자주 해야 합니다."라고 경험 많은 영성 작가는 말했습니다.

교수: 진정으로 기도는 위대한 것이며, 쉬지 않고 드겁게 기도하는 것은 은총의 보물창고를 여는 열쇠입니다. 그러나 저는 내적으로 열정과 태만 사이에서 자주 갈등을 겪습니다. 저는 승리를 얻고, 저 자신을 확신시키고 쉬지 않는 기도로 저 자신을 일깨우는 길을 찾는다면 너무도 행복하겠습니다.

원로수사: 많은 영적 작가들은 기도에 있어서 근면성을 자극하는, 확실한 이유에 기초를 둔 많은 방법을 제시합니다. 예를 들면,

(1) 그들은 여러분에게 영혼의 구원을 위한 기도의 필요성, 위대함, 기도의 결실에 관한 생각들로 당신의 생각이 가득 차게 하도록 충고합

니다.

(2) 하느님께서는 우리의 기도를 매우 필요로 하시고 하느님의 말씀은 어디에서나 기도를 명하신다는 것을 명백하게 확신해야 합니다.

(3) 여러분이 기도에 태만하고 부주의하다면 여러분들의 헌신적인 행동들로도 아무런 발전을 할 수도 없고, 평화와 구원도 달성할 수 없다면, 결국 이 세상에서의 단죄와 앞으로 올 삶에서도 고통을 겪으리라는 것을 항상 기억하십시오.

(4) 쉬지 않는 기도를 통하여 성스러움과 구원을 모두 성취한 성인들의 예를 보면서 여러분들의 결심을 굳게 하십시오.

이런 모든 방법이 나름대로 가치를 지니고 참된 이해가 발생한다고 할지라도 여전히 나태함에 병들고, 쾌락을 사랑하는 영혼이 그 방법을 받아들이고 사용했을 때 좀처럼 그 방법들에 대한 결실을 보기는 힘이 드는데, 왜냐하면, 이러한 방법들은 손상된 미각에는 쓰고, 깊게 상처받은 본성에는 너무 약하기 때문입니다.

그리스도교인이 자주, 열심히 기도해야 한다는 것을 모르거나, 하느님께서 기도를 요구하시며 우리는 기도에 태만한 것에 대해서 마땅히 벌을 받아야 한다는 것, 그리고 모든 성인이 열심히 쉬지 않고 기도해 온 것을 모른다면 그리스도교인으로서의 여러분의 존재는 무엇입니까? 하지만, 이 모든 지식을 안다고 하더라도 얼마나 좋은 결과를 얻기가 드뭅니까? 모든 사람은 자신이 이러한 이성의 방향과 의식에 따라 살지 않음을 발견하게 되고 그렇게 살지 못하기 때문에 나쁘고 태만하게 살게 되는 것입니다.

그러므로, 인간의 약한 의지와 즐거움을 좋아하는 본성을 잘 아는 교부들은 그들의 지혜로서, 마치 의사가 쓴 약에 꿀을 타는 것처럼 여기에 대해서 가르침을 줍니다. 교부들은 기도의 완성과 하느님에 대한 사랑을 얻기 위해서 기도에의 무관심과 게으름을 없애 는 가장 쉽고 효력이 있는 방법을 가르쳐줍니다. 그들은 가능한 한 자주 당신 영혼의 상태에 대해서 명상하고 교부의 가르침을 주의 깊게 읽기를 충고합니다. 또, 내적 기도의 기쁨을 얻는 것이 얼마나 쉬운 지와 얼마나 위대한지를 확고히 말씀하십니다. 마음속에서 우러나오는 기쁨, 내적 따뜻함, 마음속에 넘치는 빛, 형언할 수 없는 열정, 편안한 마음, 심오한 평화, 그리고, 축복의 결정과 행복한 만족은 모두 마음의 기도의 결과입니다.

마음의 기도로 자신을 가득 채우면, 약하고 차가운 영혼에 불이 붙고 강해집니다. 그래서 기도의 성공을 목표로 기도의 실천에 옮기게 되는 것입니다. 시리아의 이사악 성인이 말씀하신 바와 같이 "기쁨은 영혼에 대한 매력이고, 마음속에서 피어나는 희망이며, 그러한 희망에 대한 명상은 마음을 행복하게 합니다." 성 이사악은 말씀하시기를, "이러한 기도 훈련의 시작부터 끝까지 기도의 방법과 기도의 완성에의 희망이 전제된다. 이 두 가지는 기도를 할 수 있는 기초를 마음에 다져주고, 기도의 목표를 이룰 수 있다는 희망은 기도 훈련 중에 위안을 준다." 같은 식으로, 성 이시키는 나태로 인한 기도 생활의 방해를 이겨 내고 기도 생활을 새로이 하기 위한 잘못된 인식을 없애는 것에 대하여 말한 후, 다음과 같이 단언합니다. "우리는 영혼의 즐거움과 기쁨을 위해서 마음의 고요함을 추구한다. 여기서 알 수 있는 것은 성 이시키는 기쁨과 즐거움이 기도의 열정에 대한 보상으로 주어진다고 말합니다.

성 마카리오스는 우리의 영적인 노력, 즉, 기도는 반드시 열매를 맺는 데 목적과 희망을 두어야 한다고 가르칩니다. 그 결실은 바로 우리 마음의 기쁨입니다. 이러한 방법의 효력에 대한 명확한 실례는 자애록(慈愛錄)의 많은 단락에서 볼 수 있습니다. 자애록에는 기도의 기쁨이 아주 자세히 기술되어 있습니다. 누구든지 기도의 나태함 또는 메마름과 싸우고 있는 사람은 가능한 한 자주 자애록을 읽어야 합니다. 동시에 자신은 이러한 즐거움에 합당하지 않다는 겸손한 자세로, 기도를 소홀히 하는 것에 대해서 계속 반성하는 마음을 가져야 합니다.

사제: 그러한 명상이 혹시 경험이 없는 사람들에겐 '영적인 자만으로 이끌지 않을까요? 이것은 신학자들도 말했듯이 우리의 영혼은 지나친 위안과 은총의 달콤함을 탐욕스럽게 추구하며, 보상을 바라지 않고 자신의 의무와 책임을 수행한다는 헌신의 마음이 아니라고 봅니다.

교수: 이런 경우에, 신학자들의 말은 영적 행복의 지나친 탐욕에 대한 경고라고 저는 생각하지만, 덕에 있어서 기쁨과 위로를 완전히 배제하지는 않는다고 봅니다. 보상에 대한 소망이 완전함이 아님에도 불구하고, 하느님께서는 사람이 보상과 위안에 대해 생각하는 것을 금지하지 않으셨고, 도리어 그의 계명들을 이행하고 완전함을 달성하도록 사람들을 자극하는 데에 보상의 개념을 사용하십니다. "네 부모를 공경하라" 여기서 명령이 있고 그 명령 수행을 자극하기 위한 다음과 같은 보상이 있습니다. "그러면, 너는 잘될 것이다. 네가 완전하고 싶으면, 가서, 네가 가진 모든 것을 팔고 내게 와서 나를 따르라." 여기서 또한 완전에 대한 요구가 있고, 완전을 성취하기 위한 유도로서 즉시 보

상에 대해 말씀하십니다. "그러면, 너는 하늘에 재물을 쌓게 된다. 사람의 아들 때문에 사람들에게 미움을 사고 내어 쫓기고 욕을 먹고 누명을 쓰면 너희는 행복하다"(눅 6:22).

여기서는 특별한 힘과 흔들리지 않는 영적 완성을 위한 엄청난 요구가 있습니다. 그리고 그것을 위해서 엄청난 보상과 위로가 있습니다. "하늘에서 너희가 받을 상이 클 것이다. 이것은 영혼의 특별한 힘을 일으키고 유지하게 하는 것입니다. 이러한 이유에서 저는 '마음의 기도'를 할 때 즐거움에 대한 어떤 바람은 필요하고 기도에의 근면과 성공을 얻는 도구로 쓰일 수도 있다고 생각합니다. 그러므로 이것들을 의심할 바 없이 지금까지 이 주제에 대한 수도 원장님의 실용적인 가르침을 지지한다고 생각합니다.

장상수사: 위대한 신학자 이집트의 성 마카리오스는 여기에 대해서 아주 명료하게 말 합니다. 그는 말하기를, "당신이 포도나무를 심을 때는 포도 수확을 목적으로 수고를 한다. 그렇지 않다면 그 노동은 쓸모가 없는 것이다. 이것은 기도에도 마찬가지로서, 당신이 사랑, 평화, 기쁨 등의 영적 열매를 찾지 않는다면 당신의 노력은 쓸모가 없는 것이다. 그러므로 영적 노력, 곧 기도는 우리 마음의 위로와 기쁨이라는 열매를 얻는 목적과 희망 속에서 행해져야만 하는 것이다. 이제 성 교부가 기도의 즐거움의 필요성에 대해서 얼마나 명료하게 대답해 주시는지 아시겠지요?

그리고 제가 이것에 관해서 얼마 전에 읽은 영성에 관한 글이 생각이 나는군요. 인간에게 있어서 기도의 자연스러움은 바로 그 자연스러움으로 향하는 주된 원인이라는 것이지요. 그러므로 제 생각으로는 이러한 자연스러움의 연구는 기도의 근면함을 위한 강력한 수단이 될 수 있고 이것이 교수님이 열렬히 찾는 것이 아닌가 합니다.

  제가 그 책에서 주의 깊게 보았던 몇 가지 점을 정리해 보겠습니다. 예를 들면, 그 작가는 이성과 본성이 하느님을 아는 지식으로 인도한다고 말합니다. 이성은 원인이 없이는 어떤 작용도 없다는 사실을 조사하여, 만질 수 있는 낮은 것에서 높은 것으로 가는 사다리로 올라서 마침내 제일 처음의 원인, 즉 하느님을 찾습니다. 본성은 하느님의 경탄할 만한 지혜, 조화, 질서, 단계를 보여주고 유한한 원인으로부터 무한으로 이끄는 사다리의 기본 물질들을 보여줍니다. 그러므로 자연인은 자연스럽게 하느님을 알게 되는 것입니다. 그러므로 어떤 사람도 어떤 원시인들도 하느님에 대한 약간의 지식을 가지고 있지 않았던 적은 없습니다. 이 지식의 결과로 가장 원시적인 섬사람조차도, 외부로부터의 아무 자극 없이, 자연스럽게 하늘을 응시하며, 무릎을 꿇고, 자신이 이해하지 못하는 것에 대해 한숨 지으며 그를 위로 당기는 무언가가 있다는 것에 대한 직접적인 느낌이 있었습니다. 바로 이러한 것을 토대로 모든 자연종교가 생깁니다. 이와 연관하여 매우 주목할 만한 것은 모든 종교의 핵심은 비밀스러운 기도에 있습니다. 이러한 기도는 영의 운동의 어떤 형태를 보여주고 확실히 봉헌하며 다소 거칠고 다듬어지지 않은 이방인들의 이해의 어둠에 의해 왜곡됩니다. 더욱 놀라운 사실은, 이성의 눈으로 보면, 우리에게 있어서 기도를 향한 자연스러운 움직임의 숨겨진 원인을 찾고자 하는 요구가 더욱 커집니다. 여기에 관한 심리학적 대답은 어렵지 않습니다. 인간의 모든 열정과 행동의 뿌리, 머리, 그리고, 힘이 되는 것은 인간의 본질적인 자아 사랑입니다. 깊이 뿌리박히고 보편적인 자기보존의 생각은 이것을 확실히 합니다. 모든 인간의 소망, 모든 일, 모든 행동은 자기 자신의 행복을 추구하는 자기 사랑의 만족에 목적을 두고 있습니다. 이러한 요구에의 만족은 자연인과 평생 동반합니다. 그러나 인간의 영은 지각에 속하는 것에 결코 만족하지 못합니다. 그러므로 욕망은 계속 커지고, 행복을 성취하기 위한 노력은 더 강해지고, 상상을 메우며 결국 같은 귀결점의 감정을 불러일으킵니다.

이러한 내적 감정과 욕망은 커질수록 자연스럽게 기도를 하게 합니다. 그것은 어려움을 이기고 성취하려는 요구 사항입니다. 인간이 행복을 얻는 데 있어서 적게 성공하면 할수록, 더 행복하다고 할 수 있고, 더 행복을 추구하게 되어 더욱 기도하게 되는 것입니다. 그는 모든 존재의 알려지지 않은 근원에 대하여 전념하는 것입니다. 그러므로 본질적인 자아 사랑은 인생의 주된 요소이며 자연인에게 있어서 기도에의 깊은 자극입니다. 교부팀들의 표현을 빌리면, 전지전능한 창조주는 자연인에게 자아 사랑의 능력을 타락 한 인간을 천상의 것으로 끌어올리게 하는 '자극제'로 부여한 것입니다. 아! 인간이 그 능력을 망가뜨리지만 않았어도, 아니면, 그 탁월함을 그대고 유지만 했더라면! 그렇다면 그는 자신의 영적 본성과 만나는 도덕적 완성에 이르는 강력한 동기부여와 효과적인 수단을 갖게 되는 것입니다. 하지만, 인간은 얼마나 자주 이 고귀한 능력을 동물적 본성의 도구로 바꾸어 자기 사랑의 기본 욕망으로 만들어버립니까?

3.

순례자: 저의 헌신적인 친구인 교수님과 저는 여행을 시작하기 위한 마음을 거부할 수 없고, 여행을 떠나기 전에 마지막 작별 인사와 여러분의 기도를 부탁드립니다.

교수: 그렇습니다. 수사님과의 친밀한 만남은 우리에게 대단한 것이었고 수사님의 수도원에서 수사님들과 함께한 영적인 것들에 대한 존경할 만한 대화는 너무 즐거웠습니다. 우리는 지금 서둘러 먼 길을 떠나려 하면서 그간의 우정과 그리스도의 사랑 안에서 맹세하는 마음으로 이 모든 일을 우리 가슴속에 간직하겠습니다.

장상수사: 저를 기억해 주신다니 감사합니다. 그리고 형제님들이 우리 수도원(스케테)에 오신 것은 참으로 시기적절합니다. 저와 함께 묶고 있는 두 여행자가 있는데, 한 명은 몰다브인 수사이고 다른 한 명은 숲속에서 25년간 침묵 속에 산 은수자입니다. 그들은 형제님들을 보고 싶어 합니다. 그들을 바로 부르겠습니다. 여기에 그들이 와 있습니다.

순례자: 고요함 속의 삶은 얼마나 축복입니까! 그리고 영혼을 하느님과 단절되지 않는 일치 속에 두는 것은 얼마나 좋을까요! 고요한 숲속은 기도하는 은수자의 마음속에서 자라는 기쁜 생명나무가 있는 에덴동산입니다. 만약 제가 어떻게든 살아간다면 어떤 것도 은수자의 삶을 방해하지 못할 것입니다.

교수: 어느 정도의 거리에서 보는 저희에겐 모든 것이 좋아 보입니다. 그러나 우리는 경험으로 찾을 것입니다. 모든 장소는 장점이 있겠고 또 단점도 있을 테니까요. 물론, 어떤 사람이 기질이 우울하고 침묵을 좋아한다면, 은수의 삶은 그에겐 편안함일 것입니다. 그러나 얼마나 많은 위험이 그 길에 놓여있나요. 금욕생활의 역사는 많은 은수자가 자기기만과 엄청난 유혹에 빠진 예를 많이 보여줍니다.

은수자: 저는 러시아에서 신앙이 두터운 집에서뿐만 아니라 하느님을 두려워하는 신도들 사이에서까지도 은수생활과 내적 기도의 훈련을 원하면서도 유혹이 그들을 멸망시킬 것이라는 두려움에 움츠려 있다는 말을 너무나 자주 듣고 놀라고 있습니다. 이러한 주장을 하며, 그들은 그들 자신의 내적 생활은 물론 다른 이들도 내적 생활을 하지 못하도록 하며 그들 스스로 합리화하고 있습니다.

제 생각으로 그런 경향에는 두 가지 이유가 있습니다. 기도의 임무를 이해하지 못하는 것 내지는 영적인 깨달음의 부재입니다. 또는, 그들 자신의 명상의 성취에 대한 무관심 내지는 그들보다 낮은 단계의 사람들이 더 높은 지식을 갖게 되는 것에 대한 질투심입니다. 이러한 확신을 가진 사람들이 여기에 관한 성 교부의 가르침을 연구하지 않는 것은 대단히 안타까운 일입니다. 왜냐하면, 교부들은 하느님의 부르심에 대해서 두려움도 의심도 하지 말아야 함을 단호하게 가르치기 때문입니다.

만약 어떤 사람이 정말로 자기기만과 환상에 빠졌다면, 그것은 자만, 스승의 부재 그리고 현실적 의지와 공상의 결과입니다. 물론 그러한 시험은 있으나, 계속해서 노력하면, 영광의 경험과 왕관을 가져다

줄 것입니다. 왜냐하면, 그러한 시험의 때 하느님의 도우심은 신속하게 이루어져 우리를 보호할 것이기 때문입니다. 용기를 내십시오. "내가 너와 함께 있다. 두려워 말라."라고 예수 그리스도께서 말씀하십니다.

그러므로 내적 생활을 자기기만의 위험이라는 핑계로 두려워하고 경계하는 것은 헛된 일입니다. 왜냐하면, 자기 죄의 인식, 영혼의 인도자 앞에서의 개방, "무형식의 기도는 사람들이 너무 두려운 나머지 시작하려고도 들지 않는 유혹의 환상에 대한 강력하고 안전한 방어입니다. 명상을 두려워하는 사람들이 시나이의 필로테오스의 말씀처럼 종종 자기기만에 빠집니다. 그는 말씀하시길, "많은 수도자가 악마의 손에서 고통받으며 자기 마음속의 환상을 알지 못한다. 그들은 깨닫지 못하며 이러한 명상의 기도에 대해 모르기 때문에 '외적인 선행'에만 집중하며 내적인 명상'에는 소홀히 한다.

교수: 질문을 하나 더 하고 싶습니다. 물론 자신의 죄에 대해서 의식을 하는 것은 자신의 영적 생활을 위해서 도움이 됩니다. 하지만, 경험으로부터 이끌어 주며 내적인 생활에 대한 고백을 듣고, 정확하고 믿을만한 영적 생활을 이끌어 줄 지도자가 없다면 어떻게 나아갈 수 있습니까?

그런 경우에는 의심할 바 없이, 가르침 없이 스스로 명상을 시도하기보다는 하지 않는 편이 나을 것입니다. 게다가, 저의 경우, 어떻게 하느님의 현존 앞에서 완전한 형태가 없음"을 발견할 수 있는지 도무지 이해되지 않습니다. 그것은 자연스럽지 못합니다. 왜냐하면, 우리의 영혼은 형태 없이는 아무것도 생각할 수 없기 때문입니다. 그리고 정말로 우리 마음이 하느님께로 향하여졌을 때, 왜 예수 그리스도 또는 성 삼위를 상상하는 것이 안 됩니까?

은수자: 영적인 것에 대한 경험과 지식을 갖춘 스승 또는 장상의 지도는 침묵의 삶에 들어가서 마음의 기도를 수행하는 데에 주된 조건입니다. 스승에게 방해 없이 매일 마음을 열고, 자신감과 도움을 받으며, 내적인 훈련의 길에서 얻은 체험과 생각들을 말할 수 있는 것입니다. 그러나 그러한 스승을 찾기 어려울 때는 성 교부는 예 외적으로 다음과 같이 조언합니다. "마음속의 훈련을 할 때는 진정으로 여기에 대해서 잘 아는 스승이 필요하다. 그런 스승이 가까이 없다면, 열심히 찾아 나서야 한다. 그래도 찾지 못한다면, 하느님께 회개하는 마음으로 도움을 구하고, 성 교부의 가르침에서 교훈과 지도를 찾아내고, 성경에 있는 하느님의 말씀에서 그러한 가르침을 다시 확인하시오."

여기서 반드시 짚고 넘어가야 할 것은, 선한 지향과 열정을 추구하는 사람은 보통 사람들의 가르침에서도 유익한 것을 얻을 수 있습니다. 성 교부들은 단정적으로 말씀하시길, 믿음과 올바른 지향을 하면 이교도에게 물어보더라도 가치 있는 대답을 얻을 수 있으나, 반면에 믿음과 올바른 지향 없이는 예언자에게 가르침을 구해도 결코 만족하지 못할 것입니다. 우리는 이집트의 대성인 마카리오스에게서 좋은 예를 볼 수 있는데, 성 마카리오스는 우연히 평범한 마을 사람에게서 들은 말로 그동안 가지고 있었던 고통스러운 문제가 말끔히 해결되었습니다.

자, 이제 형태가 없는 기도에 대한 형제님의 질문에 대해 생각해 봅시다. 형태 없는 기도는 무엇이며 왜 성 교부들이 그렇게 옹호했는지를 명상기도 중에 모든 종류의 환상과 빛, 성인, 천사 또는 그리스도의 환상을 보는 것을 피해야 합니다. 교부들은 환상의 힘은 마음속의 생각을 개인화하고 경험이 없는 사람들은 그것들은 은총으로 봄으로써 자기기만에 빠지게 되므로 강하에 경고합니다. 성경에서도 악마가 빛의 천사처럼 나타날 수 있다고 확언하고 있습니다. 주님의 현존 안에서, 자연스럽고 쉽게 우리는 형태 없는 기도를 유지하며 지킬 수가 있습니다. 마음의 능력은 구체적으로 보이는 형상이 없는 생각을 이해하고 거기에 집중할 수 있습니다. 예를 들면, 당신은 당신의 영혼, 공기, 따뜻함, 차가움을 알 수가 있습니다. 이처럼, 하느님의 보이지 않는 현존을 인식할 수가 있는 것입니다.

순례자: 저의 순례길에 환상에서 빠지는 것이 두려워서 내적인 기도를 시도하지 못한다고 하는 경건한 사람들을 만났습니다. 그들에게 유익이 되게 하려고 저는 자애록에서 시나이의 성 그레고리의 교훈을 읽어주었습니다. "심장의 활동은 환상일 수가 없다. 왜냐하면 우리의 적이 마음의 따뜻함을 맹렬히 타는 불, 또는 마음의 기쁨을 육체적 쾌락으로 바꾸려 할지라도, 시간, 경험, 그리고 느낌 그 자체가 적의 속임수에 익숙하지 않은 사람들까지도 적의 교활함을 눈치채게 합니다.

저는 또한 불행히도, 침묵과 심장의 기도에 대해서 알고 난 후, 장 애물과 침체에 빠진 죄인의 약함으로 인해 마음의 내적인 활동을 포기한 사람들도 보았습니다.

교수: 예, 이것은 매우 자연스러운 것입니다. 저도 제가 산만해지거나 어떤 죄의식에 사로잡혔을 때 그러한 느낌을 경험합니다. 내적인 심장의 기도는 죄로 가득한 마음에 성스러운 것이므로 먼저 침묵 속에서 마음을 깨끗이 하고 겸허한 회개 등의 충분한 준비로 하느님과의

친교를 하는 것이 적당하지 않습니까? 하느님께 어둡고 분산된 마음에서 나오는 부주의한 기도를 드리는 것보다는 침묵이 낫다고 생각합니다.

수사: 교수님께서 그러한 결론에 이르셨다니 참 불행합니다. 낙담 또는 실의는 어떠한 죄보다도 나쁘며 어둠의 세력이 우리를 향해 사용하는 가장 강력한 수단입니다. 성 교부들은 그들의 풍성한 경험에서 여기에 관해 당신의 생각과 상당히 대조적인 가르침을 주십니다. 성 니키타 스테따투스는, "당신이 지옥 같은 악에 빠지더라도 절망하지 말고 하느님께 빨리 돌아오라. 그러면 하느님께서 당신의 마음을 어루만져 주시고 그전보다 더 강하게 해주실 것이다."라고 말씀하십니다. 이것은 강한 태양의 빛이 세균을 소독하고 냄새를 제거하는 일광 소독에 비교될 수 있습니다. 많은 영적 교부들이 여기에 대해 강력히 말씀합니다. 우리의 열정 즉 구원의 적과의 싸움에서, 우리는 우리에게 생명을 주는 활동이며 우리 마음속에 계시는 주 예수님의 이름을 부르는 것을 결코 포기해서는 안 됩니다. 부조화, 실의, 슬픔을 일으키는 우리의 죄스러운 행동들이 하느님의 현존과 내적인 기도 속에 걷는 것을 막아서는 안 되고, 오히려 하느님께 신속하게 다가갈 수 있게 해야 합니다. 막 걸음마를 배우는 아기는 넘어졌을 때 엄마를 보고 엄마에게 다가가 더 세게 엄마를 안을 것입니다.

은수자: 저는 실의와 의심에 찬 산만한 생각들은 마음이 고요함에 집중되지 못하기 때문이라고 생각합니다. 성 교부들은 실의를 이겨 내는 데 성공하고 깨달음을 얻었는데 그들이 이기는 힘을 준 것은 하느님에 대한 신뢰와 평화로운 고요함이었습니다. 그들은 다음과 같이 현명하

게 조언합니다.

"당신의 방에 조용히 앉아 있으시오. 그러면 침묵이 모든 것을 가르쳐줄 것이다."

교수: 저는 수사님(은수자)의 판단을 존경하고 저의 생각을 잘 분석하여 주셔서 대단히 흥미를 느끼게 됩니다. 그러나 저는 수사님께서 강조한 침묵과 은수 생활의 유익에 대해서 말씀드리고 싶습니다. 저는 다음과 같이 생각합니다. 자연의 순리로서 하느님은 인간이 서로 서로에게 의지하며, 서로에게 책임을 가지고, 서로 도우며 함께 살아가도록 만드셨습니다. 인류의 공영과 이웃 사랑은 이런 사회적 관점에 기초합니다. 그러면 어떻게 자신을 다른 사람들로부터 격리시킨 은수자가 이웃에게 봉사할 수 있으며 그 은수자가 인간 사회의 공동 이익에 기여하는 것은 도대체 무엇입니까? 그는 자신 속에서 이웃 사랑에 대한 하느님의 순리를 파괴합니다.

은수자: 침묵에 대한 교수님의 생각이 그릇되었기 때문에 그 결론 또한 맞지 않습니다. 그럼 자세히 살펴볼까요.

1. 고독 속에서 사는 사람은 게으르지 않습니다. 오히려 사회에서 사는 사람들보다 더 활동적입니다. 단지 고차원적인 활동을 하는 것입니다. 그는 지치지 않고 더 높은 도덕적 존재를 추구합니다. 이것이 침묵의 진정한 목적입니다. 이것은 은수자 자신의 완성에도 도움이 되며 또한 도덕적 성장에 관심은 있으나 수도생활을 할 기회가 없는 사람들에게도 유익이 됩니다. 진정한 은수자는 그의 내적 경험을 글을 통해서 또는 드물기는 하지만 말로서 동료 이웃들과 공유하여 그들의 구원을 영적으로 돕습니다. 은수자의 공헌은 소수의 사람에게만 도움이 되

는 자선가의 자선보다 더 가치가 있습니다. 왜냐하면 도덕적 가치를 가르치며 영적 풍성함을 공유하는 사람은 전체 국가를 위해 일하는 것이기 때문입니다. 우리가 자애록에서 쉽게 볼 수 있듯이, 그의 경험과 교훈은 한 세대에서 다음 세대까지 전해집니다. 이러한 그리스도를 위하여 행해지는 자선과 자비의 행동은 가장 높은 수준의 봉사입니다. 왜냐하면 그리스도의 사랑은 모든 것을 초월하기 때문입니다.

2. 은수자가 이웃에게 미치는 유익하고 긍정적인 영향은 그가 내적 생활에 대한 지혜와 경험을 나누는 것에서 볼 수 있을 뿐만 아니라, 그의 금욕적 자기 부정의 삶 자체가 신앙심 깊은 평신도에게 모범이 되며 그들에게 헌신과 내적 성장의 삶에 대한 영감을 불러일으킵니다. 한 사람이 헌신적인 은수자에 대해서 듣거나, 은수자가 사는 수도원을 지날 때, 그는 헌신적인 삶과 인간이 어떻게 창조주의 손에 창조된 원래의 조용한 상태로 돌아가는지에 대해서 생각합니다. 침묵의 은수자는 그의 침묵으로써 가르침을 주며 또한 그의 삶 자체로서 다른 이들에게 유익을 주고 그들이 하느님을 찾도록 교화시키고 용기를 복 돋아 줍니다.

3. 위에서 말한 유익한 점들은 깨달음을 받고 하느님의 빛으로 빛나는 진정한 은수자에게서 옵니다. 그러나 만약 은수자가 세상의 빛이 되는 은총의 선물을 받지 못하고 세상 사람들과의 관계에 관해 관심이 없어서 은수생활을 한다고 할지라도 그는 다른 이들에게 나쁜 예를 보여주지 않음으로써 그들을 유혹에 이끌지 않게 되어 사회에 위대한 봉사를 합니다. 이것은 정원사가 좋은 열매를 맺도록 열매 맺지 못하는 마른 가지를 치는 것에 비유될 수 있습니다.

시리아의 성 이삭은, "우리가 저울의 한 편에 우리 생애의 모든 행동들을 올리고 침묵을 다른 편에 올린다면, 우리는 침묵이 훨씬 무거움을 알게 된다."라고 은수의 삶의 중요성을 이야기합니다. 세상에서 기적을 행하는 것은 침묵의 탁월성에 비교될 수가 없습니다. 세상의 굶주림이나 많은 사람을 하느님께로 이끄는 것보다 침묵의 고요함을 사랑하십시오. 당신 자신을 죄의 굴레에서 자유롭게 하는 것이 노예에게 자유를 주는 것보다 당신에게 유익합니다.

고대의 철학자들도 침묵의 가치를 알았습니다. 플로티누스가 이끄는 신플라톤학파는 침묵으로 실현될 수 있는 명상의 내적 생활을 강조했습니다. 한 국가가 교육과 도덕에 관하여 가장 발전된 상태까지 도달했다 하더라도, 국민에게는 진실한 영성을 보존하고 과거로부터 전달받고 또 다음 세대에 전해 주는 사람이 필요합니다. 바로 그런 사람들이 교회에서는 은수자, 수도자들입니다.

순례자: 저는 사다리의 성 요한 클리마코스보다 더 침묵의 가치를 높이 평가한 분은 없다고 생각합니다. 그는 말씀하시길, "침묵은 기도의 어머니이다. 침묵은 죄의 굴레로부터 죄인을 풀어주고 어느새 덕의 완성과 천국에 더 가깝게 인도한다." 예수 그리스도 또한 자주 군중들을 떠나서 고요히 기도하시는 것으로써 고독(홀로 있음)의 가치를 우리에게 보여주셨습니다. 명상하는 은수자는 쉬지 않는 기도로서 교회의 경건함을 지탱하는 기둥입니다. 옛날에도 헌신적인 신자나 왕족 또는 귀족들이 은수자를 찾아가서 기도와 가르침을 구했습니다. 그러므로 침묵 속의 은수자는 그의 기도의 삶을 통해서 이웃과 사회에 유익한 봉사를 하는 것입니다.

교수: 그러면 제가 또 잘 이해하지 못하는 것이 있습니다. 그리스도 신자들은 종종 다른 이들에게 특히 우리가 생각하기에 신심이 있는 사람들에게 우리를 위해 기도해 달라고 부탁합니다. 그러나 이것은 자기만을 사랑하는 행동 또는 깊은 생각 없이 습관적으로 하는 행동 아닙니까? 하느님께서 인간의 중재 기도가 정말로 필요하십니까? 하느님께서는 우리가 바라는 대로가 아니라 당신의 섭리 때문에 모든 것을 다스리시지 않습니까? 성경에 있듯이 우리가 기도하기 전에 하느님께서 모든 것을 정하시지 않습니까? 그리고 많은 사람의 기도가 한 사람의 기도보다 하느님의 의도를 더 잘 바꾸게 할 수 있습니까? 그렇다면 하느님께서 공정하시지 않은 것 아닙니까? 그리고 모든 사람이 자신들의 행동이 합당하다고 여기거나 비난할 때 다른 사람들의 기도가 저의 구원에 도움이 됩니까? 그러므로, 제 생각으로는 다른 사람들에게 기도를 부탁하는 것은 종교적인 예의나 서로를 기쁘게 해주거나 존경심을 보여주는 것에 지나지 않는다고 봅니다.

수사: 피상적으로 따지거나 세상의 철학으로는 그러한 결론에 도달하게 되지만, 영적으로 보고, 내적 생활로 가르침을 받으면, 더욱 깊이 있게, 진정한 빛을 볼 수 있으며 당신의 설명과는 완전히 다른 결론에 도달합니다. 이것을 더 명확하고 빨리 이해하도록 예를 들어 설명하고 하느님의 말씀으로써 이것이 진실임을 확인하도록 하겠습니다.

한 학생이 선생님에게 가르침을 받는 것을 생각해보십시오. 그 학생은 능력의 한계와 게으름, 노력의 부족으로 공부에서 성공하지 못하고 실패하게 되었습니다. 이로 인해 그 학생은 매우 불행해졌으나, 어찌해야 할 바를 몰랐고 어떻게 어려움을 극복할지도 몰랐습니다. 그 때 그는 그보다 더 유능하고 부지런하며 성공적인 동급생을 만나서 고민을 털어놓았습니다. 그 친구는, "우리 같이 공부하자 그러면 더 쉽고 즐겁고 또 서로에게 유익하게 될 거야"라고 말하며 같이 공부하기를 제안하였습니다. 그래서 그들은 같이 공부하였고 같이 공부하는 과목에 대해서 이해하는 바를 함께 나누었습니다. 그 결과는 어떨까요? 약간의 시간이 지난 후에 게을렀던 학생은 부지런하고 공부를 즐기며 열정을 가지게 되었고 그가 하는 공부를 잘 이해하게 되었습니다. 이 모든 것은 그의 성격과 도덕성에도 유익하게 작용하였습니다. 그리고 그의 유능한 친구도 더 근면해지고 성공적인 사람이 되었습니다. 그들은 함께 협동하여 상호발전을 하였습니다.

　이것은 아주 자연스러운 일인데 왜냐하면 인간은 사회적 존재이며 지적 능력을 다른 이들을 통해서 발전시킵니다. 인간의 습관, 태도, 느낌, 그리고 열망 등 모든 것은 다른 사람들과의 관계의 결과입니다. 사람이 서로에게 이렇게 강한 영향을 미치기 때문에 어떤 사람들과 함께 산다는 것은 그들의 습관, 행동, 그리고 도덕성을 닮아가는 것입니다. 결론적으로, 단순히 긍정적인 성향이 있는 사람들과 관계함으로써, 무관심한 사람이 열정적으로 되고, 둔한 사람이 현명하게 되고, 게으른 사람이 활동력이 왕성한 사람이 되는 것입니다. 한 사람의 정신은 다른 사람에게 전달될 수 있습니다. 한 사람은 낙담했을 때, 기도하고 집중하고 용기를 복 돋게 되는 영감을 받아 건강하게 활동할 수 있습니다. 이렇게 서로 도와가면서, 인간은 더 헌신적이고 열정적으로 되어 일들을 훨씬 더 쉽게 할 수 있습니다. 여기에 그리스도인들이 늘 서로 기도를 부탁하는 이유가 있습니다.

여기서 우리는 하느님께서 땅에서는 많은 힘을 발휘하는 청원과 중재로 설득되는 것이 아니라 기도의 영과 능력이 기도의 대상이 되는 사람을 정결하게 하고 그 영혼을 깨우쳐서 하느님과 하나가 되도록 준비시키는 것을 알 수 있습니다. 살아 있는 사람들이 서로 기도해 주는 것이 이렇게 유익하다면, 이미 세상을 떠난 사람을 위한 기도도 영의 세계와 세상 사이에 가까운 연결고리가 되기 때문에 서로에게 유익이 됩니다. 그러므로 교회 기도부대의 영혼이 천상 부대의 영혼과 하나가 됩니다. 즉, 살아있는 자와 죽은 자가 하나가 되는 것입니다.

지금까지 제가 말한 것은 심리학적인 근거에 의한 것이지만, 성경을 펼쳐보면 이것이 사실이라는 것을 알 수 있습니다. 그리스도 예수께서 사도 베드로에게 말씀하시길, " 그러나 나는 네가 믿음을 잃지 않도록 기도하였다. 그러니 네가 나에게 다시 돌아오거든 형제들에게 힘이 되어다오"(눅 22:32). 여기서 예수 그리스도의 기도의 힘이 베드로의 영혼을 강하게 해서 유혹에서 믿음을 유지하게 합니다. 사도 베드로가 감옥에 갇혔을 때 그를 위해서 다음과 같이 기도가 이루어졌습니다. "이렇게 되어 베드로는 옥에 갇혀있었고, 교회는 그를 위하여 하느님께 줄곧 기도드렸다"(행 12:5). 여기서 우리는 기도가 불행한 상황에 빠진 우리 형제들을 도울 수 있다는 것을 알 수 있다. 하지만, 이웃을 위한 기도에 대한 명확한 교훈은 사도 야고보의 다음 말씀에서 볼 수 있습니다. "그러므로 여러분은 죄를 서로 고백하고 서로 남을 위하여 기도하십시오. 올바른 사람의 간구는 큰 효과를 나타냅니다"(약 5:16), 의인이 하는 기도는 아주 유익합니다. 이제 성경에 기초하여 위에서 내린 심리학적인 결론을 확실히 입증하였습니다.

다른 이들에게 기도를 부탁하는 예를 보여준 사도 바울로의 가르침에 대해 우리는 무어라고 말을 해야 할까요? 여기에 대해서 한 작가는 우리가 서로를 위해 해주는 기도가 얼마나 필요한지를 사도 바울로께서 가르쳐 주시는 것이라고 지적합니다. 그리고 성스럽고 용기 있는 금욕의 수도자도 다른 이들의 기도를 통한 영적인 도움의 필요성을 인정합니다. 히브리인들에게 보내는 편지에서 사도 바울로는 "우리를 위해 기도해 주십시오. 우리는 모든 일에나 정직하게 살려고 하므로 양심에 거리끼는 일은 하나도 없다고 확신하는 바입니다"(히 13:18). 라고 말씀하십니다. 이러한 성 바울로의 태도를 볼 때 우리가 우리 자신의 기도와 성취에만 의존하는 것이 얼마나 불합리한 것임을 알 수 있습니다. 그토록 성스러운 분이 겸손하게 자기 이웃인 히브리인들에게 자기를 위하여 기도해 주기를 부탁하는 것입니다. 그러므로 겸손함, 단순함, 자애로움으로 우리는 믿음이 약한 형제들의 기도를 환영하고 감사해야 합니다. 왜냐하면 사도 바울로의 숭고한 영혼은 모든 이들에게 차별하지 않고 기도를 간구하였습니다. 하느님의 능력은 인간의 약함에서 보이며 기도하는 사람에게서 완전함을 드러내곤 합니다. 이러한 훌륭한 예를 마음속에 간직하여 서로 기도를 해주는 것이 하느님께서 명하신 그리스도의 사랑과 일치를 풍성하게 하는지에 주목합시다. 그것은 기도를 부탁하는 이와 기도를 해주는 이의 겸손함을 증거 하면서 상호 간의 기도와 전구(또는 대도 대신 기도함)는 이렇게 서로 발전합니다.

교수: 수사님의 분석은 아름답고 정확합니다. 그러나 저는 이웃을 위한 기도의 방법이나 형식에 대한 의견을 듣고 싶습니다. 기도의 열매

와 효과는 이웃에 대한 진정한 배려 특히 기도가 필요한 사람에 대해 기도하는 사람의 지속적인 영향에 달려 있다고 봅니다. 그렇다면, 그러한 영혼의 상태는 하느님의 현존에서 멀어지게 하며, 기도에 전념하는 데 있어서, 방해가 되지는 않을까요? 그리고 만약 하느님께 이웃을 위해서 하루에 단 한 번이나 두 번의 기도를 해도 충분히 이웃에게 도움이 되고 힘을 줄 수 있을까요? 간단히 말해서 저는 우리의 이웃을 위한 기도를 어떻게 하면 좋을지 알고 싶습니다.

수사: 하느님께 드리는 어떠한 기도도, 결코 당신을 하느님의 현존에서 멀어지게 할 수 없습니다. 왜냐하면 기도는 하느님의 현존 안에서 하느님께 올리는 것이기 때문입니다. 이웃을 위한 기도에 대하여 말하자면, 이러한 기도는 이웃에 대한 진정한 그리스도 정신의 배려에 의존한다는 것을 명심해 두십시오. 그리고 그 기도의 영향 또한 배려의 정도에 비례합니다. 당신이 이웃을 위해 기도하거나, 기도하기로 정해놓은 시간에 다음과 같이 기도할 수 있습니다.

자애로우신 주님, 당신이 뜻대로 모든 것이 이루어지소서. 당신은 모든 사람이 진리를 알고 구원받기를 바라시니, 당신의 종 OOO에게 자애를 베푸소서. 저의 이 기도를 주님이 명한 이웃 사랑의 간청으로 받아주소서." 이 형태의 기도는 당신이 하고자 할 때 언제나 할 수 있으며, 기도할 때 매듭(쵸뜨끼, 묵주)[54]을 사용할 수 있습니다. 저는 지금까지의

---

54) 매듭 묵주: 러시아말로는 "쵸뜨끼"라 하는데, 예수기도의 말(하느님의 아들 주 예수 그리스도여, 죄 많은 저를 불쌍히 여기소서)을 한 번 암송할 때마다 한 매듭씩 넘기는데 예수기도 훈련을 위한 도구이다. 쵸뜨끼는 보통 흑색 양털

경험으로써 이러한 기도가 기도를 받는 우리 이웃에게 얼마나 유익한 영향을 미치는지 잘 알게 되었습니다.

교수: 저는 이렇게 수사님의 관점과 생각과 더불어 영감으로 충만합니다. 교훈적인 대화를 마음속 깊이 간직할 것이며 수사님께 진심에서 우러나오는 존경과 감사를 드립니다.

순례자, 교수(같이): 이제 저희는 떠나야 할 시간이 되었습니다. 저희의 순례를 위해서 수사님의 기도를 간절히 부탁드립니다.

원로수사(축복과 작별의 인사): "영원한 계약의 피를 흘려 양들의 위대한 목자가 되신 우리 주 예수를 죽은 자들 가운데서 다시 살리신 분은 평화의 하느님이십니다. 하느님께서 여러분에게 온갖 좋은 것을 마련해 주셔서 당신의 뜻을 이루게 해주시고 우리가 예수 그리스도를 힘입어 당신께서 기뻐하실 일을 할 수 있게 해주시길 빕니다. 예수 그리스도께서 영광을 영원무궁토록 받으시기를 빕니다. 아멘"(히 13:20-21).

실로 만든다. 양(羊)에 대해서 우리는 많은 것을 묵상할 수 있다. 매듭은 십자(十字) 형으로 끊이지 않게 짠다. 동방정교회 남녀 수도자가 허원식을 할 때 손 십자가와 검정색 매듭묵주를 받는다. "자신을 끊고 십자가를 지고 쉬지 않고 기도 하면서 주님을 따르라"는 의미가 있다. 요즘은, 양모 대신 구슬이나 나무열매 로 만든 것을 매듭묵주로 대신 사용하기도 한다. 12매듭, 33 매듭, 50 매듭, 100 매듭 형태가 있다.

인물 소개

대 안토니(Anthony the Great): 주후 250년경 이집트에서 태어났다. 그는 젊었을 때 금욕고행자의 독수도생활을 했다. 그는 처음에는 사막에 들어가서 은수사 생활을 했던 것 같다. 그의 영향력은 널리 알려졌다. 그는 항상 친구인 대 아타나시우스와의 관계를 유지했는데, 아타나시우스는 앤서니의 전기를 저술했다.

대 마실(Basil the Great): 4세기에 카파도키아의 가이사랴(Caesarea)에서 활동한 감독, 위대한 작가요 설교자였던 그는 예배 의식과 수도 생활 영역에서의 개혁가이기도 했다. 정교회에서는 사순절이나 중요한 날에 "성 바실의 전례 기도문(Liturgy of St. Basil)"을 사용한다. 또 정교회의 수도사들과 수녀들은 성 바실의 규칙(The Rule of St. Basil)을 따르고 있다.

디아도크(BLESSED DIADOKH): 에피루스(Epirus)에 위치한 포티스(Photice)의 감독이었다. 490년경 우티카(Utica)의 감독이었던 빅토르(Victor)는 자신의 저서인 『야만인 반달족의 역사』(*History of the Barbarity of the Vandals*)의 서문에서 자신이 디아도크(Diadokh)의 제자라고 주장했고, 그의 영적 저서들을 크게 찬양했다. 디아도크는 5세기 후반에 왕성하게 활약한 인물이다. 에피루스 지방의 감독들이 레오 황제에게 보낸 편지에 그의 서명도 들어 있다. 그밖에는 그에 대해서 알려진 것이 없다.

칼리스투스 총대주교(CALLISTUS THE PATRIARCH): 아토스산에 있

는 마굴라에서 생활한 시나이 사람 그레고리(Gregory the Sinaite)의 제자이다. 마크(Mark)라는 사람과 함께 28년 동안 금욕생활을 했다. 특히 이그나티우스(Ignatius)와도 함께 생활했는데 그와는 너무도 친분이 두터워, 마치 두 사람이 하나의 영 안에 있는 것 같았다고 한다. 총대주교가 된 후, 그는 세르비아로 가는 도중에 아토스산을 통과하게 되었는데, 이 이 성산에 머무는 동안, 맥시엄(Maxium)이라는 사람은 그가 요절할 것을 예언하면서 "이 사부는 다시는 자기 양무리를 보지 못할 것입니다. 그의 뒤에서 장송곡이 들려옵니다. 라고 말했습니다. 실제로 세르비아에 도착하자마자 칼리스투스는 세상을 떠났다. 그레고리 팔라마스(Gregory Palamas)는 예수기도에 관한 글에서 동일한 주제를 다룬 칼리투스(Callitus)와 이그나티우스(Ignatius)의 저서를 극찬했다. 그들은 14세기 중반에 살았던 사람들이다.

크리소스톰(CHRYSOSTOM): 그리스 교부 중 가장 유명한 교부이다. 그는 주후 345년경 시리아의 안디옥에서 태어났으며, 법률가로서 훈련을 받았지만, 35세 때 세례를 받았고, 나중에 사제가 되었다. 그는 콘스탄티노플의 대주교가 되었지만, 그러한 직무 속에서도 금욕적인 단순한 생활을 했다. 그는 훌륭한 설교와 저술들로 유명했다(크리소스톰이라는 이름은 "황금의 입이라는 뜻이다). 그는 407년까지 살았다.

시리아인 에프렘(EPHRAEM THE SYRIAN): 4세기에 활동한 시리아의 위대한 저술가이자 시인이며 주석가. 그는 부제로 임명되었으나, 겸손하게도 그 이상의 직책은 거절했다. 그의 방대한 저술 대부분은 운문 형태로 쓰였으며, 다양한 신학적인 주제들을 다루고 있다. 그는 특히 마르시온(Marcion)에 대항해서 니케아 신조를 옹호한 정통주의의 수호자였다. 그는 373년경에 에뎃사에서 숨을 거두었다.

그레고리 팔라마스(GREGORY PALAMAS): 14세기에 활동한 아토스의 수 도사로서, 헤시카즘의 교리적인 가르침을 옹호했다. 1351년에 성 소피아 종교회의(Counsil of St. Sophia)는 헤시카즘의 교리를 공식적으로 승인했다. 팔라마스는 1359년에 데살로니가의 대주교(Archbishop of Thessalonika)로서 생을 마쳤다.

시나이의 그레고리(GREGORY THE SINAITE): 1330년경에 시나이산(Mount Sinai)에 있는 수도원에서 수양하였다. 나중에 그는 아토스산으로 가서 명상생활에 대한 관심을 불러일으켰다. 그는 마케도니아에 세 개의 큰 Lavra를 세웠고, 쉬지 않는 기도의 실행에 대해 가르쳤다. 그의 제자였던 콘스탄티노플의 총대주교 칼리스투스는 그의 전기를 썼다. 이노센트(INNOCENT): 18세기에 활동한 위대한 러시아 선교사 중 한 사람이다. 피터 대제가 그를 페킨(Pekin)의 초대 감독으로 임명했지만, 중국측에서 그 도시에 주교구를 세우는 것을 허락하지 않았다. 이노센트는 이르쿠츠크의 감독이 되었고, 대략 10년 동안 선교 주교로서 일하다가 1731년에 이르크추크에서 생을 마감하였다.

이시키(ISIKHI): 한글 역본 『필로칼리아』(제1, 5권)에서는 "예루살렘의 헤시키우스"라고 불린다. 이는 예루살렘 태생으로서, 젊은 시절에는 신학자 그레고리(Gregory the Theologian)의 제자였다. 그는 여러 해 동안 팔레스타인에 있는 은둔지에서 생활하였지만, 412년에 성직자가 되어 교사와 성경 해석가로서 명성을 얻었다. 그는 432년이나 433년경에 사망한 것으로 전해진다. 다마스커스의 요한(JOHN OF DAMASCUS): 8세기에 팔레스타인에 살았던 유명한 신학자요 찬송 작가로서 동서방 교회 모두에서 존경을 받았다. 그의 위대한 저서인 The Fountain of Knowledge는 종교철학과 교의신학에 관한 것이다. 많은 분야에 대해 방대한 식견을 갖춘 그는 성상을 옹호하는 세 편의 논문으로 유명하다. 그는 많은 찬송을 작곡했다.

요한 카르파티스키(JOHN KARPATHISKY): 이 작가에 대해서는 확실하게 알려진 것이 없다. 하지만 포티우스(Photius)는 디아도크(Diadokh)와 닐(Nil) 의 저술 외에 요한 카르파티스키가 쓴 "위로를 받기 위해서 인도에서 찾아온 수도사들에게 준 위로의 말의 일부가 수록된 책을 읽었다고 언급하고 있다. 이것으로 볼 때, 그는 디아도크나 닐과 동시대 사람으로서 5세기에 살았던 사람임을 알 수 있다. 그는 로도스와 크레테 사이에 있는 카르파토스 섬의 주민이었거나, 얼마 동안 그 섬에 살았던 것 같다.

이집트의 대 마카리우스(MACARIUS THE GREAT OF <EGYPT>): 농부의 아들인 마카리우스는 양치기였다. 그는 은둔 생활에 강한 매력을 느껴서 마을 근처에 있는 수실에 들어가 살았고, 후에는 다른 수도사들과 함께 이집트와 리비아 접경지대에 있는 사막으로 들어갔다. 그는 사제로 임명되었고, 형제단의 장(長)이 되었다. 그는 엄격한 정통신앙을 주장했기 때문에 아리우스주의자들의 공격을 받았다. 60년 동안 은둔생활을 하다가 390년에 90살의 나이로 사막에서 생을 마감하였다. 마카리우스에게는 놀라운 능력과 예언의 은사가 있었고, 영성생활에 관한 많은 저술을 남겼다. 그의 유해는 아말피(Amalfi)에 있다.

마크(MARK THE PODVIZHNIK): 가장 유명한 이집트 교부 중의 한 명이지만, 그의 생애에 관해서는 거의 알려진 바가 없다. 그는 온유하고 관대했으며, 신구약 성경을 다 외웠다고 한다. 그는 100세 이상을 살다가 5세기 초에 죽었다고 전해진다. 그는 심오한 영성과 성만찬에 대한 열정으로 기억에 남을 만하지만, 그의 이름으로 된 글은 현재 거의 나아 있지 않다.

니케포루스(NICEPHORUS THE RECLUSE): 아토스산의 위대한 금욕 교행 가로서 1340년 이전에 사망했다. 그는 팔라마스의 그레고리의 지도자였다.

신 신학자 시므온(SIMEON THE NEW THEOLOGIAN): 11세기 초반 에 생을 마감하였다. 그는 콘스탄티노플에 있는 스투디엄(Studium)의 수도사이면 서 환상가요 신비가였다. 그는 14살 때 환상을 보기 시작 하였다. The Method라는 책 (예수기도를 사용하는 방법, 기도에 대 한 헤시카스트적인 방법)은 그의 것으로 간주되고 있다. 그러나 하우 셀은 비록 그의 영향력으로 인해 그러한 방법을 널리 퍼진 것이 사실 이지만, 시므온은 그 책의 저자가 아니라고 결론을 내리고 있다. 그의 이름에 대한 다양한 설명이 제시되었다. 그러나 시므온의 전기를 쓴 니키타스 스티타토스(Nicetas Stethatus)에 따르면, 그 이름은 성 요 한(St. John the Divine) 을 상기시킨다. 그래서 그것은 New St. John 을 나타낸다고 할 수 있다. 헤시카스트 방법에 대한 모든 주제의 고찰 및 이에 관한 시므온과의 연관성은 Orientalia Christiana, vol. ix, No. 36, 6-7, 1927에 제시되어 있다.

사다리의 성 요한(ST. JOHN OF THE LADDER), 또는 클리마크스 (KLIMAX): 그는 40년 동안 시내 산기슭의 동굴에서 살았고, 그 후 에 그 산에 있는 수도원의 원장이 되었다. 그는 약 600년경에 사망했 다. 그는 『낙원에 이르는 사다리』(*The Ladder to Paradise*)라는 책을 썼 는데, 이 책으로부터 그의 이름이 유래되었다.

테올레프트(THEOLEPT): 아토스산의 수도사로서, 후일 필라델피아의 총대주교가 되었다. 아토스산에서 활동한 제자 중 한 사람이 그레고 리 팔라마스이다.

제2부 역자 소개

역자 | 강태용(1939~2014)
한국러시아 정교회 주관사제 사단법인 한·러 협력연구소 이사장
저서 및 역서 | 『동방정교회/ 역사와 신학』, 『정교회 입문』, 『이상적
　인 아버지』 논문 : 「동방정교회 예배에 관한 연구」외 다수